2018

中国房地产统计年鉴

CHINA REAL ESTATE STATISTICS YEARBOOK

国家统计局
固定资产投资统计司 编

中国统计出版社
China Statistics Press

图书在版编目（CIP）数据

中国房地产统计年鉴. 2018 / 国家统计局固定资产投资统计司编. -- 北京 : 中国统计出版社, 2018.12
ISBN 978-7-5037-8745-4

Ⅰ. ①中… Ⅱ. ①国… Ⅲ. ①房地产业－统计资料－中国－2018－年鉴 Ⅳ. ①F299.233.5-54

中国版本图书馆 CIP 数据核字(2018)第 252293 号

中国房地产统计年鉴—2018

作　　者/国家统计局固定资产投资统计司
责任编辑/佘竞雄
装帧设计/李雪燕
出版发行/中国统计出版社
通信地址/北京市丰台区西三环南路甲 6 号　邮政编码/100073
电　　话/邮购（010）63376909　书店（010）68783171
网　　址/http://www.zgtjcbs.com/
印　　刷/河北鑫兆源印刷有限公司
经　　销/新华书店
开　　本/880mm×1230mm　1/16
字　　数/500 千字
印　　张/15.5
版　　别/2018 年 12 月第 1 版
版　　次/2018 年 12 月第 1 次印刷
定　　价/380.00 元

如有印装差错，由本社发行部调换。

说　明

《中国房地产统计年鉴——2018》是一部反映中国房地产市场运行状况的统计资料，收集了全国房地产开发企业开发经营统计数据，是全面客观研究和深入量化分析房地产市场的权威工具。

《中国房地产统计年鉴——2018》资料来源于2017年全国房地产开发统计报表基层数据。统计范围为有开发经营活动的全部房地产开发经营法人单位。本年鉴分为综合篇和城市篇两大部分。

综合篇主要内容包括：各地区房地产开发企业个数及从业人员情况；各地区房地产开发投资完成情况及到位资金情况；各地区房屋开竣工面积、商品房销售及土地购置情况；各地区房地产开发企业经营收入及资产负债情况等。

为重点反映全国大、中城市房地产开发企业的运行状况，本年鉴单独发布了35个重点城市（直辖市、省会城市及计划单列市）的房地产开发统计资料。城市篇的主要内容包括：重点城市房地产开发企业完成投资情况；重点城市商品房销售情况、成套房屋建设情况、商品房待售情况以及房地产企业主要财务指标完成情况等内容。

本年鉴数据使用注意事项：

1. 本年鉴资料来源于房地产开发企业联网直报的基层报表数据库，不包括香港、澳门特别行政区和台湾省数据。

2. 本年鉴资料凡小数点后各项相加不等于总计者，均由于数据四舍五入的缘故。

3. 本年鉴各表中的“空格”表示该项统计数据不足本表最小单位数、数据不详或无该项数据。

4. 本年鉴资料由国家统计局固定资产投资统计司编制并负责解释。

目录

第一部分　综合篇

第一章　房地产开发企业基本概况

第二章　房地产开发投资及企业到位资金情况

第二部分　城市篇

第五章　35 个大中城市房地产综合情况

附　　录

第一部分　综合篇

第一章　房地产开发企业基本概况

1-1　房地产开发企业主要指标完成情况

指　　标	绝对量		增　速	
	2016	2017	2016	2017
一、企业个数(个)	**94948**	**95897**	**1.6**	**1.0**
内资	90408	91608	1.8	1.3
#国有	1093	943	-17.8	-13.7
集体	364	319	-11.0	-12.4
港、澳、台投资	3232	3066	-0.1	-5.1
外商投资	1308	1223	-7.8	-6.5
二、本年完成投资(亿元)	**102580.61**	**109798.53**	**6.9**	**7.0**
1.按构成分				
建筑安装工程	76302.19	78577.69	7.2	3.0
设备工器具购置	1461.55	1550.70	20.6	6.1
其他费用	24816.87	29670.13	5.3	19.6
#土地购置费	18778.68	23169.47	6.2	23.4
2.按工程用途分				
住宅	68703.87	75147.88	6.4	9.4
办公楼	6532.60	6761.36	5.2	3.5
商业营业用房	15837.53	15639.90	8.4	-1.2
其他	11506.61	12249.39	8.9	6.5
三、本年新增固定资产(亿元)	**41079.58**	**39258.77**	**0.3**	**-4.4**
四、本年土地购置面积(万平方米)	**22025.25**	**25508.29**	**-3.4**	**15.8**
五、房屋建筑面积(万平方米)				
施工面积	758974.80	781483.73	3.2	3.0
#住宅	521310.22	536443.96	1.9	2.9
竣工面积	106127.71	101486.41	6.1	-4.4
#住宅	77185.19	71815.12	4.6	-7.0
六、商品房销售				
商品房销售面积(万平方米)	157348.53	169407.82	22.5	7.7
#住宅	137539.93	144788.77	22.4	5.3
#别墅、高档公寓	4470.00	4743.44	28.2	6.1
商品房平均销售价格(元/平方米)	7476	7892	10.1	5.6
#住宅	7203	7614	11.3	5.7
#别墅、高档公寓	15911	14965	5.0	-5.9
七、利润总额(亿元)	**8971.41**	**11811.62**	**38.6**	**31.7**

注：商品房平均销售价格由报告期内新建商品房销售额除以销售面积计算而成。不同时期的商品房平均销售价格可能会受商品房区域、房屋类型等各种因素的影响(以下相关各表同)。

1-2 各地区按登记注册类型分的房地产开发企业个数

单位：个

地 区	总 计	内 资	国 有	集 体	股份合作	国有联营	集体联营
全国总计	**95897**	**91608**	**943**	**319**	**44**	**5**	**1**
北 京	2400	2203	37	15	1		
天 津	1249	1164	35	4		2	
河 北	3317	3269	6				
山 西	2379	2362	56	5			
内蒙古	1803	1799	4				
辽 宁	3119	2819	14	2	1		
吉 林	1782	1761	4	1			
黑龙江	1968	1941	27	1	1		
上 海	2637	2253	32	13		1	1
江 苏	6530	5980	47	21	1		
浙 江	6336	6020	36	9	3	2	
安 徽	3889	3817	30	4	3		
福 建	3240	2899	63	12	1		
江 西	2452	2377	32		1		
山 东	7126	6909	81	48	8		
河 南	7205	7116	56	3	1		
湖 北	4059	3954	48	12			
湖 南	3898	3811	48	4	1		
广 东	8203	7381	74	130	5		
广 西	2541	2458	32	7	3		
海 南	1251	1189	17	2			
重 庆	2316	2191	10		2		
四 川	4010	3893	23	4	6		
贵 州	2674	2632	24	1	1		
云 南	2605	2568	28	5	2		
西 藏	49	49	1				
陕 西	2326	2288	42	8	3		
甘 肃	1716	1701	27	7			
青 海	321	318					
宁 夏	561	556	1				
新 疆	1935	1930	8	1			

1-2　续表 1　　　　单位：个

地　区	内　资						
	国有与集体联营	其他联营	国有独资公司	其他有限责任公司	股份有限公司	私营独资	私营合伙
全国总计	**3**	**2**	**2142**	**42810**	**2965**	**46**	**9**
北　京			65	1620	45		
天　津			78	691	39	1	
河　北			24	867	49		
山　西			40	497	28		
内蒙古			29	789	71	1	
辽　宁			53	1258	85	3	
吉　林			34	897	91	3	
黑龙江			36	977	100		
上　海			154	1129	44	2	
江　苏	1		162	2162	203	3	1
浙　江			150	2425	98	3	
安　徽			103	1750	110	2	
福　建	1		119	1460	60		
江　西			47	1163	103	1	1
山　东			152	3311	338	4	1
河　南			54	4528	326	4	1
湖　北			81	1814	175	3	1
湖　南			91	1621	174	3	
广　东		1	105	4137	185	5	1
广　西			60	815	59		
海　南	1		33	823	55		
重　庆			85	864	56		
四　川			85	1897	147	1	1
贵　州			75	1206	66		1
云　南			59	1080	98	3	
西　藏		1	4	21	2		
陕　西			84	1211	70	2	
甘　肃			26	814	50	1	1
青　海			12	93	12		
宁　夏			14	127	5	1	
新　疆			28	763	21		

1-2 续表 2

单位：个

地区	内资			港澳台商投资			
	私营有限责任公司	私营股份有限公司	其他内资企业		合资经营	合作经营	独资
全国总计	**40293**	**1992**	**34**	**3066**	**1066**	**228**	**1659**
北京	409	11		115	36	42	37
天津	299	12	3	45	21		21
河北	2292	31		27	10		16
山西	1697	39		12	7		2
内蒙古	870	34	1	2	1		
辽宁	1347	56		213	85	5	116
吉林	688	43		16	7		7
黑龙江	734	65		18	8	1	7
上海	843	33	1	268	101	7	154
江苏	3216	162	1	385	132	9	233
浙江	3245	49		221	87	3	121
安徽	1694	119	2	55	26	1	26
福建	1132	51		254	84	9	154
江西	957	72		58	26		29
山东	2811	151	4	155	66	11	71
河南	1984	154	5	65	23	4	31
湖北	1729	90	1	78	34	2	38
湖南	1716	150	3	66	26	3	31
广东	2639	94	5	639	142	119	367
广西	1426	56		48	24	1	23
海南	239	16	3	48	12		32
重庆	1115	59		96	28	5	58
四川	1635	93	1	73	21	2	47
贵州	1179	79		33	22	1	10
云南	1210	81	2	31	15	1	13
西藏	18	2					
陕西	798	68	2	24	5	2	13
甘肃	727	48		11	10		1
青海	185	16		2	2		
宁夏	392	16		3	2		
新疆	1067	42		5	3		1

1-2　续表 3　　　　单位：个

地　区	港澳台商投资		外商投资					
	股份有限	其　他		合资经营	合作经营	独　资	股份有限	其　他
全国总计	**64**	**49**	**1223**	**472**	**99**	**568**	**40**	**44**
北　京			82	36	25	19	2	
天　津	3		40	12	3	16	4	5
河　北		1	21	6	1	12	1	1
山　西	1	2	5	2		3		
内蒙古		1	2	1		1		
辽　宁	6	1	87	50	1	33	2	1
吉　林	1	1	5	5				
黑龙江		2	9	3	1	5		
上　海	4	2	116	34	6	71	5	
江　苏	9	2	165	70	8	84	1	2
浙　江	8	2	95	47	1	38	2	7
安　徽	1	1	17	4	1	10	2	
福　建	5	2	87	20		56	6	5
江　西		3	17	9		5	1	2
山　东	1	6	62	29	10	22		1
河　南	3	4	24	9	2	12		1
湖　北	3	1	27	15		9		3
湖　南	1	5	21	12	1	6	1	1
广　东	9	2	183	47	28	92	6	10
广　西			35	15		15	2	3
海　南	3	1	14	4	2	7		1
重　庆	2	3	29	10	3	13	2	1
四　川	2	1	44	17	2	24	1	
贵　州			9	4	3	2		
云　南	1	1	6	2	1	2	1	
西　藏								
陕　西	1	3	14	5		8	1	
甘　肃			4	2		2		
青　海			1	1				
宁　夏		1	2	1		1		
新　疆		1						

1-3 各地区按资质等级分的房地产开发企业个数

单位：个

地区	总计	一级	二级	三级	四级	暂定	其他
全国总计	**95897**	**1270**	**9341**	**19010**	**18007**	**40421**	**7848**
北京	2400	94	142	171	1071	510	412
天津	1249	20	82	93	768	211	75
河北	3317	59	293	557	1234	1088	86
山西	2379	22	181	281	1160	679	56
内蒙古	1803	22	139	283	1042	258	59
辽宁	3119	36	165	735	49	1793	341
吉林	1782	12	208	326	362	825	49
黑龙江	1968	16	282	1054	169	370	77
上海	2637	40	220	270	2	1718	387
江苏	6530	100	1765	629	30	3264	742
浙江	6336	118	428	1321	683	2696	1090
安徽	3889	38	283	847	287	2190	244
福建	3240	31	172	768	616	1430	223
江西	2452	16	138	478	362	1295	163
山东	7126	123	482	967	1433	3547	574
河南	7205	92	671	1050	800	3627	965
湖北	4059	62	429	653	964	1807	144
湖南	3898	31	276	1472	935	1078	106
广东	8203	73	252	1320	1986	3701	871
广西	2541	21	144	442	287	1522	125
海南	1251	9	31	107	159	803	142
重庆	2316	53	714	571	28	889	61
四川	4010	57	620	2342	108	726	157
贵州	2674	6	209	485	526	1320	128
云南	2605	31	234	260	977	924	179
西藏	49	1	5	17	10	13	3
陕西	2326	32	320	522	813	382	257
甘肃	1716	14	138	492	543	504	25
青海	321	3	79	90	65	65	19
宁夏	561	11	118	122	118	184	8
新疆	1935	27	121	285	420	1002	80

1-4　各地区按隶属关系分的房地产开发企业个数

单位：个

地　区	合　计	中央属	地方属				
				省　属	地市属	县级及以下	其　他
全国总计	**95897**	**774**	**95123**	**1794**	**10377**	**4914**	**78038**
北　京	2400	79	2321	193	275	58	1795
天　津	1249	37	1212	131	293	53	735
河　北	3317	10	3307	10	188	140	2969
山　西	2379	20	2359	46	126	63	2124
内蒙古	1803	9	1794	12	204	140	1438
辽　宁	3119	27	3092	20	331	132	2609
吉　林	1782	5	1777	6	213	88	1470
黑龙江	1968	11	1957	72	307	211	1367
上　海	2637	52	2585	159	352	123	1951
江　苏	6530	32	6498	37	302	166	5993
浙　江	6336	13	6323	54	242	169	5858
安　徽	3889	25	3864	87	447	180	3150
福　建	3240	9	3231	41	367	159	2664
江　西	2452	16	2436	41	223	175	1997
山　东	7126	43	7083	100	778	496	5709
河　南	7205	19	7186	59	1096	544	5487
湖　北	4059	46	4013	48	557	168	3240
湖　南	3898	20	3878	58	434	166	3220
广　东	8203	67	8136	59	1135	454	6488
广　西	2541	14	2527	44	229	104	2150
海　南	1251	12	1239	97	225	96	821
重　庆	2316	34	2282	93	316	40	1833
四　川	4010	43	3967	40	406	224	3297
贵　州	2674	25	2649	50	151	128	2320
云　南	2605	14	2591	86	264	173	2068
西　藏	49		49	5	12		32
陕　西	2326	28	2298	66	413	146	1673
甘　肃	1716	9	1707	36	227	117	1327
青　海	321	2	319	10	38	10	261
宁　夏	561	4	557	13	31	3	510
新　疆	1935	49	1886	21	195	188	1482

1-5 各地区按登记注册类型分的房地产开发企业从业人数

单位：人

地区	总计	内资					
			国有	集体	股份合作	国有联营	集体联营
全国总计	**2830960**	**2663954**	**37904**	**9092**	**1088**	**474**	**5**
北京	80069	69892	1525	294	50		
天津	34820	31664	1272	67		43	
河北	108820	105821	300				
山西	55229	54524	1961	321			
内蒙古	37615	37519	94				
辽宁	60370	51731	219	20	14		
吉林	43555	42588	146	10			
黑龙江	38265	37277	729	248	5		
上海	63755	47223	616	250		26	5
江苏	171665	153463	1488	463	19		
浙江	117136	109592	1345	93	48	405	
安徽	114238	110812	817	37	156		
福建	95698	85603	2519	296	10		
江西	80716	78659	1061		19		
山东	226646	218807	4159	3147	222		
河南	232092	229191	2071	65	29		
湖北	132221	128326	2649	335			
湖南	128476	124778	1781	50	21		
广东	252099	219154	1570	2721	133		
广西	84312	79687	1126	102	43		
海南	49749	44231	1186	28			
重庆	104044	96903	346		55		
四川	144020	137703	949	138	162		
贵州	92582	91062	556	7	18		
云南	86747	84336	930	68	10		
西藏	1499	1499	61				
陕西	81737	80009	4982	209	74		
甘肃	44915	44457	1068	119			
青海	10201	10131					
宁夏	16232	16089	44				
新疆	41437	41223	334	4			

1-5　续表 1　　　　单位：人

地　区	内资						
	国有与集体联营	其他联营	国有独资公司	其他有限责任公司	股份有限公司	私营独资	私营合伙
全国总计	**58**	**52**	**87127**	**1299511**	**113862**	**1228**	**120**
北　京			3698	53226	3239		
天　津			2966	17155	1703	30	
河　北			752	31573	6547		
山　西			1486	14215	585		
内蒙古			808	18821	1320	32	
辽　宁			1857	25776	1779	27	
吉　林			809	24836	1897	38	
黑龙江			2350	18347	1971		
上　海			3638	21711	2566	42	
江　苏	48		5942	58961	5891	50	18
浙　江			3939	44989	2417	2	
安　徽			4029	53301	3957	67	
福　建	7		5981	44237	1735		
江　西			1953	38914	4179	8	20
山　东			5973	106638	10938	434	14
河　南			1911	149839	14032	211	23
湖　北			3118	61917	7922	80	23
湖　南			3305	56552	5663	53	
广　东		2	4809	120517	10583	81	5
广　西			2232	31154	1748		
海　南	3		1615	29455	2130		
重　庆			5491	37336	4503		
四　川			4414	68212	5387		6
贵　州			2313	44031	2708		9
云　南			3230	38118	3168	51	
西　藏		50	71	753	48		
陕　西			4709	42255	2655	11	
甘　肃			666	22813	1238	6	2
青　海			888	3319	374		
宁　夏			796	3634	159	5	
新　疆			1378	16906	820		

1-5 续表 2

单位：人

地区	内资			港澳台商投资	合资经营	合作经营	独资
	私营有限责任公司	私营股份有限公司	其他内资企业				
全国总计	**1054240**	**58290**	**903**	**113221**	**38774**	**8330**	**61601**
北京	7710	150		5598	1154	2257	2187
天津	8044	247	137	1982	807		1056
河北	65939	710		1054	533		513
山西	35228	728		469	327		47
内蒙古	15944	471	29	18	4		
辽宁	20898	1141		5620	1977	95	3440
吉林	14007	845		742	435		278
黑龙江	12605	1022		869	184	51	600
上海	17570	793	6	11786	5603	600	5484
江苏	76609	3956	18	12146	3569	178	7246
浙江	55615	739		5600	1963	59	3371
安徽	45059	3369	20	2591	977	33	1539
福建	29326	1492		7875	3114	132	4525
江西	30287	2218		1584	743		787
山东	81810	5379	93	5693	2381	142	3026
河南	55356	5509	145	2140	466	184	1256
湖北	50050	2227	5	2730	1311	36	1317
湖南	52597	4668	88	2647	842	128	1207
广东	75364	3301	68	20758	4661	3735	11990
广西	41701	1581		3431	1301	13	2117
海南	8871	892	51	3073	1049		1347
重庆	46572	2600		5699	1826	247	3391
四川	54959	3408	68	4142	1676	77	2304
贵州	39168	2252		1247	563	38	646
云南	35906	2818	37	1977	496	9	1415
西藏	500	16					
陕西	22534	2442	138	1004	124	316	470
甘肃	17626	919		368	368		
青海	5034	516		43	43		
宁夏	10615	836		121	121		
新疆	20736	1045		214	156		42

1-5　续表 3　　　　单位：人

地　区	港澳台商投资		外商投资	合资经营	合作经营	独　资	股份有限	其　他
	股份有限	其　他						
全国总计	**3391**	**1125**	**53785**	**16659**	**4345**	**28495**	**1680**	**2606**
北　京			4579	1656	1425	1112	386	
天　津	119		1174	270	89	540	76	199
河　北		8	1945	181	8	1705	37	14
山　西	28	67	236	63		173		
内蒙古		14	78	61		17		
辽　宁	99	9	3019	1220	328	1430	38	3
吉　林	15	14	225	225				
黑龙江		34	119	23	5	91		
上　海	91	8	4746	1458	414	2724	150	
江　苏	1113	40	6056	2066	132	3748	72	38
浙　江	190	17	1944	731	34	1081	18	80
安　徽	25	17	835	99	10	579	147	
福　建	56	48	2220	367		1511	170	172
江　西		54	473	326		99	15	33
山　东	15	129	2146	1138	412	580		16
河　南	147	87	761	366	58	321		16
湖　北	32	34	1165	548		465		152
湖　南	101	369	1051	326	15	636	24	50
广　东	355	17	12187	2694	840	8192	156	305
广　西			1194	507		395	182	110
海　南	673	4	2445	180	120	812		1333
重　庆	160	75	1442	368	171	798	20	85
四　川	76	9	2175	1013	100	980	82	
贵　州			273	86	184	3		
云　南	46	11	434	324		102	8	
西　藏								
陕　西	50	44	724	271		354	99	
甘　肃			90	63		27		
青　海			27	27				
宁　夏			22	2		20		
新　疆		16						

1-6 各地区按资质等级分的房地产开发企业从业人数

单位：人

地 区	总 计	一 级	二 级	三 级	四 级	暂 定	其 他
全国总计	**2830960**	**136120**	**414007**	**556072**	**426642**	**1108511**	**189608**
北 京	80069	11194	9950	7365	30378	13606	7576
天 津	34820	1925	3940	2829	18561	5539	2026
河 北	108820	11715	14079	18063	31688	31129	2146
山 西	55229	1556	8729	7698	23256	13211	779
内蒙古	37615	1908	3455	5629	20432	5311	880
辽 宁	60370	2292	5859	14866	619	30899	5835
吉 林	43555	4933	7057	7175	6377	17176	837
黑龙江	38265	1431	8193	19288	1876	5940	1537
上 海	63755	3676	6453	6992	36	37737	8861
江 苏	171665	6723	51921	11701	692	82290	18338
浙 江	117136	5734	11408	24037	8750	49080	18127
安 徽	114238	2455	12835	23360	5923	63158	6507
福 建	95698	4480	9552	26421	13317	37701	4227
江 西	80716	979	6262	17075	10195	41621	4584
山 东	226646	11536	26654	34215	38326	101712	14203
河 南	232092	8647	29055	30065	18429	117291	28605
湖 北	132221	4749	22865	22297	24238	54011	4061
湖 南	128476	2640	15570	49873	24585	32807	3001
广 东	252099	13958	13092	47919	47440	105840	23850
广 西	84312	1745	7905	14812	6608	49457	3785
海 南	49749	662	1847	4834	6966	30059	5381
重 庆	104044	7411	40943	18025	669	34737	2259
四 川	144020	6172	31053	74802	1813	25162	5018
贵 州	92582	221	15040	16790	13167	44272	3092
云 南	86747	4113	12095	7916	26747	31629	4247
西 藏	1499	11	130	541	243	526	48
陕 西	81737	6499	17333	17532	22967	10834	6572
甘 肃	44915	2615	6869	12041	11523	11511	356
青 海	10201	153	3999	2403	1566	1476	604
宁 夏	16232	1260	4731	2817	2577	4613	234
新 疆	41437	2727	5133	6691	6678	18176	2032

1-7 各地区按隶属关系分的房地产开发企业从业人数

单位：人

地 区	合 计	中央属	地方属				
				省 属	地市属	县级及以下	其 他
全国总计	**2830960**	**34600**	**2796360**	**70065**	**347786**	**141569**	**2236940**
北 京	80069	3130	76939	10698	11635	1518	53088
天 津	34820	1168	33652	4847	7316	1754	19735
河 北	108820	347	108473	492	7285	3728	96968
山 西	55229	1018	54211	1804	4226	1475	46706
内蒙古	37615	600	37015	184	5178	2395	29258
辽 宁	60370	826	59544	730	6818	2889	49107
吉 林	43555	125	43430	357	4287	1542	37244
黑龙江	38265	983	37282	1477	7622	3214	24969
上 海	63755	1450	62305	4542	8420	2378	46965
江 苏	171665	1017	170648	1409	8269	5253	155717
浙 江	117136	203	116933	1325	6619	3344	105645
安 徽	114238	1100	113138	4043	13364	5455	90276
福 建	95698	221	95477	1237	14484	4729	75027
江 西	80716	827	79889	1103	8730	6130	63926
山 东	226646	1886	224760	3986	26551	15430	178793
河 南	232092	494	231598	2418	37268	19198	172714
湖 北	132221	2828	129393	1726	20788	5742	101137
湖 南	128476	827	127649	2018	14911	7443	103277
广 东	252099	3308	248791	2071	36600	11206	198914
广 西	84312	580	83732	1378	8344	2864	71146
海 南	49749	716	49033	3890	9273	3064	32806
重 庆	104044	2639	101405	4828	15084	1556	79937
四 川	144020	2799	141221	1952	16818	7246	115205
贵 州	92582	1232	91350	1246	5502	4661	79941
云 南	86747	845	85902	4105	8082	5375	68340
西 藏	1499		1499	48	522		929
陕 西	81737	1081	80656	2613	20117	5724	52202
甘 肃	44915	231	44684	1859	6202	2906	33717
青 海	10201	32	10169	563	1493	347	7766
宁 夏	16232	546	15686	366	829	77	14414
新 疆	41437	1541	39896	750	5149	2926	31071

第二章

房地产开发投资及企业到位资金情况

2-1　各地区房地产开发企业投资规模与完成情况

单位：万元

地　区	计划总投资	自开始建设至本年底累计完成投资	本年完成投资
全国总计	**6566173813**	**4790800100**	**1097985288**
北　京	277210665	210296315	36925416
天　津	167090742	113781027	22333936
河　北	210044039	149062993	48239092
山　西	96129720	62367128	11662833
内蒙古	83967890	56854427	8897233
辽　宁	216449974	162424015	22896691
吉　林	73522235	52873388	9101378
黑龙江	62747604	43135345	8155957
上　海	283329343	206577826	38565278
江　苏	618440291	436299187	96291123
浙　江	386846961	302880484	82267820
安　徽	334636419	232618646	56124725
福　建	264440708	233515749	47942344
江　西	125077796	83970424	20139823
山　东	419810442	294957698	66372455
河　南	343809979	211154382	70902498
湖　北	252094475	184663690	45748908
湖　南	209582813	150840807	34261289
广　东	684384022	536209951	120756935
广　西	157970560	115426477	26834830
海　南	133152022	95426551	20531061
重　庆	239103876	192775663	39800837
四　川	254978642	187363413	51498939
贵　州	144559657	109172857	22009978
云　南	164790612	121977071	27862513
西　藏	1497327	1141211	403647
陕　西	193000807	125689483	31019724
甘　肃	48506866	31741258	9445166
青　海	19680866	14066218	4085865
宁　夏	42239106	32504402	6528429
新　疆	57077354	39032014	10378565

2-2 各地区按登记注册类型分的房地产开发企业计划总投资

单位：万元

地　区	总　计	内　资					
			国　有	集　体	股份合作	国有联营	集体联营
全国总计	**6566173813**	**5970883957**	**43948558**	**7786633**	**1446536**	**421921**	**112100**
北　京	277210665	261798533	4032280	531882			
天　津	167090742	149752565	1089705	118000			
河　北	210044039	201738962	163548				
山　西	96129720	94007772	936318	31838			
内蒙古	83967890	83830751	119672				
辽　宁	216449974	167329026	452745	105500			
吉　林	73522235	69254264	3846				
黑龙江	62747604	60533606	260141				
上　海	283329343	228216762	783983	512652			112100
江　苏	618440291	537928966	5878724	415470	24000		
浙　江	386846961	356092130	1112851	48797	99792	421921	
安　徽	334636419	320356872	1238445	41593	218528		
福　建	264440708	237932092	5580039	154112	58000		
江　西	125077796	118770080	789912		67947		
山　东	419810442	400240060	4892090	1485714	394104		
河　南	343809979	337260983	3286180	60674	35700		
湖　北	252094475	232709106	1404396	309891			
湖　南	209582813	197872460	1041414	22568	20000		
广　东	684384022	571585830	1815148	3574073	118862		
广　西	157970560	144442173	699081	52151	8500		
海　南	133152022	118163700	537585	28300			
重　庆	239103876	197234291	601210		130000		
四　川	254978642	231611300	707572	105800	227303		
贵　州	144559657	140192581	743949		26000		
云　南	164790612	159757169	505343				
西　藏	1497327	1497327					
陕　西	193000807	185605842	3556903	153508	17800		
甘　肃	48506866	48229466	953976	33306			
青　海	19680866	19102966					
宁　夏	42239106	41052308	291502				
新　疆	57077354	56784014	470000	804			

2-2　续表 1　　　　　　　　　　　　　　　　　　　　　　　　　　　　单位：万元

地　区	内　资						
	国有与集体联　营	其他联营	国有独资公　司	其他有限责任公司	股份有限公　司	私营独资	私营合伙
全国总计	**1819900**	**116483**	**274301509**	**3462903858**	**213762468**	**3059496**	**46733**
北　京			15500330	222638187	4920722		
天　津			9183130	106818638	5837174	787649	
河　北			1903858	80924627	4578335		
山　西			2648909	37043637	872249		
内蒙古			3498709	39337640	2412788	108000	
辽　宁			4820782	94222898	9390660	24430	
吉　林			1569167	41924502	5130079		
黑龙江			2049751	38160714	2436122		
上　海			18636566	143544988	6805538	167715	
江　苏	1799900		31994293	254896061	19482571	865993	19820
浙　江			11964807	166170174	6301719	1500	
安　徽			15626013	181611094	12096852	243461	
福　建			19708405	140814191	4527550		
江　西			4172931	67374131	4486764	9059	18082
山　东			20703889	230539786	20081881	200285	5244
河　南			4415764	242517068	13432667	269000	
湖　北			9212535	141491389	14294225	35481	3587
湖　南			7764779	107009077	10931018	48400	
广　东			15931263	369207576	20841925	107015	
广　西			7270493	66617463	4364962		
海　南	20000		10309292	83008805	6150596		
重　庆			14936342	102873214	9072126		
四　川			7113530	141190879	8036759		
贵　州			5221311	85167154	3297790		
云　南			5145573	95777019	6495678	75444	
西　藏		116483	38545	875841			
陕　西			12449066	111912688	4359375	93427	
甘　肃			2508223	24366784	1470310		
青　海			1926703	8417154	327653		
宁　夏			3927908	10700942	167727	22637	
新　疆			2148642	25749537	1158653		

2-2 续表 2

单位：万元

地　区	内　资			港澳台商投资			
	私营有限责任公司	私营股份有限公司	其他内资企业		合资经营	合作经营	独　资
全国总计	**1870414540**	**87635131**	**3108091**	**427313214**	**144889401**	**23684468**	**242605726**
北　京	14043178	131954		9400423	3896719	2614244	2889460
天　津	24948306	770663	199300	11008805	3591187		6566364
河　北	113467862	700732		3549869	996516		2553353
山　西	51753769	721052		1739986	1247440		195516
内蒙古	37558959	780983	14000	12472			
辽　宁	55601726	2710285		30211102	11963025	434607	17067798
吉　林	19523499	1103171		4267971	2767167		1350804
黑龙江	16610643	1016235		2079881	326098	60000	1586043
上　海	55182104	2471116		42928188	21064867	350000	20953621
江　苏	211999310	10321142	231682	53852345	17540594	1235341	32961159
浙　江	168697453	1273116		24439303	7962233	603560	15058275
安　徽	101826182	6642704	812000	11776878	3939902		7706476
福　建	64086146	3003649		20380063	11253756	75550	8572757
江　西	37574583	4276671		4586888	1367158		3125930
山　东	115831189	5814878	291000	14028353	6187075	469480	7006060
河　南	66743886	6398456	101588	4932276	1080442	80000	2808889
湖　北	63900225	2057377		13036802	2993877	1200000	7974925
湖　南	66299350	4561081	174773	9369391	3198945	212500	5366480
广　东	150578592	8673634	737742	82130782	21185444	14595082	44551476
广　西	63085193	2344330		9639744	3514455		6125289
海　南	17052837	926279	130006	12951409	3241985		6879575
重　庆	67106620	2514779		32799851	9849426	1216218	21176418
四　川	70836013	3193444	200000	14768466	2418768	12000	11860598
贵　州	43267732	2468645		3881346	587818	81700	3211828
云　南	47299000	4459112		3633949	423843		2336019
西　藏	466458						
陕　西	49984999	2862076	216000	3909070	293800	444186	2720613
甘　肃	18183969	712898		224800	224800		
青　海	7691053	740403		577900	577900		
宁　夏	23259231	2682361		901561	901561		
新　疆	25954473	1301905		293340	292600		

2-2　续表 3　　　　单位：万元

地　区	港澳台商投资		外商投资					
	股份有限	其　他		合资经营	合作经营	独　资	股份有限	其　他
全国总计	**12929827**	**3203792**	**167976642**	**55181322**	**16156254**	**83576531**	**7211559**	**5850976**
北　京			6011709	3155868	1294458	1561383		
天　津	851254		6329372	924255		2964407	1698000	742710
河　北			4755208	108986		4573040	57000	16182
山　西	289756	7274	381962			381962		
内 蒙 古		12472	124667	72187		52480		
辽　宁	211000	534672	18909846	8146436	2208478	7925700	629232	
吉　林	150000							
黑 龙 江		107740	134117	89117		45000		
上　海	559700		12184393	3874670	1796532	6067376	445815	
江　苏	1900251	215000	26658980	11149735	1584500	13591550	9626	323569
浙　江	815235		6315528	2050572	100800	3699301	20000	444855
安　徽	70500	60000	2502669	275507	240674	1266488	720000	
福　建	453000	25000	6128553	384942		4561814	706797	475000
江　西		93800	1720828	1382264		238564	100000	
山　东	74959	290779	5542029	2438635	1013446	2043948		46000
河　南	277300	685645	1616720	646197	25000	945523		
湖　北	850000	18000	6348567	1305228		4121086		922253
湖　南	163000	428466	2340962	1313067	25000	873730		129165
广　东	1629868	168912	30667410	9873079	3428198	14335330	1508461	1522342
广　西			3888643	1451076		1364235	155000	918332
海　南	2794560	35289	2036913	130351	557646	1298348		50568
重　庆	220649	337140	9069734	1636760	2294517	4595457	283000	260000
四　川	455100	22000	8598876	3455994	780000	4362882		
贵　州			485730	78725	407005			
云　南	866134	7953	1399494	299500	400000	59994	640000	
西　藏								
陕　西	297561	152910	3485895	877555		2369712	238628	
甘　肃			52600	52600				
青　海								
宁　夏			285237	8016		277221		
新　疆		740						

2-3 各地区按资质等级分的房地产开发企业计划总投资

单位：万元

地区	总计	一级	二级	三级	四级	暂定	其他
全国总计	**6566173813**	**286050372**	**1010055676**	**1037248662**	**760773981**	**2940269037**	**531776085**
北京	277210665	20751916	30272411	25414593	95906529	94531425	10333791
天津	167090742	7504374	17587930	6982734	94176017	35219320	5620367
河北	210044039	14312543	28456732	28745598	55705415	78723301	4100450
山西	96129720	2486639	15549490	10474322	35295579	29857131	2466559
内蒙古	83967890	5452442	11714529	10892312	40271836	13965335	1671436
辽宁	216449974	6436303	18699019	40495958	1356627	127020141	22441926
吉林	73522235	2494945	17302049	11314615	6522585	34959271	928770
黑龙江	62747604	2350918	16191605	24469865	971944	14937915	3825357
上海	283329343	5453671	19654427	14724477	146105	219788740	23561923
江苏	618440291	26804050	197739155	21437498	435273	297528383	74495932
浙江	386846961	8554583	27673348	65329171	17604975	186721865	80963019
安徽	334636419	7131471	35209486	68238127	7449517	188484714	28123104
福建	264440708	10317074	31208026	68772730	25137911	114130075	14874892
江西	125077796	3192973	10141490	22380436	13219342	67867406	8276149
山东	419810442	24979973	41279571	56747972	44957640	214520530	37324756
河南	343809979	12569217	51984036	36378367	16892337	195515004	30471018
湖北	252094475	14214287	43443252	25017475	21689575	137254829	10475057
湖南	209582813	11674683	31287274	74899140	33757168	54181204	3783344
广东	684384022	29676484	37988258	133498587	112918389	287731681	82570623
广西	157970560	6959684	23193362	22345992	6639658	91626444	7205420
海南	133152022	4365704	6627335	16505006	9831729	80577086	15245162
重庆	239103876	15649935	100228890	21732922	762558	97710373	3019198
四川	254978642	16118065	50122904	128062614	1280973	44317093	15076993
贵州	144559657	450484	44821670	22509256	11147678	60838543	4792026
云南	164790612	5762249	26008753	12967174	38404376	69730163	11917897
西藏	1497327		202696	657353	337105	190173	110000
陕西	193000807	9125385	39044123	32785702	42952118	44784194	24309285
甘肃	48506866	2403919	8241155	13178813	7276203	16916198	490578
青海	19680866	1020339	7155609	5621719	2418817	2780562	683820
宁夏	42239106	5200167	15185826	5986578	6594138	8718186	554211
新疆	57077354	2635895	5841265	8681556	8713864	29141752	2063022

2-4　各地区按登记注册类型分的房地产开发企业完成投资

单位：万元

地　区	总　计	内　资					
			国　有	集　体	股份合作	国有联营	集体联营
全国总计	**1097985288**	**1027127549**	**8506674**	**1070302**	**313230**	**6500**	
北　京	36925416	35352325	348841	16856			
天　津	22333936	20279707	204279	2796			
河　北	48239092	46929203	22679				
山　西	11662833	11505068	144094	16368			
内蒙古	8897233	8887541	2100				
辽　宁	22896691	19879695	69093	980			
吉　林	9101378	8698900	3028				
黑龙江	8155957	7998473	83274				
上　海	38565278	32129679	133716	11326			
江　苏	96291123	85797603	1377334	57892			
浙　江	82267820	78124455	306682	1920	1178	6500	
安　徽	56124725	54569841	150419	22137	100751		
福　建	47942344	43748744	1502686	24758	18860		
江　西	20139823	19347493	228695		18390		
山　东	66372455	63326860	926011	215181	97424		
河　南	70902498	69729844	744646	33442	14700		
湖　北	45748908	43962875	182383	85909			
湖　南	34261289	32998655	373991	11326			
广　东	120756935	106828290	401519	471788	22885		
广　西	26834830	24775512	137009	2465			
海　南	20531061	18961024	71325	13606			
重　庆	39800837	35262810	68758		29079		
四　川	51498939	48993973	223346	55532	7163		
贵　州	22009978	21262084	38395				
云　南	27862513	26959804	67653				
西　藏	403647	403647					
陕　西	31019724	30185102	444971	20170	2800		
甘　肃	9445166	9435903	144835	5850			
青　海	4085865	4003881					
宁　夏	6528429	6460499	16053				
新　疆	10378565	10328059	88859				

2-4 续表 1

单位：万元

地　区	内　资						
	国有与集体联营	其他联营	国有独资公司	其他有限责任公司	股份有限公司	私营独资	私营合伙
全国总计	**117300**	**38930**	**44616246**	**576057708**	**32964691**	**1003141**	**3731**
北　京			2300280	29884433	831234		
天　津			872153	14525919	310692	212996	
河　北			318758	17969290	1218115		
山　西			353081	4233102	155099		
内蒙古			321908	4746146	428000	411	
辽　宁			641315	10725557	377463	15031	
吉　林			208011	5059767	865789		
黑龙江			364961	4615393	288216		
上　海			3266504	19976921	965459	104000	
江　苏	117300		4952821	39847755	3217961	216887	10
浙　江			2252852	30884421	1688488	1465	
安　徽			2654996	29860250	1751721	79600	
福　建			2609106	23923136	886018		
江　西			699284	10818410	703580	300	2321
山　东			3391824	36047609	2438080	173822	200
河　南			981631	52071185	2631394	43793	
湖　北			1795561	26128641	1949441	21394	1200
湖　南			1078222	16354211	1511056	19447	
广　东			2186271	67255351	2799374	48047	
广　西			1219636	11899024	851759		
海　南			1255656	13583773	1050220		
重　庆			2658824	17865751	1814897		
四　川			1721063	28808205	1669201		
贵　州			1709935	11385995	472701		
云　南			665430	15825656	922127	24346	
西　藏		38930	26000	292169			
陕　西			2239075	18904082	699137	41602	
甘　肃			546124	4555119	210844		
青　海			332593	1659684	46889		
宁　夏			445037	1474704	17901		
新　疆			547334	4876049	191835		

2-4　续表 2　　单位：万元

地　区	内　资			港澳台商投　资			
	私营有限责任公司	私营股份有限公司	其他内资企　业		合资经营	合作经营	独　资
全国总计	**348470184**	**13520013**	**438899**	**51768369**	**18254444**	**2128982**	**29465483**
北　京	1961621	9060		1022008	470952	345559	205497
天　津	4033240	71832	45800	1156503	439706		677867
河　北	27209843	190518		921748	421290		500458
山　西	6514035	89289		85431	67146		12505
内蒙古	3309868	79108					
辽　宁	7841989	208267		1791050	696504	496	1068096
吉　林	2512743	49562		402478	204194		198284
黑龙江	2474263	172366		113292	10609	1368	94627
上　海	7493842	177911		5349090	3021146	5502	2309893
江　苏	34233642	1750142	25859	7767103	2240608	141924	5096531
浙　江	42617050	363899		3166730	1036558	72009	1892719
安　徽	18936618	981087	32262	1276602	492038		740181
福　建	14536127	248053		2775451	1584271	10627	1076821
江　西	6336996	539517		699218	309996		385717
山　东	19449426	535492	51791	2119069	1049658	16933	1016574
河　南	12368574	826619	13860	1033548	368983	6000	576265
湖　北	13295025	503321		1352001	384948	58134	861555
湖　南	12921674	719609	9119	1072116	367007	38962	590899
广　东	32470958	1061082	111015	9902727	2463525	1207425	5976981
广　西	10342033	323586		1138519	458519		680000
海　南	2714204	260940	11300	1391435	239036		886632
重　庆	12360894	464607		3667263	1270753	163966	2080769
四　川	15677498	740730	91235	1440570	233835	6987	1140502
贵　州	7265543	389515		706797	183458		523339
云　南	8670363	784229		734644	10041		539211
西　藏	46548						
陕　西	7176204	610403	46658	493829	40716	53090	333560
甘　肃	3777672	195459		3127	3127		
青　海	1810192	154523		81984	81984		
宁　夏	3758323	748481		53530	53530		
新　疆	4353176	270806		50506	50306		

2-4 续表 3

单位：万元

地　区	港澳台商投资		外商投资					
	股份有限	其　他		合资经营	合作经营	独　资	股份有限	其　他
全国总计	**1583918**	**335542**	**19089370**	**6566710**	**1635746**	**8708176**	**769345**	**1409393**
北　京			551083	248375	151919	150789		
天　津	38930		897726	42694		563283	134533	157216
河　北			388141	20561		361748	1752	4080
山　西	3696	2084	72334			72334		
内蒙古			9692	9692				
辽　宁	22954	3000	1225946	328146	449102	395132	53566	
吉　林								
黑龙江		6688	44192	24092		20100		
上　海	12549		1086509	557413	114680	405073	9343	
江　苏	207386	80654	2726417	1156792	79799	1450791	4507	34528
浙　江	165444		976635	321505	4813	446250	11473	192594
安　徽	43683	700	278282	40678		150906	86698	
福　建	98027	5705	1418149	67765		1147005	49594	153785
江　西		3505	93112	53804		12308	27000	
山　东		35904	926526	470899	291669	162358		1600
河　南	15108	67192	139106	102116		36990		
湖　北	41864	5500	434032	139425		152908		141699
湖　南	41000	34248	190518	126423		29981		34114
广　东	248697	6099	4025918	1393099	282585	1775581	142920	431733
广　西			920799	437480		265753	20308	197258
海　南	261080	4687	178602	17335	71285	84982		5000
重　庆	116528	35247	870764	203314	72997	473553	65114	55786
四　川	53350	5896	1064396	610946	80000	373450		
贵　州			41097	4200	36897			
云　南	185292	100	168065	18608		11736	137721	
西　藏								
陕　西	28330	38133	340793	150812		165165	24816	
甘　肃			6136	6136				
青　海								
宁　夏			14400	14400				
新　疆		200						

2-5　各地区按资质等级分的房地产开发企业完成投资

单位：万元

地　区	总　计	一　级	二　级	三　级	四　级	暂　定	其　他
全国总计	**1097985288**	**39789006**	**139390403**	**150901307**	**110999998**	**542669248**	**114235326**
北　京	36925416	1946055	3290419	2185110	9798107	17698055	2007670
天　津	22333936	521664	1796039	702140	11601346	6610154	1102593
河　北	48239092	2235202	5729244	6575282	12787566	19911958	999840
山　西	11662833	293258	1440209	1203459	4230582	4160773	334552
内蒙古	8897233	524092	544709	1199502	4742002	1645687	241241
辽　宁	22896691	456138	1663968	3387948	66675	13529055	3792907
吉　林	9101378	367895	2004034	1354860	964849	4205014	204726
黑龙江	8155957	295249	1380817	3343358	168031	2213500	755002
上　海	38565278	1058739	2331715	1311453	62389	29931227	3869755
江　苏	96291123	3562673	27265209	2740568	37037	49214537	13471099
浙　江	82267820	1320713	3334195	11719313	2911876	39784542	23197181
安　徽	56124725	1175142	4355599	8298248	992740	34886878	6416118
福　建	47942344	1945995	4527653	8562338	2733690	25646037	4526631
江　西	20139823	415917	1090690	3013449	1940897	12165271	1513599
山　东	66372455	3999515	6244062	7336256	5825076	36705225	6262321
河　南	70902498	1574452	7992693	6596261	3293693	43979106	7466293
湖　北	45748908	2015838	6261826	4337508	3609851	28064409	1459476
湖　南	34261289	1473628	4522474	10358419	6291118	10666804	948846
广　东	120756935	3580617	4604433	15941094	18281501	60092391	18256899
广　西	26834830	986168	3453810	2599736	928261	17970543	896312
海　南	20531061	635397	638111	2212621	1368588	13220412	2455932
重　庆	39800837	2473192	15893908	3320594	77554	17444109	591480
四　川	51498939	2588798	9183078	27454282	285047	8640272	3347462
贵　州	22009978	76064	4827658	3062391	1648687	11405488	989690
云　南	27862513	1220510	4105269	1894534	5475367	12275249	2891584
西　藏	403647		41942	156302	125906	69297	10200
陕　西	31019724	1240886	5706857	3901424	6485727	8515091	5169739
甘　肃	9445166	464685	1034586	2347528	1636821	3773260	188286
青　海	4085865	266726	1170624	1211147	433022	638274	366072
宁　夏	6528429	569841	1984590	909414	715784	2186842	161958
新　疆	10378565	503957	969982	1664768	1480208	5419788	339862

2-6 各地区按隶属关系分的房地产开发企业完成投资

单位：万元

地区	合计	中央属	地方属				
				省属	地市属	县级及以下	其他
全国总计	**1097985288**	**23412805**	**1074572483**	**33825706**	**146735396**	**40467093**	**853544288**
北京	36925416	1880798	35044618	4549807	4949420	854662	24690729
天津	22333936	1311842	21022094	2263023	6572611	546711	11639749
河北	48239092	222495	48016597	538435	3450447	1666550	42361165
山西	11662833	418086	11244747	447411	1128507	271844	9396985
内蒙古	8897233	150496	8746737	41625	1509104	854718	6341290
辽宁	22896691	425118	22471573	131526	2335201	995593	19009253
吉林	9101378	118225	8983153	20129	1071840	191349	7699835
黑龙江	8155957	209106	7946851	377270	1743306	470488	5355787
上海	38565278	2048305	36516973	2499373	5394044	1125965	27497591
江苏	96291123	1280747	95010376	863038	6427501	2602128	85117709
浙江	82267820	576982	81690838	547230	2317013	1557616	77268979
安徽	56124725	815193	55309532	2459801	7913377	2763023	42173331
福建	47942344	195153	47747191	623512	9122299	1406983	36594397
江西	20139823	350781	19789042	474273	3298069	1111824	14904876
山东	66372455	1003916	65368539	2141618	8848527	4103022	50275372
河南	70902498	895431	70007067	1228300	13416428	4533315	50829024
湖北	45748908	1906550	43842358	1075024	6194893	1206808	35365633
湖南	34261289	519308	33741981	854227	3650852	965670	28271232
广东	120756935	2663823	118093112	894548	18650533	3596519	94951512
广西	26834830	485896	26348934	884282	3467910	506933	21489809
海南	20531061	542160	19988901	1587114	4921795	1110674	12369318
重庆	39800837	1669479	38131358	3747542	5614797	253197	28515822
四川	51498939	1161482	50337457	705851	6297422	2522195	40811989
贵州	22009978	1209304	20800674	483609	1997890	1044840	17274335
云南	27862513	368267	27494246	2425605	4514015	1205706	19348920
西藏	403647		403647	20800	174183		208664
陕西	31019724	498085	30521639	720243	7962166	900941	20938289
甘肃	9445166	39889	9405277	474555	1435802	884392	6610528
青海	4085865	54697	4031168	289219	634608	145865	2961476
宁夏	6528429	34672	6493757	245165	318190	242861	5687541
新疆	10378565	356519	10022046	211551	1402646	824701	7583148

2-7 各地区按构成分的房地产开发企业完成投资

单位：万元

地区	本年完成投资	建筑工程	安装工程	设备工器具购置	其他费用	#土地购置费
全国总计	**1097985288**	**688905580**	**96871329**	**15507034**	**296701345**	**231694710**
北京	36925416	11229593	385681	224343	25085799	17114892
天津	22333936	10476161	1008304	58076	10791395	7597092
河北	48239092	36014430	5700061	1137265	5387336	3730231
山西	11662833	7125042	1679887	145484	2712420	1898521
内蒙古	8897233	6734732	999833	155197	1007471	685455
辽宁	22896691	16425849	2287139	344207	3839496	3043357
吉林	9101378	6524874	910649	106422	1559433	1193018
黑龙江	8155957	6206838	718975	101660	1128484	875052
上海	38565278	19929383	1119092	286635	17230168	15230465
江苏	96291123	58746653	6914479	1261720	29368271	25869912
浙江	82267820	36790456	5067538	824545	39585281	33536667
安徽	56124725	35838797	6585954	789086	12910888	11203689
福建	47942344	27389599	3873015	395196	16284534	14041455
江西	20139823	13872536	2816905	457588	2992794	2241742
山东	66372455	45446610	8225047	877627	11823171	9597111
河南	70902498	54410699	704692	1586079	14201028	9518962
湖北	45748908	27099221	5223022	1025271	12401394	9447735
湖南	34261289	24107003	4215701	570489	5368096	3785809
广东	120756935	72115514	11173175	1204630	36263616	28984512
广西	26834830	17832538	2753188	352110	5896994	4381797
海南	20531061	13616091	2158005	173684	4583281	2265461
重庆	39800837	24198277	5296766	620136	9685658	7099567
四川	51498939	35847110	4892085	1024416	9735328	7877293
贵州	22009978	17407266	1581864	236877	2783971	1076425
云南	27862513	20591825	2558443	287822	4424423	3029160
西藏	403647	286873	55355	7225	54194	48678
陕西	31019724	21191792	3974865	719710	5133357	3447932
甘肃	9445166	6397884	1469962	130593	1446727	859115
青海	4085865	2900140	553096	127764	504865	330326
宁夏	6528429	4752654	862670	90811	822294	621138
新疆	10378565	7399140	1105881	184366	1689178	1062141

2-8 各地区按用途分的房地产开发企业完成投资

单位：万元

地 区	本年完成投资	住 宅	#别 墅、高档公寓	办公楼	商业营业用房	其 他
全国总计	**1097985288**	**751478799**	**40154427**	**67613571**	**156398974**	**122493944**
北 京	36925416	16946697	1571555	7429272	3576544	8972903
天 津	22333936	15597031	700684	925785	1893933	3917187
河 北	48239092	36569801	407787	2152211	5944858	3572222
山 西	11662833	8463841	74720	356003	1477912	1365077
内蒙古	8897233	6458549	91761	172847	1475861	789976
辽 宁	22896691	16739105	666671	703978	3645296	1808312
吉 林	9101378	6335480	177394	447702	1518017	800179
黑龙江	8155957	5546977	123390	273815	1562982	772183
上 海	38565278	21524006	5407503	6421995	5067129	5552148
江 苏	96291123	73152779	5350327	4236992	12096244	6805108
浙 江	82267820	56459787	3867950	4396515	9420788	11990730
安 徽	56124725	40069994	876889	1945911	10110574	3998246
福 建	47942344	32365109	1513083	2823738	5558685	7194812
江 西	20139823	13917925	434930	934968	3848712	1438218
山 东	66372455	49295310	1696043	3610628	8412778	5053739
河 南	70902498	53307950	729711	2263771	8827002	6503775
湖 北	45748908	32354210	894277	2801745	6109000	4483953
湖 南	34261289	21944058	857445	1517393	6382177	4417661
广 东	120756935	81009277	5153373	11736678	14451506	13559474
广 西	26834830	19835172	692723	1027877	3236747	2735034
海 南	20531061	14775334	1698786	378476	2550515	2826736
重 庆	39800837	26328813	2247940	1572815	6717965	5181244
四 川	51498939	31823448	1386064	2628088	10942225	6105178
贵 州	22009978	13653265	500355	1043517	4925372	2387824
云 南	27862513	17439149	1687658	1443606	4857706	4122052
西 藏	403647	200964	15132	7007	77762	117914
陕 西	31019724	21455576	683594	2420870	4394200	2749078
甘 肃	9445166	6012544	38633	573217	1971994	887411
青 海	4085865	2136640	9925	334624	970840	643761
宁 夏	6528429	3877532	155162	370149	1524198	756550
新 疆	10378565	5882476	442962	661378	2849452	985259

2-9　各地区按控股情况分的房地产开发企业完成投资

单位：万元

地　　区	总　计	国有控股	集体控股	私人控股	港澳台控股	外商控股	其他
全国总计	**1097985288**	**176590216**	**18135848**	**689175217**	**47540266**	**17460364**	**149083377**
北　京	36925416	16497646	1715037	15398157	932301	540732	1841543
天　津	22333936	8406143	623173	8106898	1205643	922364	3069715
河　北	48239092	1578632	121972	42258368	500458	449861	3329801
山　西	11662833	2065695	232112	8283659	32518	77573	971276
内蒙古	8897233	768625	146314	6729033		20437	1232824
辽　宁	22896691	2440569	395273	14376270	1883941	711854	3088784
吉　林	9101378	1319687	75381	6835071	405862		465377
黑龙江	8155957	1451158	104550	5034457	106604	44192	1414996
上　海	38565278	14023673	790071	12738129	4073760	843109	6096536
江　苏	96291123	15760406	1550424	56074747	7074690	2763768	13067088
浙　江	82267820	7980396	998344	62782183	3093611	797757	6615529
安　徽	56124725	7547717	628535	38222683	1142551	386447	8196792
福　建	47942344	9309967	117095	28921654	2296146	1392376	5905106
江　西	20139823	2317387	213871	14074052	685594	160114	2688805
山　东	66372455	10631104	2088685	39516771	1803050	428023	11904822
河　南	70902498	8076459	736869	49570222	908769	116595	11493584
湖　北	45748908	8155631	1275512	25658560	1239640	832288	8587277
湖　南	34261289	4500200	473220	23125048	1029833	154074	4978914
广　东	120756935	12065152	2333425	68932070	9639273	3742285	24044730
广　西	26834830	3321044	207012	17340476	1123887	779418	4062993
海　南	20531061	3488778	634100	11692103	1323553	213128	3179399
重　庆	39800837	8201063	348094	21456351	3529018	733079	5533232
四　川	51498939	5861664	520460	35940779	1457822	877697	6840517
贵　州	22009978	4075187	486252	15123209	683729	1743	1639858
云　南	27862513	4957753	244245	17682429	877467	159177	3941442
西　藏	403647	125010	38930	184678			55029
陕　西	31019724	7127631	687443	20153012	433889	297873	2319876
甘　肃	9445166	1559783	132517	7394124	3127		355615
青　海	4085865	693016	167900	2799125			425824
宁　夏	6528429	748668	1724	5628817	53530	14400	81290
新　疆	10378565	1534372	47308	7142082			1654803

2-10 各地区按投资规模分房地产开发企业完成投资

单位：万元

地区	500万元以下	500-1000万元	1000-3000万元	3000-5000万元	5000万-1亿元	1-5亿元	5-10亿元	10亿元及以上
全国总计	**4547**	**68685**	**1327070**	**3189941**	**15895544**	**200886071**	**224602189**	**652011241**
北京		316		1402	21629	567874	2234375	34099820
天津			45	1855	21920	2159899	4892524	15257693
河北		930	59826	142223	782951	14246274	11894101	21112787
山西		2003	41686	106457	405431	3439819	2465360	5202077
内蒙古	178	5880	61760	144670	472429	2936488	1693023	3582805
辽宁	401	3911	66170	110309	534052	6276878	5930213	9974757
吉林	20	2135	28303	67593	246717	2496941	1623535	4636134
黑龙江	321	1543	32862	79216	336327	2117578	1715819	3872291
上海		5	1700	385	34532	1564816	4019846	32943994
江苏		750	24071	100387	796752	11358870	19589035	64421258
浙江		1267	40641	111018	606450	10693978	16574293	54240173
安徽	80	2091	35886	92906	425565	9465412	15052897	31049888
福建		2311	29583	56375	294694	5697395	8875513	32986473
江西		2904	74491	128453	530357	5907686	4889377	8606555
山东	497	2746	77741	252767	1630604	18092199	15539069	30776832
河南		2925	35342	112681	766385	15367473	20971248	33646444
湖北	10	1317	60807	115312	565457	8266067	8321820	28418118
湖南	612	3241	105496	266178	1554613	9784793	6650136	15896220
广东	276	7188	139550	284543	1256509	17363724	20709835	80995310
广西		2604	45112	168217	607102	6417409	4848590	14745796
海南	160	400	3306	24356	214332	2899970	4042728	13345809
重庆	100	2083	42518	62453	269763	5374055	6086919	27962946
四川	249	3050	37858	114954	709208	11044311	14605290	24984019
贵州		549	16331	48656	244851	5919426	3865296	11914869
云南		4522	46821	125050	500279	4873604	4077758	18234479
西藏			2332	3335	11145	234554	152281	
陕西		200	32130	93210	432568	5324728	5675912	19460976
甘肃	159	1217	38049	83993	441813	3155207	2239821	3484907
青海			647	4920	81539	1011684	964454	2022621
宁夏			18458	56098	153235	2257326	1943477	2099835
新疆	1484	10597	127548	229969	946335	4569633	2457644	2035355

2-11　各地区按登记注册类型分的房地产开发企业住宅完成投资

单位：万元

地　区	总　计	内　资					
			国　有	集　体	股份合作	国有联营	集体联营
全国总计	**751478799**	**708804744**	**6373499**	**809420**	**230836**	**6210**	
北　京	16946697	16346525	218793	3597			
天　津	15597031	14604985	153360	2396			
河　北	36569801	35940136	21952				
山　西	8463841	8400324	108317	15168			
内蒙古	6458549	6448857	1570				
辽　宁	16739105	14666627	62453	885			
吉　林	6335480	6060721	2240				
黑龙江	5546977	5421807	59456				
上　海	21524006	18796209	15964	8870			
江　苏	73152779	65816950	1056399	56867			
浙　江	56459787	54192868	236433	1345	661	6210	
安　徽	40069994	38974994	125069	2000	88334		
福　建	32365109	29613208	1261812	5534	18282		
江　西	13917925	13495245	202848		16670		
山　东	49295310	47083871	509265	154576	67931		
河　南	53307950	52529071	659527	30577	11976		
湖　北	32354210	31530060	142450	50323			
湖　南	21944058	21245684	325649	10676			
广　东	81009277	72750690	184393	379566	17019		
广　西	19835172	18187250	135559	2465			
海　南	14775334	13530410	40187	12916			
重　庆	26328813	23771474	41853				
四　川	31823448	30483532	156380	46039	7163		
贵　州	13653265	13152572	26805				
云　南	17439149	16931358	52077				
西　藏	200964	200964					
陕　西	21455576	20878492	391978	20170	2800		
甘　肃	6012544	6005445	99098	5450			
青　海	2136640	2082294					
宁　夏	3877532	3820456	14061				
新　疆	5882476	5841665	67551				

2-11 续表 1

单位：万元

地区	内资						
	国有与集体联营	其他联营	国有独资公司	其他有限责任公司	股份有限公司	私营独资	私营合伙
全国总计	**84331**	**9000**	**30405812**	**394049244**	**23538208**	**861958**	**2715**
北京			1006778	14014964	484844		
天津			589017	10354968	244665	212996	
河北			283132	13812490	1027381		
山西			251561	3041851	93027		
内蒙古			252915	3542412	326498	411	
辽宁			522612	7983164	287496	13400	
吉林			167789	3495647	624416		
黑龙江			265338	3068251	231945		
上海			2027681	11677152	381402	95000	
江苏	84331		4106101	30276100	2766510	109007	
浙江			1476896	20774242	1027403	1260	
安徽			2137954	21630702	1232175	76925	
福建			1642937	15728360	632158		
江西			628756	7379251	462698	180	1765
山东			2397672	26677544	1810394	165907	150
河南			733484	39203071	2103569	42923	
湖北			1341364	19095608	1263318	19817	800
湖南			722040	10475840	1009685	19280	
广东			960898	46048130	1929040	42065	
广西			864366	8648969	626881		
海南			1011722	9357528	899887		
重庆			1794589	12539712	1120327		
四川			1163257	17850973	1069079		
贵州			895010	7123718	311348		
云南			373155	9963642	715222	21185	
西藏		9000	26000	148723			
陕西			1646649	12586473	559927	41602	
甘肃			347926	3111820	125415		
青海			114883	841363	29207		
宁夏			286877	841905	12226		
新疆			366453	2754671	130065		

2-11　续表 2　　　单位：万元

地　区	内资			港澳台商投资			
	私营有限责任公司	私营股份有限公司	其他内资企业		合资经营	合作经营	独资
全国总计	**242946921**	**9218693**	**267897**	**30552852**	**10650170**	**1533513**	**17017049**
北　京	610234	7315		446181	190135	215229	40817
天　津	2955189	46594	45800	432841	171952		232943
河　北	20657917	137264		428795	214734		214061
山　西	4807311	83089		17857			12077
内蒙古	2264638	60413					
辽　宁	5662665	133952		1311077	536288	496	751518
吉　林	1730736	39893		274759	166692		108067
黑龙江	1669968	126849		90855	4900	1026	78241
上　海	4509656	80484		2243195	1286041	2389	952806
江　苏	25867040	1468933	25662	5389193	1217025	136333	3798659
浙　江	30424162	244256		1844184	738692	32178	981670
安　徽	13083844	566279	31712	881288	322498		518107
福　建	10118587	205538		1833698	1066325	7300	684523
江　西	4427460	375617		366966	198724		168237
山　东	14818863	439235	42334	1519879	826828	11928	656421
河　南	9045842	689842	8260	670719	235283	4900	368043
湖　北	9375748	240632		524020	190348	56748	230871
湖　南	8195925	477570	9019	532880	173867	25864	264787
广　东	22506795	634582	48202	5348470	1326386	872092	3075495
广　西	7692314	216696		941341	389900		551441
海　南	2021116	176454	10600	1125776	224602		733594
重　庆	7903506	371487		2212828	716061	119673	1269363
四　川	9693445	497196		787492	138404	6079	598161
贵　州	4519634	276057		497729	159657		338072
云　南	5308907	497170		386841	11		201438
西　藏	17241						
陕　西	5184087	398498	46308	300078	11107	41278	187637
甘　肃	2198509	117227		2677	2677		
青　海	1032397	64444		54346	54346		
宁　夏	2173814	491573		46076	46076		
新　疆	2469371	53554		40811	40611		

2-11 续表 3

单位：万元

地　　区	港澳台商投资		外商投资					
	股份有限	其　他		合资经营	合作经营	独　资	股份有限	其　他
全国总计	**1118141**	**233979**	**12121203**	**4063876**	**966372**	**5555002**	**479148**	**1056805**
北　　京			153991	37479	114040	2472		
天　　津	27946		559205	29364		336298	93485	100058
河　　北			200870	1000		194688	1102	4080
山　　西	3696	2084	45660			45660		
内 蒙 古			9692	9692				
辽　　宁	22775		761401	265045	157813	300194	38349	
吉　　林								
黑 龙 江		6688	34315	16288		18027		
上　　海	1959		484602	238263	42859	195839	7641	
江　　苏	174522	62654	1946636	774333	63860	1086420	4507	17516
浙　　江	91644		422735	138654		159027		125054
安　　徽	40683		213712	14046		117275	82391	
福　　建	74650	900	918203	10128		735822	39283	132970
江　　西		5	55714	44391		11323		
山　　东		24702	691560	292732	285591	112037		1200
河　　南	4768	57725	108160	81090		27070		
湖　　北	40553	5500	300130	70827		107544		121759
湖　　南	40900	27462	165494	108949		27651		28894
广　　东	74497		2910117	865981	233360	1394796	71967	344013
广　　西			706581	385945		199375		121261
海　　南	167580		119148	8034	49969	56145		5000
重　　庆	96526	11205	344511	110052	13330	166129		55000
四　　川	41820	3028	552424	432186	3152	117086		
贵　　州			2964	566	2398			
云　　南	185292	100	120950			3887	117063	
西　　藏								
陕　　西	28330	31726	277006	113409		140237	23360	
甘　　肃			4422	4422				
青　　海								
宁　　夏			11000	11000				
新　　疆		200						

2-12　各地区按资质等级分的房地产开发企业住宅完成投资

单位：万元

地　　区	总　计	一　级	二　级	三　级	四　级	暂　定	其　他
全国总计	**751478799**	**27447985**	**99577834**	**103027790**	**74730584**	**370741823**	**75952783**
北　京	16946697	873716	1530350	702339	4680985	8734041	425266
天　津	15597031	388764	1311653	649471	7326504	4959391	961248
河　北	36569801	1919376	4659222	4837343	9756941	14540089	856830
山　西	8463841	211471	1163026	949683	2974594	2980785	184282
内蒙古	6458549	336839	343518	865453	3484082	1262977	165680
辽　宁	16739105	310297	1086769	2475873	45495	10176893	2643778
吉　林	6335480	253326	1424989	884120	637722	3001020	134303
黑龙江	5546977	208753	980913	2231250	112657	1385251	628153
上　海	21524006	745622	1564902	694251	52804	16297812	2168615
江　苏	73152779	2964535	21333362	1877679	22957	37673391	9280855
浙　江	56459787	852889	2276669	8336980	2194426	26907659	15891164
安　徽	40069994	790964	3277342	5673699	767381	24696014	4864594
福　建	32365109	1388293	3271421	5855755	1503820	17302650	3043170
江　西	13917925	301151	770252	2241006	1431113	7987868	1186535
山　东	49295310	3093434	4917819	5655308	4499001	26929959	4199789
河　南	53307950	1231164	6121537	5126259	2641091	33266062	4921837
湖　北	32354210	1285782	4384527	3016682	2783894	19787682	1095643
湖　南	21944058	984217	3188485	6919750	3947664	6256608	647334
广　东	81009277	2222564	3201453	11156543	12335936	40400167	11692614
广　西	19835172	689357	2578333	2069132	665321	13097849	735180
海　南	14775334	392713	521230	1680881	1146166	9523869	1510475
重　庆	26328813	1456574	11048227	2023959	43894	11395391	360768
四　川	31823448	1669943	6101890	16878023	166184	5381517	1625891
贵　州	13653265	44821	2869095	2116251	1159381	6894449	569268
云　南	17439149	764496	2588190	1101889	3467777	7818625	1698172
西　藏	200964		5126	85602	81820	28416	
陕　西	21455576	906956	3954859	2935498	4227771	5476821	3953671
甘　肃	6012544	306195	682557	1648381	1098280	2143645	133486
青　海	2136640	154449	645816	682342	220196	283211	150626
宁　夏	3877532	330001	1163449	586118	435287	1321359	41318
新　疆	5882476	369323	610853	1070270	819440	2830352	182238

2-13 各地区按资质等级分的房地产开发企业90平方米及以下住宅完成投资

单位：万元

地 区	总 计	一 级	二 级	三 级	四 级	暂 定	其 他
全国总计	**223672801**	**8176067**	**31991805**	**30749712**	**21772244**	**109238751**	**21744222**
北 京	6929000	445764	1043456	181085	2109972	2957623	191100
天 津	5056405	238302	549817	324217	2517282	971463	455324
河 北	14301096	866316	1530666	1994374	3255685	6271303	382752
山 西	2157918	81743	367484	367612	698798	635413	6868
内蒙古	1766711	11833	59876	243220	939260	405922	106600
辽 宁	9247751	147015	435544	1396068	26066	5795501	1447557
吉 林	3147143	178919	625958	399320	423034	1405362	114550
黑龙江	2915936	63441	528625	1223288	84695	616709	399178
上 海	7840062	584762	455722	184028	34412	6043872	537266
江 苏	16319911	471032	5684274	464082	1900	7653886	2044737
浙 江	10778475	142763	522254	1259524	458933	5408040	2986961
安 徽	8746278	125894	932778	1629655	173745	4908176	976030
福 建	9803135	445011	1490124	1688636	488858	4750693	939813
江 西	2733794	63896	151479	419864	322024	1602107	174424
山 东	10140334	476613	812366	952849	839998	5923778	1134730
河 南	17047754	430974	2063250	1627997	801405	11194810	929318
湖 北	8006159	169375	1373415	717356	558692	5065050	122271
湖 南	4192372	200286	617611	1273081	628914	1294679	177801
广 东	24573125	466114	912795	3106329	3406863	12012697	4668327
广 西	5622863	234947	692436	552764	177964	3771410	193342
海 南	8423943	48729	273373	807728	640116	5798527	855470
重 庆	12296393	657542	4861695	1071743	30886	5441313	233214
四 川	12066608	758304	2396871	6318036	65889	2077925	449583
贵 州	3533966	15942	621110	540155	292384	1949310	115065
云 南	4509700	271568	803358	205082	775484	2047677	406531
西 藏	43923			22029	14615	7279	
陕 西	6813464	345982	1386195	671236	1370284	1433387	1606380
甘 肃	1645740	90282	234821	530686	279669	505385	4897
青 海	531790	41399	133342	109753	73643	131618	42035
宁 夏	854206	41306	204120	130221	130026	347330	1203
新 疆	1626846	60013	226990	337694	150748	810506	40895

2-14 各地区按资质等级分的房地产开发企业144平方米以上住宅完成投资

单位：万元

地 区	总 计	一 级	二 级	三 级	四 级	暂 定	其 他
全国总计	**139491038**	**5315458**	**17321239**	**18007372**	**13601952**	**69340205**	**15904812**
北 京	5336601	301081	194907	343738	1311718	3019178	165979
天 津	3181407	44107	311233	109004	1416724	1263792	36547
河 北	4682911	120976	563544	809425	1392109	1695043	101814
山 西	1336513	42885	128362	91690	544037	519129	10410
内蒙古	1315432	183579	81808	165162	596195	279101	9587
辽 宁	1942105	63927	232910	276105	6505	1081018	281640
吉 林	859124	20292	222822	69481	36739	498364	11426
黑龙江	614482	44342	93204	199188	6712	255010	16026
上 海	4317178	4289	379133	167841		2992433	773482
江 苏	16366176	709797	4583411	527015	19073	8703180	1823700
浙 江	16071209	228025	513183	2113516	617918	7411845	5186722
安 徽	4780943	74691	333880	496028	44336	2546101	1285907
福 建	4993229	37444	649319	889428	390785	2546269	479984
江 西	1826546	46781	113501	330989	94920	1094333	146022
山 东	10081920	730991	1068456	1140667	712734	5756190	672882
河 南	9056876	177255	985133	687255	405354	5960240	841639
湖 北	4618320	367884	459221	273932	254610	2968185	294488
湖 南	4185356	196896	501925	1415605	783730	1210757	76443
广 东	16617765	899096	851462	2766100	2547323	7856805	1696979
广 西	3207827	81891	366742	358443	74095	2224046	102610
海 南	2097031	317047	80378	162348	216447	1237954	82857
重 庆	3937922	52989	1825826	256670	1485	1774793	26159
四 川	4274868	148638	683085	2352818	8380	705081	376866
贵 州	2475968	11345	655254	326662	127287	1217135	138285
云 南	4857716	168728	698355	406620	1065894	2101793	416326
西 藏	44259		1080	19653	22683	843	
陕 西	3817388	50865	353121	642908	579759	1396460	794275
甘 肃	643060	10237	50344	158621	98425	325433	
青 海	298964	25680	77868	157483	24379	12754	800
宁 夏	583281	78146	170313	40687	31930	261566	639
新 疆	1068661	75554	91459	252290	169666	425374	54318

2-15 各地区按资质等级分的房地产开发企业别墅、高档公寓完成投资

单位：万元

地　区	总　计	一　级	二　级	三　级	四　级	暂　定	其　他
全国总计	**40154427**	**1645759**	**4268125**	**5077527**	**3598387**	**21493811**	**4070818**
北　京	1571555	201842	25675	27929	552789	735723	27597
天　津	700684	39463	9944	28091	556741	52690	13755
河　北	407787	9000	88932	31154	131265	146436	1000
山　西	74720	6407	6125	3706	11594	46858	30
内蒙古	91761	3887	5942	4888	46289	25452	5303
辽　宁	666671	23989	22246	90070	6085	409069	115212
吉　林	177394		24870	2385	4645	144394	1100
黑龙江	123390	2076	22807	40404	440	46540	11123
上　海	5407503	235	247907	113895		4117864	927602
江　苏	5350327	346759	1214510	250856	18473	2821636	698093
浙　江	3867950	81470	103260	845784	261420	1676063	899953
安　徽	876889	33881	84999	170151	6652	529361	51845
福　建	1513083	15237	91269	179778	89977	1019538	117284
江　西	434930	24045	10107	43210	38128	310109	9331
山　东	1696043	92245	75125	227286	134149	1071206	96032
河　南	729711	2758	56281	42661	24378	457780	145853
湖　北	894277	159948	79802	114249	69988	405620	64670
湖　南	857445	12088	55822	354335	116491	309602	9107
广　东	5153373	381814	135493	697287	775319	2743532	419928
广　西	692723	1447	66655	58461	4001	537415	24744
海　南	1698786		32856	489921	169160	941594	65255
重　庆	2247940	5624	1041088	140930		1060298	
四　川	1386064	17477	200670	772703	17657	274378	103179
贵　州	500355		61467	102221	3978	332689	
云　南	1687658	142020	357503	63184	419415	539885	165651
西　藏	15132			11103	3702	327	
陕　西	683594		81535	78700	40632	419550	63177
甘　肃	38633	25	15	9020	4144	25429	
青　海	9925		200	5120	3835	450	320
宁　夏	155162	16665	20919	19633	4814	93131	
新　疆	442962	25357	44101	58412	82226	199192	33674

2-16　各地区按登记注册类型分的房地产开发企业办公楼完成投资

单位：万元

地　区	总　计	内　资					
			国　有	集　体	股份合作	国有联营	集体联营
全国总计	**67613571**	**59420041**	**516579**	**21287**	**9365**	**30**	
北　京	7429272	7119781	12357	6133			
天　津	925785	724119					
河　北	2152211	2047009					
山　西	356003	287562	2103				
内蒙古	172847	172847					
辽　宁	703978	500319					
吉　林	447702	428547					
黑龙江	273815	268106	4013				
上　海	6421995	4587959	104609	8			
江　苏	4236992	3619537	20323	50			
浙　江	4396515	3957974	40364			30	
安　徽	1945911	1904626	1310				
福　建	2823738	2631594	43354				
江　西	934968	889154	2345				
山　东	3610628	3407087	136666	1060	3223		
河　南	2263771	2168653	22041	135			
湖　北	2801745	2297053	12838	1270			
湖　南	1517393	1490220	223				
广　东	11736678	9527412	31163	12631	1		
广　西	1027877	894039	10				
海　南	378476	357433	8798				
重　庆	1572815	1206796	988		6141		
四　川	2628088	2310984	36712				
贵　州	1043517	1021578	1700				
云　南	1443606	1325819	487				
西　藏	7007	7007					
陕　西	2420870	2348980	17726				
甘　肃	573217	572817	16280				
青　海	334624	313502					
宁　夏	370149	370149					
新　疆	661378	661378	169				

2-16 续表 1

单位：万元

地区	内资						
	国有与集体联营	其他联营	国有独资公司	其他有限责任公司	股份有限公司	私营独资	私营合伙
全国总计			**3770704**	**36564206**	**1807083**	**3495**	
北京			663077	5538720	66639		
天津			12728	627237	17653		
河北			984	824486	42082		
山西			30774	118632			
内蒙古			424	72451	15890		
辽宁			23650	241884	27372		
吉林			170	267572	25382		
黑龙江			669	183042	1973		
上海			435925	2742043	331232	1100	
江苏			200522	2015302	59798		
浙江			100771	1956976	143428		
安徽			67522	1154565	27837	2375	
福建			317411	1401465	56677		
江西			13125	609838	19318		
山东			324719	1892806	124345		
河南			12103	1599718	65183		
湖北			139394	1348271	326581		
湖南			126992	1014264	21388	20	
广东			558579	6042179	322928		
广西			33060	452279	14848		
海南			3855	271989	11227		
重庆			173831	606950	430		
四川			128327	1452675	26618		
贵州			34919	773937	8339		
云南			20992	888073	6234		
西藏				4737			
陕西			212282	1672296	36779		
甘肃			32796	198229	4870		
青海			54640	134961	1742		
宁夏			328	125062			
新疆			46135	331567	290		

2-16　续表 2　　　　单位：万元

地　区	内资			港澳台商投资			
	私营有限责任公司	私营股份有限公司	其他内资企业		合资经营	合作经营	独资
全国总计	**16159107**	**520503**	**47682**	**6515775**	**2333829**	**132240**	**3858092**
北　京	832855			109729	81689	12662	15378
天　津	66501			163068	48129		114939
河　北	1179366	91		53300			53300
山　西	136053			58864	58864		
内蒙古	84032	50					
辽　宁	193673	13740		102255	15662		86593
吉　林	135423			19155			19155
黑龙江	78010	399		5709	5709		
上　海	943895	29147		1563198	922056		631852
江　苏	1274184	49337	21	435975	288303	2891	141235
浙　江	1697112	19293		300838	71146	4365	216826
安　徽	602774	48243		41285	10203		30962
福　建	809805	2882		128857	82090	1227	44240
江　西	241501	3027		45809	5048		40761
山　东	910720	13548		131048	48862	1470	80627
河　南	464457	3516	1500	95118	56231		29420
湖　北	459834	8865		466379	92547		373832
湖　南	312883	14450		27173	12041		14289
广　东	2389268	124842	45821	1939548	374514	98197	1331850
广　西	365753	28089		97504	2111		95393
海　南	61564			21043			21043
重　庆	409242	9214		272391	127767	11428	116132
四　川	664281	2371		215300	9335		205965
贵　州	189225	13458		11030			11030
云　南	363281	46752		117787			117787
西　藏	2270						
陕　西	391970	17587	340	71890			65483
甘　肃	304893	15749		400	400		
青　海	112509	9650		21122	21122		
宁　夏	200677	44082					
新　疆	281096	2121					

2-16 续表 3

单位：万元

地　区	港澳台商投资		外商投资					
	股份有限	其　他		合资经营	合作经营	独　资	股份有限	其　他
全国总计	**156324**	**35290**	**1677755**	**757116**	**169200**	**638471**	**81824**	**31144**
北　京			199762	124739		75023		
天　津			38598	4623			33975	
河　北			51902			51902		
山　西			9577			9577		
内蒙古								
辽　宁			101404	6368	63301	22735	9000	
吉　林								
黑龙江								
上　海	9290		270838	147497	14667	108674		
江　苏	3546		181480	91285		84451		5744
浙　江	8501		137703	69681	2215	65807		
安　徽		120						
福　建		1300	63287	28960		29917	141	4269
江　西			5	5				
山　东		89	72493	71858		635		
河　南		9467						
湖　北			38313	37222		1091		
湖　南		843						
广　东	134987		269718	137015	20006	94664	12000	6033
广　西			36334			21236		15098
海　南								
重　庆		17064	93628			66920	26708	
四　川			101804	36654	59311	5839		
贵　州			10909	1209	9700			
云　南								
西　藏								
陕　西		6407						
甘　肃								
青　海								
宁　夏								
新　疆								

2-17　各地区按资质等级分的房地产开发企业办公楼完成投资

单位：万元

地　区	总　计	一　级	二　级	三　级	四　级	暂　定	其　他
全国总计	**67613571**	**2347865**	**7053920**	**7624062**	**6302169**	**34327847**	**9957708**
北　京	7429272	145434	892519	539120	1125734	3596672	1129793
天　津	925785	17858	109478		445704	316389	36356
河　北	2152211	47028	97566	366236	549982	1067268	24131
山　西	356003	4753	11608	38630	189386	111326	300
内蒙古	172847	5404	32036	15986	111457	7044	920
辽　宁	703978	21015	63794	101033	26	385432	132678
吉　林	447702		74065	133678	51914	176690	11355
黑龙江	273815	300	58672	163279	110	47962	3492
上　海	6421995	144128	204307	143089		5070827	859644
江　苏	4236992	99475	879116	77758	2400	2248191	930052
浙　江	4396515	77371	92252	432480	61191	2348703	1384518
安　徽	1945911	82063	125542	383701	9836	1129029	215740
福　建	2823738	53578	189847	528648	344449	1563891	143325
江　西	934968	6155	16294	120864	39174	718631	33850
山　东	3610628	190710	236923	253172	183101	2042790	703932
河　南	2263771	39805	293861	205025	94379	1214456	416245
湖　北	2801745	245192	699902	247001	40033	1468086	101531
湖　南	1517393	60657	186499	366053	377348	487580	39256
广　东	11736678	267946	396460	1144909	1553836	5584936	2788591
广　西	1027877	12906	120871	46467	40775	765184	41674
海　南	378476	62942	2855	30800	2333	209915	69631
重　庆	1572815	138108	529763	118127	385	773072	13360
四　川	2628088	267547	257004	1480592	18599	316121	288225
贵　州	1043517	4200	428023	81297	46283	361038	122676
云　南	1443606	130464	313885	102590	230520	436556	229591
西　藏	7007				5382	1625	
陕　西	2420870	133766	439231	167727	632615	850565	196966
甘　肃	573217	21810	61205	115961	41739	330054	2448
青　海	334624		68607	98877	39231	99422	28487
宁　夏	370149	46864	130713	50075	29360	105657	7480
新　疆	661378	20386	41022	70887	34887	492735	1461

2-18 各地区按登记注册类型分的房地产开发企业商业营业用房完成投资

单位：万元

地区	总计	内资	国有	集体	股份合作	国有联营	集体联营
全国总计	**156398974**	**144513222**	**646588**	**121431**	**54900**	**180**	
北京	3576544	3273902	2898	5824			
天津	1893933	1611224	39615	400			
河北	5944858	5450998					
山西	1477912	1458744	13002	500			
内蒙古	1475861	1475861	400				
辽宁	3645296	3261546	4000	86			
吉林	1518017	1453491	529				
黑龙江	1562982	1546076	4570				
上海	5067129	4144926	578	845			
江苏	12096244	10408198	139778	878			
浙江	9420788	8570409	21279	48	297	180	
安徽	10110574	9755161	4817	20097	12417		
福建	5558685	5096825	59037	79			
江西	3848712	3597879	17870		1720		
山东	8412778	8025782	121852	40342	14153		
河南	8827002	8582033	23294	2200	2724		
湖北	6109000	5787094	4853	11284			
湖南	6382177	5944065	21507	100			
广东	14451506	12437225	88865	28935	651		
广西	3236747	3083601	1290				
海南	2550515	2347516	12321	690			
重庆	6717965	5741420	3609		22938		
四川	10942225	10422165	10122	8823			
贵州	4925372	4772351	3709				
云南	4857706	4633190	8251				
西藏	77762	77762					
陕西	4394200	4258019	9173				
甘肃	1971994	1970370	16556	300			
青海	970840	964327					
宁夏	1524198	1515944	169				
新疆	2849452	2845118	12644				

2-18　续表 1　　　　单位：万元

地　　区	内　资						
	国有与集体联营	其他联营	国有独资公司	其他有限责任公司	股份有限公司	私营独资	私营合伙
全国总计	**390**	**9000**	**3765887**	**78283177**	**4437062**	**13851**	**964**
北　京			118597	2768974	96215		
天　津			77243	1007971	20822		
河　北			25693	1830794	115958		
山　西			37001	484533	17605		
内 蒙 古			31248	759639	60663		
辽　宁			36307	1761322	35343	137	
吉　林			24898	857117	83261		
黑 龙 江			55576	962325	37782		
上　海			215432	2566540	165129	900	
江　苏	390		356919	4952051	248999	2880	8
浙　江			301931	3276321	158300		
安　徽			153568	4999048	340008	300	
福　建			161239	3292139	68503		
江　西			22814	2111691	175483	120	556
山　东			200581	4726124	296606	3659	
河　南			36840	6284373	317542	870	
湖　北			59151	3175473	274715	1343	400
湖　南			100491	2592992	275324	47	
广　东			366749	7282174	352757	3395	
广　西			89835	1499525	53136		
海　南			55889	1860216	35521		
重　庆			321083	2604268	376360		
四　川			241031	6031346	415016		
贵　州			175271	2509620	109176		
云　南			90218	2451570	83429	200	
西　藏		9000		45669			
陕　西			180107	2726220	97305		
甘　肃			79450	781438	73034		
青　海			52270	391514	10009		
宁　夏			49885	337763	4245		
新　疆			48570	1352427	38816		

2-18 续表 2 单位：万元

地 区	内资			港澳台商投资			
	私营有限责任公司	私营股份有限公司	其他内资企业		合资经营	合作经营	独资
全国总计	**54486282**	**2580291**	**113219**	**9048232**	**3012491**	**219414**	**5574033**
北 京	280626	768		191596	116460	17663	57473
天 津	446415	18758		208823	123215		74624
河 北	3466463	12090		394172	200925		193247
山 西	901345	4758		7209	7001		208
内蒙古	610051	13860					
辽 宁	1378850	45501		245109	73145		171800
吉 林	481238	6448		64526	20283		44243
黑龙江	449553	36270		15759		342	15417
上 海	1154360	41142		718205	260047	3111	455047
江 苏	4570563	135679	53	1338069	548920	2680	754613
浙 江	4759775	52278		650077	113496	14525	492467
安 徽	3891863	332493	550	293886	128960		164616
福 建	1496725	19103		316988	92629	2000	198382
江 西	1173754	93871		218951	82614		132837
山 东	2558974	61734	1757	288336	112550	2451	173282
河 南	1787562	124448	2180	232203	73946	1100	156693
湖 北	2028556	231319		242566	98951		143615
湖 南	2763976	189628		425701	168432	6098	249080
广 东	4160284	136681	16734	1655512	455342	157119	1010119
广 西	1387015	52800		56804	39466		17338
海 南	356541	25638	700	177682			79759
重 庆	2371868	41294		685079	221927	12304	446586
四 川	3471802	152790	91235	193345	18534		170622
贵 州	1894378	80197		136694	545		136149
云 南	1890086	109436		187979	7626		180353
西 藏	23093						
陕 西	1108091	137113	10	84610	29126	21	55463
甘 肃	974440	45152		50	50		
青 海	449030	61504		6513	6513		
宁 夏	1014773	109109		7454	7454		
新 疆	1184232	208429		4334	4334		

2-18 续表 3

单位：万元

地区	港澳台商投资		外商投资					
	股份有限	其他		合资经营	合作经营	独资	股份有限	其他
全国总计	**199274**	**43020**	**2837520**	**987821**	**204698**	**1380709**	**170005**	**94287**
北京			111046	33016	31720	46310		
天津	10984		73886	5469		60916	2073	5428
河北			99688	12000		87309	379	
山西			11959			11959		
内蒙古								
辽宁	164		138641	39193	50394	44476	4578	
吉林								
黑龙江			1147	813		334		
上海			203998	111343	25050	65913	1692	
江苏	13856	18000	349977	158286	5205	182682		3804
浙江	29589		200302	90946	914	92475	11473	4494
安徽		310	61527	25738		32503	3286	
福建	21377	2600	144872	24783		100579	7280	12230
江西		3500	31882	4477		405	27000	
山东		53	98660	59177	5471	33712		300
河南	464		12766	4346		8420		
湖北			79340	17743		42687		18910
湖南		2091	12411	6776		515		5120
广东	26833	6099	358769	161867	2238	135489	40816	18359
广西			96342	16459		34719	20308	24856
海南	93500	4423	25317	1301	20316	3700		
重庆		4262	291466	71239	38924	150871	29646	786
四川	2507	1682	326715	92604	9497	224614		
贵州			16327	1358	14969			
云南			36537	9720		6159	20658	
西藏								
陕西			51571	36793		13962	816	
甘肃			1574	1574				
青海								
宁夏			800	800				
新疆								

2-19 各地区按资质等级分的房地产开发企业商业营业用房完成投资

单位：万元

地区	总计	一级	二级	三级	四级	暂定	其他
全国总计	**156398974**	**4527337**	**17905346**	**23583901**	**16074009**	**77968321**	**16340060**
北京	3576544	131433	98996	309936	1049084	1831902	155193
天津	1893933	18446	175313	38475	1321237	294689	45773
河北	5944858	222828	478774	889118	1720317	2564334	69487
山西	1477912	43782	131287	136026	599796	550423	16598
内蒙古	1475861	100432	99271	188979	793382	230850	62947
辽宁	3645296	84174	253923	530648	16342	2029629	730580
吉林	1518017	36163	317436	212994	203933	698102	49389
黑龙江	1562982	43769	184074	668683	37002	525605	103849
上海	5067129	57587	179820	153295		4292263	384164
江苏	12096244	276377	3014336	559929	9754	5813205	2422643
浙江	9420788	59122	376584	1031756	449185	4621687	2882454
安徽	10110574	184728	684400	1659012	177755	6361592	1043087
福建	5558685	66234	262883	946239	494064	3363009	426256
江西	3848712	56303	251426	381296	347231	2616528	195928
山东	8412778	343423	589091	810155	681523	5098820	889766
河南	8827002	201186	790455	879697	356955	5273665	1325044
湖北	6109000	308024	713149	590696	565722	3761793	169616
湖南	6382177	299878	720205	1719790	1081492	2430457	130355
广东	14451506	420752	482424	1601428	2483357	7303907	2159638
广西	3236747	155564	346749	280663	121203	2231930	100638
海南	2550515	49392	51720	219555	86622	1756381	386845
重庆	6717965	459496	2329625	711535	17814	3031961	167534
四川	10942225	386053	1567146	6153751	54615	2023298	757362
贵州	4925372	19900	1110397	627322	273401	2643853	250499
云南	4857706	93209	604790	362902	1112908	2093289	590608
西藏	77762		507	34044	8332	24679	10200
陕西	4394200	129782	925178	568763	939528	1375522	455427
甘肃	1971994	74152	167829	394795	380650	921110	33458
青海	970840	75494	249603	339560	113858	112734	79591
宁夏	1524198	71067	498886	187398	137992	528118	100737
新疆	2849452	58587	249069	395461	438955	1562986	144394

2-20　各地区按资质等级分的房地产开发企业本年新增固定资产

单位：万元

地　区	总　计	一　级	二　级	三　级	四　级	暂　定	其　他
全国总计	**392587686**	**18209178**	**69117472**	**72615620**	**49870392**	**162592724**	**20182300**
北　京	8857058	743315	872754	1121608	4099116	1874102	146163
天　津	9559585	144659	1023658	468847	5436960	1902991	582470
河　北	15528035	755219	1981362	2041301	4369270	5707005	673878
山　西	5646881	64208	962362	829698	2635432	1056827	98354
内蒙古	5468387	626263	821722	638480	2602038	706870	73014
辽　宁	10395378	62667	852602	2154291	120555	6226569	978694
吉　林	4466838	103015	939588	1037640	466505	1883893	36197
黑龙江	4994852	223203	1082355	2005277	145250	1420331	118436
上　海	21101730	356172	1918810	2185887		16195707	445154
江　苏	43788230	2278118	15486971	2111447	40867	20195328	3675499
浙　江	38913945	1146862	3414625	7661115	2681663	21115243	2894437
安　徽	15028472	331603	1944229	3306489	546697	7850986	1048468
福　建	16920623	630268	2395045	6480423	1226990	5719256	468641
江　西	5916121	237392	572849	1342604	753318	2817891	192067
山　东	25781859	1869601	2766548	4181363	3158743	12371460	1434144
河　南	16251973	782950	2990335	2102466	1024023	8231199	1121000
湖　北	11342820	613062	1645176	1376612	1615671	6028846	63453
湖　南	11985290	701239	2021886	4655273	2295386	2163479	148027
广　东	34190712	1255263	2671167	7345295	8355007	12433198	2130782
广　西	6638749	164580	779569	1613799	313544	3650773	116484
海　南	6264455	385995	280220	800961	375402	3577458	844419
重　庆	19413933	1832534	8403467	1613981	81653	7350233	132065
四　川	18805974	976706	4088464	9049170	258145	3840705	592784
贵　州	3534210		1066771	793897	433687	1141097	98758
云　南	7934271	330602	1470707	998526	2207560	2802620	124256
西　藏	102850		25360	30398	30000	17092	
陕　西	10080639	173919	2798041	1826285	2511123	1202045	1569226
甘　肃	2899839	53626	804598	812880	572512	625170	31053
青　海	1648285	84261	685533	465080	234107	179304	
宁　夏	4226156	765856	1427999	629442	618714	738991	45154
新　疆	4899536	516020	922699	935085	660454	1566055	299223

2-21 各地区房地产开发企业实际到位资金情况

单位：万元

地区	本年实际到位资金合计	上年末结余资金	本年实际到位资金	国内贷款	#银行贷款	#非银行金融机构贷款
全国总计	**2089731335**	**529205142**	**1560526193**	**252417610**	**204852915**	**47564695**
北京	107488305	37605537	69882768	19470753	14859547	4611206
天津	62112729	18446157	43666572	11860296	7601940	4258356
河北	67607298	15757666	51849632	5326792	4589673	737119
山西	21311842	4536418	16775424	1503791	1310949	192842
内蒙古	12453072	2237802	10215270	782799	670631	112168
辽宁	44879454	12028211	32851243	3813325	2895119	918206
吉林	15403920	4503422	10900498	1055479	889825	165654
黑龙江	14513375	2522141	11991234	1037696	939125	98571
上海	80997653	27151130	53846523	13937825	12138591	1799234
江苏	223234249	57599594	165634655	30295433	23076140	7219293
浙江	170139260	39797198	130342062	20520325	15351466	5168859
安徽	99613602	23243766	76369836	9657683	7005801	2651882
福建	86501053	22238114	64262939	7806241	6529131	1277110
江西	38764464	9531025	29233439	4198149	3483953	714196
山东	122146156	27421644	94724512	11860881	10410868	1450013
河南	91374309	20468647	70905662	8971185	8018841	952344
湖北	83260263	18878405	64381858	9769675	8019434	1750241
湖南	61986775	14347517	47639258	6295760	5107049	1188711
广东	275475160	83918324	191556836	40834634	36661578	4173056
广西	45682862	10502482	35180380	4866248	4135251	730997
海南	39076517	6634168	32442349	4392596	3588583	804013
重庆	75021329	17461621	57559708	9172113	7240570	1931543
四川	93885089	19575351	74309738	8903937	7386285	1517652
贵州	29094499	6129508	22964991	1496036	1139084	356952
云南	34558454	6476698	28081756	4870074	3979848	890226
西藏	791127	255343	535784	161100	161100	
陕西	50019862	11154067	38865795	4954241	3929595	1024646
甘肃	14571717	2991657	11580060	2270417	1901182	369235
青海	5366564	1246327	4120237	700860	612081	88779
宁夏	8383535	1598489	6785046	701000	612247	88753
新疆	14016841	2946713	11070128	930266	607428	322838

2-21　续表　　　　单位：万元

地　区	利用外资	自筹资金	定金及预收款	个人按揭贷款	其他到位资金	本年各项应付款合计	#工程款
全国总计	**1681881**	**508722150**	**486935688**	**239063080**	**71705784**	**336548834**	**179667891**
北　京	184797	17321217	24087103	6549820	2269078	5185745	2164652
天　津	197	7838605	15693045	3564384	4710045	9970932	3082364
河　北	20084	31333172	8678574	4559491	1931519	10750596	4428262
山　西		6522273	5106144	3009920	633296	3410591	1878956
内蒙古		5790612	2103994	746031	791834	2937561	1732380
辽　宁	40200	11163652	11941284	4391868	1500914	13559585	6518222
吉　林		4451387	3153542	1626808	613282	2393664	1250016
黑龙江		5853731	3367961	1628699	103147	1715775	1073634
上　海	52241	15491973	16475785	4333300	3555399	8555622	4910369
江　苏	290662	32788140	61613103	33213947	7433370	38431599	20520884
浙　江	131486	34859302	51244586	20709973	2876390	17405825	10213883
安　徽	13584	26865048	21262110	14692873	3878538	21058470	11237418
福　建	182805	23213455	17261420	12027042	3771976	8594517	4963891
江　西		7602623	8467288	7264407	1700972	7286071	4397485
山　东	50461	34317641	31416079	13474871	3604579	19122574	10740308
河　南	9855	41711747	11654658	7540443	1017774	15868072	7343783
湖　北	11534	22573877	19007449	9365421	3653902	14019748	7060202
湖　南		12968925	16165418	9757389	2451766	12094897	6812947
广　东	526562	53415834	59882533	29746062	7151211	40399792	22672198
广　西	3400	10650091	9913757	7878740	1868144	9290482	4964559
海　南	22400	10176760	14047844	1655568	2147181	6895328	2979524
重　庆	93154	14828109	18673087	10633355	4159890	14684574	7699651
四　川	5500	27790652	23729075	11746618	2133956	14323656	8063043
贵　州		7793955	6806318	5376281	1492401	7505001	4583448
云　南	40775	11728854	5709057	3939032	1793964	10629362	5774280
西　藏		175067	130338	65900	3379	177661	77237
陕　西	2184	16312936	10043866	5026768	2525800	8910603	4829745
甘　肃		4360371	3045412	1504422	399438	4161478	3066965
青　海		1991255	893835	501537	32750	1201041	747391
宁　夏		2415706	2168887	885897	613556	2030428	1342330
新　疆		4415180	3192136	1646213	886333	3977584	2537864

2-22 各地区按登记注册类型分的房地产开发企业本年实际到位资金

单位：万元

地　区	总　计	内　资					
			国　有	集　体	股份合作	国有联营	集体联营
全国总计	**1560526193**	**1445455358**	**10602743**	**1537015**	**396291**	**61072**	
北　京	69882768	66754566	864741	44000			
天　津	43666572	40847336	312692	11115			
河　北	51849632	50361772	30272				
山　西	16775424	16491666	89783	16368			
内蒙古	10215270	10196577	2100				
辽　宁	32851243	27301720	73989	1714			
吉　林	10900498	10153056	3028				
黑龙江	11991234	11665802	79810				
上　海	53846523	45305018	248487	27561			
江　苏	165634655	145528403	1156631	68129	3056		
浙　江	130342062	122937566	337909	2030	1091	61072	
安　徽	76369836	73984836	720695	2148	191690		
福　建	64262939	58452386	1764900	13620			
江　西	29233439	27908033	221303		14724		
山　东	94724512	90114511	1550619	246360	92233		
河　南	70905662	69729795	668237	36071	3000		
湖　北	64381858	61745650	385460	71354			
湖　南	47639258	45382374	291904	11390	1200		
广　东	191556836	167330610	432450	863768	25331		
广　西	35180380	32028774	119989	3174			
海　南	32442349	29685263	112440	7475			
重　庆	57559708	49720389	65792		31949		
四　川	74309738	70842684	204407	72307	27243		
贵　州	22964991	22212513	36632		205		
云　南	28081756	27453321	82187				
西　藏	535784	535784					
陕　西	38865795	37462882	426277	26931	4569		
甘　肃	11580060	11560192	211704	11500			
青　海	4120237	4032018					
宁　夏	6785046	6681233	33172				
新　疆	11070128	11048628	75133				

2-22　续表 1　　　　单位：万元

地　区	内资						
	国有与集体联营	其他联营	国有独资公司	其他有限责任公司	股份有限公司	私营独资	私营合伙
全国总计	**432825**	**29000**	**61759220**	**833711899**	**47380012**	**876894**	**5206**
北　京			3039717	57430548	1440613		
天　津			2587322	29329248	947432	390	
河　北			308486	19505953	1099940		
山　西			584729	6929013	320735		
内蒙古			486339	5361409	485441	411	
辽　宁			906957	15500729	685498	15031	
吉　林			278777	5912991	1074885		
黑龙江			423672	7485193	299097		
上　海			3257654	28378163	1022605	59705	
江　苏	430052		7841791	67231182	5655250	230153	2212
浙　江			2906689	50286153	2389224	803	
安　徽			3713915	41368473	2051778	79600	
福　建			3642477	33489699	1368625		
江　西			677882	16036741	903239	4516	2894
山　东			5236992	52623273	3122276	184631	
河　南			1168860	51509923	2898305	43695	
湖　北			2938661	37455356	3832058	23096	100
湖　南			1754748	24281500	1462114	19200	
广　东			2887692	108506988	6268292	43015	
广　西			1032763	16620795	1029136		
海　南	2773		1950939	21456814	1335587		
重　庆			4811683	26396154	1871541		
四　川			1635281	45003689	2836635		
贵　州			1613061	11131670	536934		
云　南			879952	15920309	985490	25136	
西　藏		29000	116112	305860			
陕　西			3284584	23493018	834522	147383	
甘　肃			641394	5829998	262226		
青　海			381943	1734390	56832		
宁　夏			350347	1859044	17107	129	
新　疆			417801	5337623	286595		

2-22 续表 2

单位：万元

地区	内资			港澳台商投资			
	私营有限责任公司	私营股份有限公司	其他内资企业		合资经营	合作经营	独资
全国总计	**470330827**	**17474612**	**857742**	**82557319**	**27344764**	**3702150**	**48597605**
北京	3914326	20621		1531780	989522	215108	327150
天津	7471079	75091	112967	1594533	573351		928300
河北	29205373	211748		1006598	440176		566422
山西	8360858	190180		211575	154466		15264
内蒙古	3741449	119428					
辽宁	9832315	285487		3431104	1720091	1521	1683672
吉林	2795983	87392		747442	449417		298025
黑龙江	3232126	145904		266036	108941	51937	98237
上海	11887371	423472		5641273	2766225	64900	2786914
江苏	60210742	2668905	30300	14880779	4503797	408675	9239289
浙江	66522206	430389		5723929	1781650	161615	3588742
安徽	24626801	1212374	17362	1910371	1006909		854134
福建	17732509	440556		3914839	2124071	13990	1675795
江西	8669789	1376945		1025945	391507		621056
山东	25868279	1013407	176441	3354990	1456551	44992	1771172
河南	12499826	888678	13200	1016876	300474	6700	633949
湖北	16595809	443756		1773619	478438	103025	1085041
湖南	16715209	838261	6848	1905715	680921	66384	946679
广东	46595915	1302959	404200	17452977	3109701	2203190	11757765
广西	12781688	441229		1762548	750760		1011788
海南	4425776	362745	30714	2422584	550377		1636739
重庆	16032190	511080		6481878	1956879	257017	4144820
四川	20085019	924603	53500	2369145	559101	6500	1660182
贵州	8519335	374676		711901	176162	16920	518819
云南	8796481	763736	30	469420	49442		405133
西藏	84812						
陕西	8538206	695212	12180	738605	55178	79676	342518
甘肃	4445005	158365		8378	8378		
青海	1739844	119009		88219	88219		
宁夏	3730931	690503		92760	92760		
新疆	4673575	257901		21500	21300		

2-22　续表 3　　　　单位：万元

地　　区	港澳台商投资		外商投资					
	股份有限	其　他		合资经营	合作经营	独　资	股份有限	其　他
全国总计	**2317186**	**595614**	**32513516**	**11058023**	**3047749**	**14939201**	**1394885**	**2073658**
北　　京			1596422	672221	654696	269505		
天　　津	92882		1224703	34444		968550	148608	73101
河　　北			481262	2895		464208	7196	6963
山　　西	39761	2084	72183			72183		
内 蒙 古			18693	18693				
辽　　宁	24970	850	2118419	770997	221480	994313	131629	
吉　　林								
黑 龙 江		6921	59396	38396		21000		
上　　海	23234		2900232	596923	966375	1313844	23090	
江　　苏	658631	70387	5225473	2363491	296559	2487009	8000	70414
浙　　江	191922		1680567	477899	4666	810767	144	387091
安　　徽	40421	8907	474629	42421		184245	247963	
福　　建	95083	5900	1895714	65964		1194419	441873	193458
江　　西		13382	299461	234344		55117	10000	
山　　东	353	81922	1255011	584976	143907	521128		5000
河　　南	12695	63058	158991	122001		36990		
湖　　北	95000	12115	862589	444731		165829		252029
湖　　南	42329	169402	351169	237169		99540		14460
广　　东	324391	57930	6773249	2237605	550864	3055740	173042	755998
广　　西			1389058	650706		457110	18846	262396
海　　南	229558	5910	334502	179802	62922	89140		2638
重　　庆	65176	57986	1357441	255273	80827	940244	30987	50110
四　　川	129624	13738	1097909	686157	32194	379558		
贵　　州			40577	7318	33259			
云　　南	14755	90	159015	9720		11574	137721	
西　　藏								
陕　　西	236401	24832	664308	303850		344672	15786	
甘　　肃			11490	11490				
青　　海								
宁　　夏			11053	8537		2516		
新　　疆		200						

2-23 各地区按资质等级分的房地产开发企业本年实际到位资金

单位：万元

地区	总计	一级	二级	三级	四级	暂定	其他
全国总计	**1560526193**	**62150433**	**204254232**	**217674978**	**164652091**	**757280675**	**154513784**
北京	69882768	5852583	5107739	4404883	19040528	32188635	3288400
天津	43666572	1196541	4259309	1947102	23525637	11725176	1012807
河北	51849632	2668055	6358379	7156626	13566509	20976695	1123368
山西	16775424	416642	1917474	1827696	6162541	6125253	325818
内蒙古	10215270	527639	877917	1388382	5478763	1714418	228151
辽宁	32851243	730603	2485025	6368858	271086	18507624	4488047
吉林	10900498	382370	2511050	1757724	956384	5070803	222167
黑龙江	11991234	375750	2128406	4708014	195388	3592931	990745
上海	53846523	1019287	5062811	1990732	17393	40948725	4807575
江苏	165634655	6527024	48155528	4248475	45484	85936509	20721635
浙江	130342062	2465703	6493003	18932421	5075456	64419840	32955639
安徽	76369836	1459835	5223911	10871367	1309858	47750334	9754531
福建	64262939	1987637	6284990	14405081	3937077	32509165	5138989
江西	29233439	578701	1690974	4507771	3340248	17086214	2029531
山东	94724512	5364350	9513047	10508789	8403791	51854066	9080469
河南	70905662	1603031	8179733	6837138	3290169	43752693	7242898
湖北	64381858	3507123	8988946	5938973	4442332	39821131	1683353
湖南	47639258	2449734	6759296	14740419	9044640	13503291	1141878
广东	191556836	8381208	7636819	26396838	30555300	91482942	27103729
广西	35180380	1316367	4418946	3808047	1092820	23206323	1337877
海南	32442349	621582	894992	3730748	2931459	20499689	3763879
重庆	57559708	4173883	22998214	4986701	235933	24322812	842165
四川	74309738	3213701	13473668	38012089	345722	14461331	4803227
贵州	22964991	78972	4776992	3742527	1886539	11428737	1051224
云南	28081756	1558984	4283793	1735408	6638518	11285743	2579310
西藏	535784		52854	249980	74425	114243	44282
陕西	38865795	1657076	7576616	5252343	8457072	10356393	5566295
甘肃	11580060	642893	1652862	3171209	1746523	4135954	230619
青海	4120237	204538	1285164	1119255	446730	651582	412968
宁夏	6785046	730044	2179959	1006394	703197	2047992	117460
新疆	11070128	458577	1025815	1922988	1434569	5803431	424748

2-24　各地区按登记注册类型分的房地产开发企业国内贷款

单位：万元

地　区	总　计	内　资					
			国　有	集　体	股份合作	国有联营	集体联营
全国总计	**252417610**	**235215781**	**2748157**	**77658**	**46425**	**8820**	
北　京	19470753	18660816	573454				
天　津	11860296	11575814	39385	2800			
河　北	5326792	5249292					
山　西	1503791	1503791	4923				
内蒙古	782799	782799					
辽　宁	3813325	3393002	5247				
吉　林	1055479	1025479					
黑龙江	1037696	1029296	20750				
上　海	13937825	11993759	44565				
江　苏	30295433	27607076	378725				
浙　江	20520325	19611236	5000			8820	
安　徽	9657683	9367864	115244		44775		
福　建	7806241	6782543	136824				
江　西	4198149	3985120	37300				
山　东	11860881	11607771	854386	18134			
河　南	8971185	8890839	54950		1500		
湖　北	9769675	9288883	79802				
湖　南	6295760	5783830	63845	500			
广　东	40834634	36229715	35485	43624			
广　西	4866248	4464092	9500				
海　南	4392596	4190199					
重　庆	9172113	7986262	26077				
四　川	8903937	8490186	10900	1100			
贵　州	1496036	1466036	8400		150		
云　南	4870074	4719885	6153				
西　藏	161100	161100					
陕　西	4954241	4853353	163714				
甘　肃	2270417	2270417	51372	11500			
青　海	700860	635560					
宁　夏	701000	701000	15676				
新　疆	930266	908766	6480				

2-24 续表 1

单位：万元

地区	内资						
	国有与集体联营	其他联营	国有独资公司	其他有限责任公司	股份有限公司	私营独资	私营合伙
全国总计			**15902402**	**137343601**	**10323379**	**110140**	
北京			1033748	15284671	727318		
天津			898480	9003089	492690		
河北			89293	2028986	401100		
山西			52135	962479	2570		
内蒙古			4600	399952	88083		
辽宁			424087	2108924	26211		
吉林			87227	496803	180253		
黑龙江			70764	780588			
上海			790661	7361815	316265	5000	
江苏			1969055	13680667	1490931	103140	
浙江			895316	5840691	310885		
安徽			417913	5996200	214770		
福建			592623	4062134	120920		
江西			51050	2736842	100510		
山东			1956962	6074642	191582		
河南			213513	6711629	571539		
湖北			857504	5386863	900995		
湖南			602070	3187766	192537		
广东			687566	21470634	2694276	2000	
广西			155986	2745249	104075		
海南			199587	3183698	165279		
重庆			1010009	3895713	485636		
四川			510542	4996556	290815		
贵州			100950	862770	16400		
云南			124080	3273872	182838		
西藏			92187	61973			
陕西			1222019	2679229	31776		
甘肃			485560	1123390	6919		
青海			110457	292962	3600		
宁夏			180551	157647	2406		
新疆			15907	495167	10200		

2-24　续表 2　　　　单位：万元

地　　区	内资			港澳台商投资			
	私营有限责任公司	私营股份有限公司	其他内资企业		合资经营	合作经营	独资
全国总计	**65932682**	**2276317**	**446200**	**12450410**	**4675833**	**776696**	**6628003**
北　京	1041625			513689	252456	125100	136133
天　津	1035870		103500	272902	29000		243902
河　北	2729913			67500			67500
山　西	430879	50805					
内蒙古	287264	2900					
辽　宁	815962	12571		289190	89423		199767
吉　林	254906	6290		30000			30000
黑龙江	104530	52664					
上　海	3475453			1504122	808681		695441
江　苏	9669964	311394	3200	1938818	1032287		777531
浙　江	12479646	70878		597966	132446	72500	352020
安　徽	2426302	150160	2500	213799	206699		5400
福　建	1841832	28210		593265	318500		269365
江　西	632357	427061		65100			59500
山　东	2333838	171227	7000	240710	115773	7000	117937
河　南	1290728	46980		55875	8280	5000	35000
湖　北	2010481	53238		274020	25000	60000	189020
湖　南	1672466	64646		483030	273058	2200	167194
广　东	10871778	94352	330000	3437369	766289	386396	2235584
广　西	1363782	85500		76406	26406		50000
海　南	570981	70654		191096	37500		68091
重　庆	2461174	107653		971554	324715	90000	556839
四　川	2634182	46091		332111	71632	500	255779
贵　州	471966	5400		30000	30000		
云　南	995257	137685		129200	13200		116000
西　藏	6940						
陕　西	600497	156118		55888	27888	28000	
甘　肃	567176	24500					
青　海	226351	2190		65300	65300		
宁　夏	254170	90550					
新　疆	374412	6600		21500	21300		

2-24 续表 3

单位：万元

地　区	港澳台商投资		外商投资					
	股份有限	其　他		合资经营	合作经营	独　资	股份有限	其　他
全国总计	**351473**	**18405**	**4751419**	**1776930**	**193970**	**2157719**	**160054**	**462746**
北　京			296248	231248	65000			
天　津			11580				9080	2500
河　北			10000			10000		
山　西								
内蒙古								
辽　宁			131133	83200		47933		
吉　林								
黑龙江			8400	8400				
上　海			439944	157649	7587	251618	23090	
江　苏	129000		749539	276892		432847		39800
浙　江	41000		311123	46695		109428		155000
安　徽		1700	76020	3000		23020	50000	
福　建		5400	430433			357433	53000	20000
江　西		5600	147929	147824		105		
山　东			12400			12400		
河　南	7595		24471	21000		3471		
湖　北			206772	183000		23772		
湖　南	40578		28900	24400				4500
广　东	49100		1167550	375719	121383	427057	2445	240946
广　西			325750	44300		280000	1450	
海　南	80000	5505	11301	1301		10000		
重　庆			214297	46692		167605		
四　川	4200		81640	80610		1030		
贵　州								
云　南			20989				20989	
西　藏								
陕　西			45000	45000				
甘　肃								
青　海								
宁　夏								
新　疆		200						

2-25 各地区按资质等级分的房地产开发企业国内贷款

单位：万元

地区	总计	一级	二级	三级	四级	暂定	其他
全国总计	**252417610**	**13646891**	**34052317**	**26570441**	**24376524**	**123570464**	**30200973**
北京	19470753	2167584	1950656	2018344	4698715	8096321	539133
天津	11860296	796554	2251512	426099	5858189	2415454	112488
河北	5326792	658717	647033	918254	1304544	1658144	140100
山西	1503791	22363	134127	30363	470501	806647	39790
内蒙古	782799	35446	150275	56278	376222	125498	39080
辽宁	3813325	128930	128681	498837	187800	2362630	506447
吉林	1055479	102600	249944	107928	59868	499719	35420
黑龙江	1037696	2000	244079	465131	760	97561	228165
上海	13937825	332521	763260	199195	16800	11101659	1524390
江苏	30295433	1186981	8993573	669215		14807869	4637795
浙江	20520325	124517	713126	2859077	410370	10115637	6297598
安徽	9657683	268245	491552	918209	33351	5893171	2053155
福建	7806241	172584	741777	1253264	326792	4673256	638568
江西	4198149	110000	307748	256166	511133	2755384	257718
山东	11860881	387245	1086404	969311	487513	7715763	1214645
河南	8971185	179324	940635	812932	367794	5919261	751239
湖北	9769675	636946	1158466	503016	282487	7069536	119224
湖南	6295760	590424	780028	1742720	1282100	1714598	185890
广东	40834634	3509136	1712943	4251506	4485228	19401782	7474039
广西	4866248	188700	953373	397086	64241	2925169	337679
海南	4392596	194053	95533	564758	344684	2863318	330250
重庆	9172113	620919	3603515	412843	980	4387320	146536
四川	8903937	330557	1654744	4608904	13964	1248698	1047070
贵州	1496036	1000	648618	239570	101781	462469	42598
云南	4870074	256524	1244799	82003	653110	2079183	554455
西藏	161100			95127		65973	
陕西	4954241	294431	1544260	529314	1020044	751288	814904
甘肃	2270417	59940	356675	455020	601215	722411	75156
青海	700860	72000	297729	128332	73200	124017	5582
宁夏	701000	130750	111435	28787	248407	173171	8450
新疆	930266	85900	95817	72852	94731	537557	43409

2-26 各地区按登记注册类型分的房地产开发企业自筹资金

单位：万元

地　区	总　计	内　资					
			国　有	集　体	股份合作	国有联营	集体联营
全国总计	**508722150**	**485664713**	**4915682**	**538666**	**35949**	**52252**	
北　京	17321217	16818029	32565	44000			
天　津	7838605	7426861	90426				
河　北	31333172	30396001	3683				
山　西	6522273	6422181	46528	14018			
内蒙古	5790612	5790612	2100				
辽　宁	11163652	10085805	17240	980			
吉　林	4451387	4353143	3028				
黑龙江	5853731	5810077	41000				
上　海	15491973	13308936	203922				
江　苏	32788140	29234355	331011	37464			
浙　江	34859302	33734910	251949	2030		52252	
安　徽	26865048	26197308	528986	2060	6456		
福　建	23213455	21930677	1093603				
江　西	7602623	7396972	115357		14724		
山　东	34317641	33451346	521296	147503	2497		
河　南	41711747	40926100	548085	36071	1500		
湖　北	22573877	21749371	105198	8575			
湖　南	12968925	12588888	181757	10350	1200		
广　东	53415834	49220951	317553	140608	367		
广　西	10650091	10333259	10874	3108			
海　南	10176760	9597816	76953	7475			
重　庆	14828109	13513745	9310		4170		
四　川	27790652	26939621	118995	71207	4000		
贵　州	7793955	7680736	5040		55		
云　南	11728854	11545980	70401				
西　藏	175067	175067					
陕　西	16312936	15869350	108549	13217	980		
甘　肃	4360371	4351475	59894				
青　海	1991255	1990755					
宁　夏	2415706	2409206	17496				
新　疆	4415180	4415180	2883				

2-26　续表 1　　单位：万元

地　区	内资						
	国有与集体联营	其他联营	国有独资公司	其他有限责任公司	股份有限公司	私营独资	私营合伙
全国总计	**163798**	**29000**	**25203299**	**263130005**	**16460919**	**557885**	**4794**
北　京			1178346	14025177	136994		
天　津			486155	5554077	139495	390	
河　北			147532	11587285	452423		
山　西			99317	2332074	49588		
内蒙古			267975	2933475	289077		
辽　宁			251848	5027751	231144	15031	
吉　林			96366	2249564	439657		
黑龙江			322440	3495541	226974		
上　海			1284191	7546909	519710	2864	
江　苏	161025		1893722	11684643	1581735	125113	1800
浙　江			1071449	11270008	643280		
安　徽			2013846	13604219	646998	79600	
福　建			1641706	11171560	693356		
江　西			344362	3740208	307496	500	2894
山　东			2061705	19116094	1288128	159855	
河　南			653436	29298797	1831110	43695	
湖　北			1140057	12774193	1513987	23096	100
湖　南			419805	6257343	509930	19200	
广　东			1342133	32039779	1528775	39009	
广　西			283996	4443918	533050		
海　南	2773		1529402	6356607	336782		
重　庆			2238142	5861632	382985		
四　川			708033	16663624	778369		
贵　州			1171030	3053337	191614		
云　南			411763	6028993	461397	18903	
西　藏		29000	13263	116931			
陕　西			1699384	9152720	553646	30500	
甘　肃			24700	2369344	112881		
青　海			213354	777308	38121		
宁　夏			40620	448708	100	129	
新　疆			153221	2148186	42117		

2-26 续表 2　　单位：万元

地　　区	内资			港澳台商投　资			
	私营有限责任公司	私营股份有限公司	其他内资企　业		合资经营	合作经营	独　资
全国总计	**167596159**	**6827905**	**148400**	**16507859**	**5441458**	**670326**	**9606520**
北　　京	1400947			291981	249314	14535	28132
天　　津	1098798	57520		241368	100414		133196
河　　北	18043249	161829		511433	363798		147635
山　　西	3792667	87989		64139	7030		15264
内 蒙 古	2217957	80028					
辽　　宁	4431460	110351		607730	113538	1521	471796
吉　　林	1510734	53794		98244			98244
黑 龙 江	1651139	72983		22654			22654
上　　海	3485105	266235		1857793	905976		951817
江　　苏	12603527	787215	27100	3022637	648375	14142	2304292
浙　　江	20309403	134539		543515	279096		263165
安　　徽	8876973	437170	1000	626151	243608		336978
福　　建	7167527	162925		597068	292229	3000	246989
江　　西	2743974	127457		178374	131347		44827
山　　东	9754720	378250	21298	573574	355970	9512	190688
河　　南	7818943	681263	13200	715037	291419	1100	357460
湖　　北	5940411	243754		704062	178395		430667
湖　　南	4915152	267303	6848	360059	64694	16800	236523
广　　东	13252505	486022	74200	2976878	594754	545401	1831715
广　　西	4899677	158636		78496	7758		70738
海　　南	1067320	220250	254	552106	208433		273268
重　　庆	4892177	125329		654212	173264	3153	477795
四　　川	8107078	483815	4500	528181	188391	6000	298790
贵　　州	3084959	174701		105401	24961	3486	76954
云　　南	4189640	364883		169814	7058		147911
西　　藏	15873						
陕　　西	3957400	352954		418816	3500	51676	149022
甘　　肃	1686471	98185		7636	7636		
青　　海	878687	83285		500	500		
宁　　夏	1802702	99451					
新　　疆	1998984	69789					

2-26　续表 3

单位：万元

地　区	港澳台商投资		外商投资					
	股份有限	其　他		合资经营	合作经营	独　资	股份有限	其　他
全国总计	**617050**	**172505**	**6549578**	**1568527**	**380056**	**3584643**	**419237**	**597115**
北　京			211207	23597	63613	123997		
天　津	7758		170376			106199	60000	4177
河　北			425738	2205		423533		
山　西	39761	2084	35953			35953		
内蒙古								
辽　宁	20025	850	470117	103448		366669		
吉　林								
黑龙江			21000			21000		
上　海			325244	116727	32000	176517		
江　苏	16000	39828	531148	181898	75793	270312		3145
浙　江	1254		580877	154552		194090	144	232091
安　徽	40421	5144	41589	8000		4189	29400	
福　建	54350	500	685710	17828		425546	207572	34764
江　西		2200	27277	16577		700	10000	
山　东		17404	292721	111086	141388	36247		4000
河　南	5100	59958	70610	39271		31339		
湖　北	95000		120444	61444		51000		8000
湖　南		42042	19978	5168		14810		
广　东	5008		1218005	270681	39647	599585	65000	243092
广　西			238336	168743		42045	12450	15098
海　南	70000	405	26838			24200		2638
重　庆			660152	4495	27115	548432	30000	50110
四　川	35000		322850	241310		81540		
贵　州			7818	7318	500			
云　南	14755	90	13060	9720		3340		
西　藏								
陕　西	212618	2000	24770	16699		3400	4671	
甘　肃			1260	1260				
青　海								
宁　夏			6500	6500				
新　疆								

2-27 各地区按资质等级分的房地产开发企业自筹资金

单位：万元

地区	总计	一级	二级	三级	四级	暂定	其他
全国总计	**508722150**	**14004708**	**51338187**	**68013089**	**51812747**	**258475964**	**65077455**
北京	17321217	797906	1518996	686319	3334524	9613524	1369948
天津	7838605	129618	543431	597997	4218717	1984914	363928
河北	31333172	1019522	3233948	3316875	7506382	15651507	604938
山西	6522273	168803	791185	708175	2337062	2252155	264893
内蒙古	5790612	194592	278813	829734	3001262	1306884	179327
辽宁	11163652	140664	600588	2407519	65291	6303608	1645982
吉林	4451387	9372	858364	770630	563230	2097285	152506
黑龙江	5853731	312937	662276	1978694	172804	2134525	592495
上海	15491973	174486	1125951	681613		11805406	1704517
江苏	32788140	707577	8844306	1079478	13953	15611031	6531795
浙江	34859302	372961	1047620	4289960	1504376	15772789	11871596
安徽	26865048	219734	1203843	3348618	409916	17724381	3958556
福建	23213455	1104686	1969342	3776410	989925	12155832	3217260
江西	7602623	147022	375548	1110703	621390	4484858	863102
山东	34317641	1429587	2761018	3038315	2943889	19193716	4951116
河南	41711747	601484	3487806	3680304	2241255	25785920	5914978
湖北	22573877	935868	3421031	1458129	1776081	13974116	1008652
湖南	12968925	119308	1210088	3482873	2701235	5058014	397407
广东	53415834	2387473	901115	5183489	8355196	27019155	9569406
广西	10650091	176848	650463	1005988	332260	8224513	260019
海南	10176760	154022	112155	1331900	364126	5999228	2215329
重庆	14828109	623450	4878038	2037082	34474	6930095	324970
四川	27790652	403439	3776743	14548509	130786	7077803	1853372
贵州	7793955	49087	554765	787553	660474	5416506	325570
云南	11728854	569785	1558285	636895	2498997	5139902	1324990
西藏	175067		36309	43620	68429	18109	8600
陕西	16312936	673739	3005143	1827273	3224859	4667415	2914507
甘肃	4360371	168541	430119	1403602	654655	1595686	107768
青海	1991255	23280	490882	516688	226619	358184	375602
宁夏	2415706	81373	741572	650443	123927	755280	63111
新疆	4415180	107544	268444	797701	736653	2363623	141215

2-28　各地区按资质等级分的房地产开发企业利用外资

单位：万元

地　区	总　计	一　级	二　级	三　级	四　级	暂　定	其　他
全国总计	**1681881**		**113784**	**38589**	**291182**	**719481**	**518845**
北　京	184797		35706		149091		
天　津	197				197		
河　北	20084					20084	
山　西							
内蒙古							
辽　宁	40200			4000		15100	21100
吉　林							
黑龙江							
上　海	52241					52241	
江　苏	290662		56147	700		137733	96082
浙　江	131486			100		85440	45946
安　徽	13584		500		3600	9484	
福　建	182805		2000			18255	162550
江　西							
山　东	50461					22214	28247
河　南	9855					9855	
湖　北	11534				500	10	11024
湖　南							
广　东	526562			16339	137794	251542	120887
广　西	3400			3000		400	
海　南	22400					22400	
重　庆	93154		17481	14450		61223	
四　川	5500					5500	
贵　州							
云　南	40775					8000	32775
西　藏							
陕　西	2184		1950				234
甘　肃							
青　海							
宁　夏							
新　疆							

2-29 各地区按资质等级分的房地产开发企业定金及预收款

单位：万元

地 区	总 计	一 级	二 级	三 级	四 级	暂 定	其 他
全国总计	**486935688**	**22527337**	**68873063**	**72173782**	**53155610**	**231785667**	**38420229**
北 京	24087103	2193781	720456	1042376	8462887	10560984	1106619
天 津	15693045	231284	1288616	586175	8469363	4631474	486133
河 北	8678574	551769	1428955	1742741	2745034	1895657	314418
山 西	5106144	167042	654975	767497	1978626	1525922	12082
内蒙古	2103994	63480	277414	336760	1298666	118430	9244
辽 宁	11941284	361931	1172660	2272783	5868	6888940	1239102
吉 林	3153542	222061	730307	692819	149105	1342744	16506
黑龙江	3367961	41275	775501	1432825	11644	979708	127008
上 海	16475785	501554	1930542	767608	486	12261497	1014098
江 苏	61613103	3046452	17356284	1437261	25575	34046753	5700778
浙 江	51244586	1300304	2834675	6914600	2030516	26903125	11261366
安 徽	21262110	502639	1594741	3702513	448885	13139460	1873872
福 建	17261420	305148	1757110	4787952	1327524	8446774	636912
江 西	8467288	225242	570118	1550220	933566	4835659	352483
山 东	31416079	2407416	3787462	3920044	2819761	16452352	2029044
河 南	11654658	515244	2016898	1255285	405067	7178327	283837
湖 北	19007449	1331399	2655146	2109929	1071650	11568266	271059
湖 南	16165418	1108228	3195059	5235857	2630526	3673666	322082
广 东	59882533	1655777	3176599	10123373	10390382	28214845	6321557
广 西	9913757	710139	1064363	1103588	324223	6288206	423238
海 南	14047844	35477	584024	1418945	1790655	9252168	966575
重 庆	18673087	1897047	8069666	1418977	125007	6888683	273707
四 川	23729075	1596278	4881961	11869905	119902	3943676	1317353
贵 州	6806318	11128	1712390	1426913	566114	2646892	442881
云 南	5709057	303986	818792	559791	1764632	1877117	384739
西 藏	130338		4926	85061	5996	22302	12053
陕 西	10043866	470987	1802528	1787209	2373710	2605464	1003968
甘 肃	3045412	328948	605890	759675	247577	1077184	26138
青 海	893835	29036	322451	290597	92784	129594	29373
宁 夏	2168887	270201	761333	198679	226055	681226	31393
新 疆	3192136	142084	321221	575824	313824	1708572	130611

2-30　各地区按资质等级分的房地产开发企业个人按揭贷款

单位：万元

地　区	总　计	一　级	二　级	三　级	四　级	暂　定	其　他
全国总计	**239063080**	**8836257**	**37156750**	**41890807**	**25512786**	**110555274**	**15111206**
北　京	6549820	659488	423238	387080	1963087	2907273	209654
天　津	3564384	6539	57418	77496	2180462	1198157	44312
河　北	4559491	361229	716110	987772	1441179	1025469	27732
山　西	3009920	41506	303344	261947	1289952	1105790	7381
内蒙古	746031	69185	89993	96516	425630	64707	
辽　宁	4391868	61851	441798	973530	5058	2216354	693277
吉　林	1626808	29508	446857	139341	57830	940408	12864
黑龙江	1628699	19538	437707	756886	10180	361311	43077
上　海	4333300	8338	613233	167131	107	3175922	368569
江　苏	33213947	1378073	9223923	804381	5886	18728408	3073276
浙　江	20709973	580279	1738862	4246435	968796	10078800	3096801
安　徽	14692873	449290	1071529	2505195	364621	8894976	1407262
福　建	12027042	317397	1042257	3793255	1002251	5523750	348132
江　西	7264407	39513	350547	1456651	964719	4070104	382873
山　东	13474871	940199	1561877	2152360	1724543	6474357	621535
河　南	7540443	301660	1594774	1006056	207725	4226987	203241
湖　北	9365421	374175	1263122	1430311	1004037	5048692	245084
湖　南	9757389	483585	1305084	3570128	2061216	2145286	192090
广　东	29746062	658010	1606090	5728643	5689952	13624472	2438895
广　西	7878740	223744	1326511	1085820	342472	4680038	220155
海　南	1655568	201	84482	109858	270910	1130729	59388
重　庆	10633355	416387	5040554	845055	74472	4182154	74733
四　川	11746618	681237	2656959	6009566	77581	1845314	475961
贵　州	5376281	13207	1493960	1148221	388788	2255418	76687
云　南	3939032	255583	499055	351836	1274466	1342828	215264
西　藏	65900		10349	25172		7850	22529
陕　西	5026768	159797	826819	767881	1246945	1578686	446640
甘　肃	1504422	85374	183110	476561	168000	587870	3507
青　海	501537	70222	167750	180257	45556	35341	2411
宁　夏	885897	74294	389637	103082	88765	218513	11606
新　疆	1646213	76848	189801	246384	167600	879310	86270

2-31 各地区按资质等级分的房地产开发企业其他到位资金

单位：万元

地　区	总　计	一　级	二　级	三　级	四　级	暂　定	其　他
全国总计	**71705784**	**3135240**	**12720131**	**8988270**	**9503242**	**32173825**	**5185076**
北　京	2269078	33824	458687	270764	432224	1010533	63046
天　津	4710045	32546	118332	259335	2798709	1495177	5946
河　北	1931519	76818	332333	190984	569370	725834	36180
山　西	633296	16928	33843	59714	86400	434739	1672
内蒙古	791834	164936	81422	69094	376983	98899	500
辽　宁	1500914	37227	141298	212189	7069	720992	382139
吉　林	613282	18829	225578	47006	126351	190647	4871
黑龙江	103147		8843	74478		19826	
上　海	3555399	2388	629825	175185		2552000	196001
江　苏	7433370	207941	3681295	257440	70	2604715	681909
浙　江	2876390	87642	158720	622249	161398	1464049	382332
安　徽	3878538	19927	861746	396832	49485	2088862	461686
福　建	3771976	87822	772504	794200	290585	1691298	135567
江　西	1700972	56924	87013	134031	309440	940209	173355
山　东	3604579	199903	316286	428759	428085	1995664	235882
河　南	1017774	5319	139620	82561	68328	632343	89603
湖　北	3653902	228735	491181	437588	307577	2160511	28310
湖　南	2451766	148189	269037	708841	369563	911727	44409
广　东	7151211	170812	240072	1093488	1496748	2971146	1178945
广　西	1868144	16936	424236	212565	29624	1087997	96786
海　南	2147181	237829	18798	305287	161084	1231846	192337
重　庆	4159890	616080	1388960	258294	1000	1873337	22219
四　川	2133956	202190	503261	975205	3489	340340	109471
贵　州	1492401	4550	367259	140270	169382	647452	163488
云　南	1793964	173106	162862	104883	447313	838713	67087
西　藏	3379		1270	1000		9	1100
陕　西	2525800	58122	395916	340666	591514	753540	386042
甘　肃	399438	90	77068	76351	75076	152803	18050
青　海	32750	10000	6352	3381	8571	4446	
宁　夏	613556	173426	175982	25403	16043	219802	2900
新　疆	886333	46201	150532	230227	121761	314369	23243

2-32　各地区按资质等级分的房地产开发企业各项应付款合计

单位：万元

地　区	总　计	一　级	二　级	三　级	四　级	暂　定	其　他
全国总计	**336548834**	**11946451**	**47460091**	**48655857**	**38048285**	**161052661**	**29385489**
北　京	5185745	92252	441206	354167	2089940	1803899	404281
天　津	9970932	952890	1507387	326057	4855317	1957626	371655
河　北	10750596	344089	1536630	1702537	3316522	3696804	154014
山　西	3410591	55915	317552	440630	1153488	1400997	42009
内蒙古	2937561	57483	248797	396526	1587342	594545	52868
辽　宁	13559585	210588	941134	2627069	109081	7198930	2472783
吉　林	2393664	85679	489494	322006	255931	1166523	74031
黑龙江	1715775	12653	508588	675027	49011	390582	79914
上　海	8555622	119425	416449	418648	22371	6888653	690076
江　苏	38431599	1739169	11667675	1195210	23746	19639836	4165963
浙　江	17405825	224939	941958	2531367	996120	9207599	3503842
安　徽	21058470	609323	1077514	3664282	385841	13827227	1494283
福　建	8594517	234540	764006	2118284	479914	4402120	595653
江　西	7286071	163073	364665	1077701	799474	4304807	576351
山　东	19122574	769371	1806996	2104483	2012831	10886008	1542885
河　南	15868072	150513	1947075	1772503	579981	9773596	1644404
湖　北	14019748	380032	2743167	1210338	1209658	8188518	288035
湖　南	12094897	311504	1371781	4032448	2137768	3779701	461695
广　东	40399792	1409936	1338610	5573521	7573402	19537373	4966950
广　西	9290482	316001	1588223	903417	254109	5768597	460135
海　南	6895328	31232	212277	1112134	1264015	3746371	529299
重　庆	14684574	1675460	6104264	1378604	12162	5277116	236968
四　川	14323656	491838	2768871	7490333	150327	2728352	693935
贵　州	7505001	11755	1322295	997217	729863	4162721	281150
云　南	10629362	844658	1851351	455214	1793397	3987593	1697149
西　藏	177661		9928	116322	30551	20360	500
陕　西	8910603	179256	1682803	1306077	1845912	2437301	1459254
甘　肃	4161478	119929	344013	1117419	1288196	1157092	134829
青　海	1201041	52103	390300	396840	120119	147976	93703
宁　夏	2030428	147631	389700	381405	268551	769527	73614
新　疆	3977584	153214	365382	458071	653345	2204311	143261

第三章

房屋开竣工面积、商品房销售及土地情况

3-1　各地区按用途分的房地产开发企业房屋施工面积

单位：平方米

地　区	房屋施工面　积	住　宅	#别　墅、高档公寓	办公楼	商业营业用房	其　他
全国总计	**7814837260**	**5364439603**	**213536837**	**360146216**	**1052324970**	**1037926471**
北　京	124127376	53908905	4294692	24284022	12463394	33471055
天　津	87958217	59110301	2590280	6938326	9949258	11960332
河　北	303183178	232000110	3977357	8297482	32293429	30592157
山　西	164733982	118171176	1275971	5489337	19798501	21274968
内蒙古	158154096	103943893	2293632	5568719	30746219	17895265
辽　宁	259068855	187840029	5154239	5350501	43197561	22680764
吉　林	118873322	83491926	3272140	4974064	18139797	12267535
黑龙江	103284678	74321067	1785759	2383871	15690998	10888742
上　海	153622465	80137991	17488839	22820750	20161554	30502170
江　苏	594642268	435545396	26054727	25037384	70679184	63380304
浙　江	412362362	247600096	17397649	28458617	50148389	86155260
安　徽	391692399	268589855	5115009	13303474	66944884	42854186
福　建	319395539	203787587	7314471	22038281	35349043	58220628
江　西	188067881	136591444	4132975	6161502	27753479	17561456
山　东	635632428	467420589	11909999	25746138	74921182	67544519
河　南	499422944	375180068	4122936	16997649	59268502	47976725
湖　北	305104804	224797869	5828581	11572475	37618350	31116110
湖　南	316911934	227704205	6235482	8675734	42809363	37722632
广　东	724920992	494508219	30010637	39650560	75994707	114767506
广　西	226896159	164538982	3968059	7355187	26016479	28985511
海　南	95673870	69819440	7762068	2479837	11658163	11716430
重　庆	259609900	167479200	8557487	9077009	39880766	43172925
四　川	412948851	262720541	9920459	14875672	61868897	73483741
贵　州	203854306	127896525	3525468	7525039	39085775	29346967
云　南	210853549	135344305	10530157	8403647	34473281	32632316
西　藏	2298457	1325140	47090	91736	490022	391559
陕　西	236301030	169586126	2995802	12247641	31098515	23368748
甘　肃	91534617	60878504	555046	2985903	16049965	11620245
青　海	29367077	17357571	177063	1676797	6401826	3930883
宁　夏	68367083	43469084	1579294	3579202	12902842	8415955
新　疆	115972641	69373459	3663469	6099660	28470645	12028877

3-2 各地区按资质等级分的房地产开发企业房屋施工面积

单位：平方米

地　区	总　计	一　级	二　级	三　级	四　级	暂　定	其　他
全国总计	**7814837260**	**306204401**	**1244746254**	**1435885267**	**1002208071**	**3325457354**	**500335913**
北　京	124127376	8960665	13239894	6975337	46851076	40026774	8073630
天　津	87958217	2838195	7091895	3408052	53254686	18646031	2719358
河　北	303183178	15767646	47511139	49041049	87945467	97070884	5846993
山　西	164733982	4834475	24183558	24656175	66854859	40894555	3310360
内蒙古	158154096	8811857	23344837	21033737	79403155	22362405	3198105
辽　宁	259068855	6333495	25886273	53277565	1581730	148009326	23980466
吉　林	118873322	4509904	29243389	19300862	14226019	50470853	1122295
黑龙江	103284678	3077572	21853223	44882229	3487615	23707631	6276408
上　海	153622465	5281438	13621265	9958755	124922	114935488	9700597
江　苏	594642268	23041522	202709357	23675403	662792	280724291	63828903
浙　江	412362362	9667275	33922001	77316366	20700557	198661729	72094434
安　徽	391692399	7717528	40626700	80295768	10623643	227592171	24836589
福　建	319395539	9659079	39596014	85692450	29687252	140567856	14192888
江　西	188067881	3397895	12609268	38128135	22588856	100962138	10381589
山　东	635632428	36456456	67336200	94702886	83658593	312096940	41381353
河　南	499422944	18303498	83606403	63664562	33338454	261456768	39053259
湖　北	305104804	15352263	51702334	40472757	41016467	147686905	8874078
湖　南	316911934	11604910	49252081	120771010	55578485	72708896	6996552
广　东	724920992	20588284	37770732	127076008	141123356	333037437	65325175
广　西	226896159	7327019	31281195	35929313	13897896	129242474	9218262
海　南	95673870	3822000	4357884	10962019	7381195	60816278	8334494
重　庆	259609900	19967174	101099050	27469913	1044594	106185015	3844154
四　川	412948851	23661239	88397208	206557954	2716019	74342983	17273448
贵　州	203854306	902765	42481090	40034755	23285133	91702277	5448286
云　南	210853549	8220989	35356362	21251065	57376476	78099455	10549202
西　藏	2298457		254147	962821	657519	386669	37301
陕　西	236301030	8787756	55828149	45389769	55420635	44216452	26658269
甘　肃	91534617	5245795	15515879	25891621	15718415	27995291	1167616
青　海	29367077	1152931	10310759	6195319	5050257	5260689	1397122
宁　夏	68367083	5331370	22696655	11236057	9859439	17973140	1270422
新　疆	115972641	5581406	12061313	19675555	17092509	57617553	3944305

3-3 各地区按资质等级分的房地产开发企业住宅施工面积

单位：平方米

地区	总计	一级	二级	三级	四级	暂定	其他
全国总计	**5364439603**	**213756354**	**885873794**	**998920858**	**693344268**	**2245020038**	**327524291**
北京	53908905	5051672	6220889	2400383	21066863	16566255	2602843
天津	59110301	2192351	5062475	2867613	34379332	12469470	2139060
河北	232000110	12828963	37447897	38175695	68294348	70405232	4847975
山西	118171176	3595038	16734510	19182858	45806476	30278162	2574132
内蒙古	103943893	4750656	14461474	13714025	53505408	15548106	1964224
辽宁	187840029	4297260	18850842	41267347	1167226	105457897	16799457
吉林	83491926	3360714	20461270	13533795	10391632	34998484	746031
黑龙江	74321067	2469576	15933633	31324519	2740981	16883888	4968470
上海	80137991	3031526	7822465	5195548	84004	59013496	4990952
江苏	435545396	17787304	151749136	18031837	532099	202623755	44821265
浙江	247600096	6454234	23147298	49266036	13782364	114732080	40218084
安徽	268589855	4382423	29126124	50738093	8174286	159750212	16418717
福建	203787587	6447427	28263186	54992287	18113437	86970231	9001019
江西	136591444	2693023	9740232	28693149	17587826	70030978	7846236
山东	467420589	27549016	51740977	71419803	64248939	222769459	29692395
河南	375180068	13487561	64119149	48006129	26090129	196396755	27080345
湖北	224797869	11055182	38030489	31200236	30904708	108016980	5590274
湖南	227704205	8290881	35247838	89990673	38586271	50148534	5440008
广东	494508219	15030064	27234921	88330816	97392152	225007710	41512556
广西	164538982	5696810	23302947	27796350	10630980	90109319	7002576
海南	69819440	1309295	3388430	8603824	6273562	44457495	5786834
重庆	167479200	14172869	66485430	17528517	687506	66169011	2435867
四川	262720541	14292685	59070337	131098034	1794162	46270498	10194825
贵州	127896525	430830	26557692	26547083	15331700	56294934	2734286
云南	135344305	5742015	24109627	13106779	35297665	51217113	5871106
西藏	1325140		149977	582232	433144	159787	
陕西	169586126	5741138	41154267	33947058	38716879	30231722	19795062
甘肃	60878504	3660150	10905619	17056514	10779393	17639622	837206
青海	17357571	829426	6276554	3646839	3487289	2427526	689937
宁夏	43469084	3244227	14835307	7965579	6529688	10131719	762564
新疆	69373459	3882038	8242802	12711207	10533819	31843608	2159985

3-4 各地区按用途分的房地产开发企业房屋新开工面积

单位：平方米

地区	房屋新开工面积	住宅	#别墅、高档公寓	办公楼	商业营业用房	其他
全国总计	**1786537704**	**1280977800**	**42826762**	**61396585**	**204839258**	**239324061**
北京	23615082	11596428	606490	3646134	1562978	6809542
天津	23346172	18227181	655930	674852	1666776	2777363
河北	84172068	65680317	509883	1425087	8102191	8964473
山西	33058426	24112234	274311	739318	3292900	4913974
内蒙古	23597011	17346716	141878	370283	3337544	2542468
辽宁	38068810	29420074	775721	663743	4573786	3411207
吉林	19078760	14124698	128535	361054	2708089	1884919
黑龙江	22197164	16777672	392192	321994	3064490	2033008
上海	26180016	14029119	2517015	3688385	2976812	5485700
江苏	137391013	102638677	5128591	6266981	12830399	15654956
浙江	101174895	66536969	3758862	4671846	8935261	21030819
安徽	113986621	86017488	1087713	2701091	13025247	12242795
福建	55287497	38263108	1064104	2413447	4320173	10290769
江西	49543310	37120815	948739	1107323	7046884	4268288
山东	144249863	109183875	2274035	5026056	13676468	16363464
河南	136287824	104398161	1109368	3609331	15686884	12593448
湖北	77718652	59617932	2022392	2675826	9032433	6392461
湖南	82359074	60896733	1127101	1457402	9952461	10052478
广东	167755507	116944580	4545394	8835780	14813630	27161517
广西	49122086	36623881	1080115	674894	5741786	6081525
海南	21097447	16497551	1991486	155960	2362888	2081048
重庆	56800420	37596264	3097217	948633	7681012	10574511
四川	115215910	76040021	2799639	3150872	16311706	19713311
贵州	33107650	22085898	679142	761926	5833631	4426195
云南	40173379	26320211	2656542	1043827	5931857	6877484
西藏	610706	315759	29942	510	111203	183234
陕西	42790776	31023335	423865	1613153	4973151	5181137
甘肃	23746291	14429558	100290	718467	4925788	3672478
青海	7143705	3812923	80000	453107	1742364	1135311
宁夏	11876134	8151523	153691	218463	2034069	1472079
新疆	25785435	15148099	666579	1000840	6584397	3052099

3-5 各地区按资质等级分的房地产开发企业房屋新开工面积

单位：平方米

地 区	总 计	一 级	二 级	三 级	四 级	暂 定	其 他
全国总计	**1786537704**	**57837925**	**229976860**	**279524026**	**191559117**	**854124321**	**173515455**
北 京	23615082	1636824	3564859	956100	5548890	9889014	2019395
天 津	23346172	440671	1208109	846347	12991593	6974649	884803
河 北	84172068	3847616	11091818	11122234	21847805	33722789	2539806
山 西	33058426	2084038	5096591	3465794	9233047	12291893	887063
内蒙古	23597011	521527	1712373	3126748	12816541	4575192	844630
辽 宁	38068810	527643	3637546	5847622	148484	21434750	6472765
吉 林	19078760	654068	3696284	2730059	3087414	8533507	377428
黑龙江	22197164	704994	3138668	7571436	830803	7041494	2909769
上 海	26180016	1377047	2228677	753806	124922	18709353	2986211
江 苏	137391013	5500610	41866449	3001450	135986	68046412	18840106
浙 江	101174895	1773648	5032417	14858939	3597154	46145192	29767545
安 徽	113986621	1916064	8223129	16058579	2209577	74986456	10592816
福 建	55287497	1432332	4423284	10096608	2614553	32800771	3919949
江 西	49543310	1350812	2431407	7803248	4882865	28700421	4374557
山 东	144249863	8098276	16470636	17949257	16319512	71067441	14344741
河 南	136287824	2601077	14918890	13337595	7558027	81261962	16610273
湖 北	77718652	3497144	9513971	10364974	8253423	42819633	3269507
湖 南	82359074	2973420	8155744	25452791	15849954	26093912	3833253
广 东	167755507	2195567	5528200	20302161	26086839	91882428	21760312
广 西	49122086	664013	5097519	5529226	2236780	33981219	1613329
海 南	21097447	271409	1053578	1820678	1089051	14770931	2091800
重 庆	56800420	2635897	22808537	5971496	228900	24142322	1013268
四 川	115215910	5078088	21597509	60368645	697435	21664651	5809582
贵 州	33107650	169808	5151249	4977068	2959543	19008337	841645
云 南	40173379	1442263	5239749	3421105	10762601	14519811	4787850
西 藏	610706		72505	268342	170631	99228	
陕 西	42790776	1376008	7693984	7578179	8005886	10550131	7586588
甘 肃	23746291	749647	2709606	5260656	6284802	8583299	158281
青 海	7143705	225871	1352954	1670311	866406	2019975	1008188
宁 夏	11876134	991220	3044081	2251731	1050311	4092557	446234
新 疆	25785435	1100323	2216537	4760841	3069382	13714591	923761

3-6 各地区按资质等级分的房地产开发企业住宅新开工面积

单位：平方米

地区	总计	一级	二级	三级	四级	暂定	其他
全国总计	**1280977800**	**40365663**	**168606011**	**199704167**	**141044202**	**611670596**	**119587161**
北京	11596428	938959	1852070	474127	2982803	4527842	820627
天津	18227181	255471	964575	821699	9887699	5627386	670351
河北	65680317	3019513	9076436	8404122	17261266	25838385	2080595
山西	24112234	1451721	3532119	2910671	6547411	9091599	578713
内蒙古	17346716	331714	1120437	2294821	9557373	3495956	546415
辽宁	29420074	320845	2635162	4447118	120367	17130902	4765680
吉林	14124698	515524	2912500	2001345	2398991	6101077	195261
黑龙江	16777672	665070	2550711	5648079	654469	5075366	2183977
上海	14029119	1256809	1042447	343253	84004	9909659	1392947
江苏	102638677	3916303	32131792	2100531	77319	50047896	14364836
浙江	66536969	1016253	3729574	10018069	2697556	29980787	19094730
安徽	86017488	1250391	6217880	11802951	1727806	57769272	7249188
福建	38263108	965772	3446965	7460255	1787635	21990170	2612311
江西	37120815	1041781	1684063	6106600	4166189	20781489	3340693
山东	109183875	6216318	12672543	14106079	12192346	53554515	10442074
河南	104398161	2139937	11714273	9926549	6211462	62053474	12352466
湖北	59617932	2260931	7316000	8092424	6802294	32646932	2499351
湖南	60896733	1953225	6202008	18744711	11880976	19180426	2935387
广东	116944580	1438712	3920842	14375830	18470293	64616840	14122063
广西	36623881	493246	3947466	4628804	1500729	24800822	1252814
海南	16497551	167671	911113	1452635	892128	11549364	1524640
重庆	37596264	1931387	15389376	3991685	112482	15611232	560102
四川	76040021	2889375	14725425	39486464	528760	14904006	3505991
贵州	22085898	117322	3585322	3296160	2053794	12589450	443850
云南	26320211	921014	3320190	2179865	7537482	9247741	3113919
西藏	315759			118856	134980	61923	
陕西	31023335	824315	5971884	5711208	5591827	7203291	5720810
甘肃	14429558	523323	1706563	3041451	4097268	5039880	21073
青海	3812923	95356	789877	975413	465427	959482	527368
宁夏	8151523	691499	2030732	1860609	681514	2642421	244748
新疆	15148099	755906	1505666	2881783	1939552	7641011	424181

3-7　各地区按用途分的房地产开发企业房屋竣工面积

单位：平方米

地　区	房屋竣工面　积	住　宅	#别　墅、高档公寓	办公楼	商业营业用房	其　他
全国总计	**1014864099**	**718151181**	**26300096**	**40065411**	**126702572**	**129944935**
北　京	14666675	6040373	356393	3211821	1669402	3745079
天　津	20234119	14332373	649609	1386449	2092113	2423184
河　北	34160033	27301312	652605	844058	2932583	3082080
山　西	19699186	14138324	155484	845709	2280312	2434841
内蒙古	17142379	12651452	110349	391752	2525435	1573740
辽　宁	27882815	22143101	620503	359137	3277190	2103387
吉　林	14788454	10304598	695355	587622	2438610	1457624
黑龙江	16511720	12059412	267501	389934	2569967	1492407
上　海	33875601	18627361	3481319	4448278	3877286	6922676
江　苏	95817259	70897973	3940092	3406417	10858710	10654159
浙　江	68841823	43389144	2462948	3919674	7397150	14135855
安　徽	47477129	34249834	523618	2350813	6389638	4486844
福　建	42666948	28913299	494826	1446399	3903482	8403768
江　西	18543973	13658618	683225	566903	2878778	1439674
山　东	84290627	64064603	1047089	2799089	10280980	7145955
河　南	62017069	47015334	507388	1669662	8242669	5089404
湖　北	32197235	24337246	693785	617791	4746052	2496146
湖　南	40840499	30702843	772783	727311	4853367	4556978
广　东	81963364	57840067	2524348	2586175	8586641	12950481
广　西	18562389	14789561	336556	313216	1509595	1950017
海　南	12671571	9538573	620971	457940	1542601	1132457
重　庆	50557325	33163669	1140167	1420062	7244003	8729591
四　川	56207341	36757602	930396	1711837	8164302	9573600
贵　州	11716966	7849969	116299	297698	1956734	1612565
云　南	24196251	15547040	1271487	585674	3800817	4262720
西　藏	435651	266543		23438	117533	28137
陕　西	23920537	18734223	119754	841153	2985826	1359335
甘　肃	8479117	6194444	7057	261718	1345368	677587
青　海	4409038	2294452	685	514190	877776	722620
宁　夏	13286229	8835381	494071	640707	2351899	1458242
新　疆	16804776	11512457	623433	442784	3005753	1843782

3-8 各地区按资质等级分的房地产开发企业房屋竣工面积

单位：平方米

地　区	总　计	一　级	二　级	三　级	四　级	暂　定	其　他
全国总计	**1014864099**	**44846218**	**182978221**	**205827975**	**139201467**	**394444811**	**47565407**
北　京	14666675	1252242	1709013	1466597	6446339	3444100	348384
天　津	20234119	488121	1790926	1031649	12466868	3736655	719900
河　北	34160033	2454109	4998696	5230623	11276905	8923600	1276100
山　西	19699186	297011	4254540	3487948	8766772	2581482	311433
内蒙古	17142379	1034397	1909234	2694120	9085428	2206357	212843
辽　宁	27882815	330130	2929999	7288110	441358	14773324	2119894
吉　林	14788454	176458	2823154	3560426	2052115	6008947	167354
黑龙江	16511720	704668	3672471	7066163	799380	3844866	424172
上　海	33875601	754654	3309448	4062431		24854101	894967
江　苏	95817259	4784541	36029489	5128306	206780	42023123	7645020
浙　江	68841823	2199209	6491609	14051122	4660660	35622874	5816349
安　徽	47477129	921316	6288993	10814907	1969427	24870504	2611982
福　建	42666948	1991743	5288084	16150202	3765175	14061778	1409966
江　西	18543973	381725	1608174	3694305	2377421	9722063	760285
山　东	84290627	6320731	9623274	14106205	12002928	37883110	4354379
河　南	62017069	2267368	9162795	8979158	4742184	32143684	4721880
湖　北	32197235	1204922	4871078	4363650	5769959	15726868	260758
湖　南	40840499	1456200	6194840	16462749	8147654	7926073	652983
广　东	81963364	2934202	5228649	18117663	19371662	31969197	4341991
广　西	18562389	591645	2441082	4437194	1175579	9489672	427217
海　南	12671571	730170	976479	1709223	775225	7245436	1235038
重　庆	50557325	4103976	20789097	5284582	114246	19874307	391117
四　川	56207341	2482025	13473559	26367343	644291	11705522	1534601
贵　州	11716966		4003674	2475925	1578312	3309674	349381
云　南	24196251	826069	3932912	3390282	7982729	7755775	308484
西　藏	435651		95044	123560	136088	80959	
陕　西	23920537	471710	7300231	4505744	6039071	2557893	3045888
甘　肃	8479117	81836	1679369	2566456	2075667	1945899	129890
青　海	4409038	211770	2070313	1177868	482644	466443	
宁　夏	13286229	1883587	5133393	2192400	1554471	2411912	110466
新　疆	16804776	1509683	2898602	3841064	2294129	5278613	982685

3-9　各地区按资质等级分的房地产开发企业住宅竣工面积

单位：平方米

地　区	总　计	一　级	二　级	三　级	四　级	暂　定	其　他
全国总计	**718151181**	**30048343**	**130036062**	**149055005**	**99814646**	**276041629**	**33155496**
北　京	6040373	371718	698001	415111	3219319	1109386	226838
天　津	14332373	240277	1011297	937963	8757906	2726924	658006
河　北	27301312	2130102	3718619	4279332	9230676	6794226	1148357
山　西	14138324	247484	3099184	2653555	6216202	1616123	305776
内蒙古	12651452	571094	1370877	1891413	6809214	1854040	154814
辽　宁	22143101	294391	2428448	5909721	311089	11814202	1385250
吉　林	10304598	88727	2182352	2698193	1548590	3651000	135736
黑龙江	12059412	494796	2549857	5347441	659617	2681444	326257
上　海	18627361	430779	1977724	2450175		13340704	427979
江　苏	70897973	3550274	26455347	4081098	171689	31248068	5391497
浙　江	43389144	1530323	4437661	9601625	2938005	21679158	3202372
安　徽	34249834	610262	4759630	7503011	1455854	18151291	1769786
福　建	28913299	1467417	3335052	11080852	2592078	9514410	923490
江　西	13658618	328105	1310544	3050377	1826658	6672924	470010
山　东	64064603	4630119	7689954	10768616	9012905	28402496	3560513
河　南	47015334	1643304	6929374	6568572	3936319	24631297	3306468
湖　北	24337246	888235	3935686	3545564	4101908	11702870	162983
湖　南	30702843	904062	4986396	12506849	5833133	6003492	468911
广　东	57840067	2370045	3585751	13287436	13728574	22086449	2781812
广　西	14789561	581495	1887553	3570715	1074261	7310640	364897
海　南	9538573		758631	1248740	704909	5801041	1025252
重　庆	33163669	2236736	13237426	3732341	63630	13657603	235933
四　川	36757602	1269389	8834988	17657547	460825	7439550	1095303
贵　州	7849969		2411463	1795436	1025543	2362694	254833
云　南	15547040	563606	2632791	1893351	4882699	5360410	214183
西　藏	266543		82090	68292	79781	36380	
陕　西	18734223	261573	5909517	3665110	4845574	1815237	2237212
甘　肃	6194444	80036	1254287	1949137	1427513	1401227	82244
青　海	2294452	201150	932465	553987	346634	260216	
宁　夏	8835381	1083861	3520378	1620443	1001864	1504169	104666
新　疆	11512457	978983	2112719	2723002	1551677	3411958	734118

3-10 各地区按资质等级分的房地产开发企业90平方米及以下住宅竣工面积

单位：平方米

地 区	总 计	一 级	二 级	三 级	四 级	暂 定	其 他
全国总计	**210800404**	**8386945**	**39893467**	**42593983**	**27802903**	**81506570**	**10616536**
北 京	3261842	168743	366592	149654	1803825	662836	110192
天 津	6038576		396134	347547	4431709	655272	207914
河 北	8720133	988165	1299149	1371670	2379953	2354034	327162
山 西	3049990	62720	1041162	452904	1179079	260867	53258
内蒙古	4244137	21735	668467	699970	1985751	834533	33681
辽 宁	12723398	130200	1289394	3405732	152251	6862468	883353
吉 林	4892942	8482	884222	1233950	1018867	1623752	123669
黑龙江	7127482	193403	1276244	3136485	540901	1663442	317007
上 海	7046118	272848	686890	1019323		4850253	216804
江 苏	15491930	794400	6576210	1002172	1500	5901537	1216111
浙 江	11266114	198903	1190969	2102368	621165	6372846	779863
安 徽	8487267	23043	1478461	1839681	375597	4021478	749007
福 建	7646246	342081	784784	3047637	705039	2560442	206263
江 西	2660230	92160	182110	594237	377243	1357722	56758
山 东	12994229	742283	1470455	1502383	2028191	6298647	952270
河 南	8995469	426936	1635215	1144889	726835	4358244	703350
湖 北	5190840	141774	745205	695881	590374	3004620	12986
湖 南	3840681	150479	794888	1574330	795826	493399	31759
广 东	13955907	411474	1220745	2836384	3452833	5331043	703428
广 西	4602426	504486	326250	1263213	231251	2265196	12030
海 南	6123163		305901	720349	487899	3826878	782136
重 庆	18832536	1275198	6272622	1813013		9292118	179585
四 川	14770053	603730	3201205	7178761	181867	3132065	472425
贵 州	1308602		404897	154227	146744	494408	108326
云 南	3079524	266995	842043	246184	763176	955341	5785
西 藏	38862			1481	37381		
陕 西	7212095	134637	2903735	1353323	1535397	361500	923503
甘 肃	1777669		314258	500610	599449	306383	56969
青 海	603529		276314	196088	84311	46816	
宁 夏	1769712	207137	487001	254615	145744	661998	13217
新 疆	3048702	224933	571945	754922	422745	696432	377725

3-11　各地区按资质等级分的房地产开发企业别墅、高档公寓竣工面积

单位：平方米

地　区	总　计	一　级	二　级	三　级	四　级	暂　定	其　他
全国总计	**26300096**	**1065118**	**4321116**	**4508640**	**2766467**	**12066048**	**1572707**
北　京	356393				319787	36606	
天　津	649609			166915	272279	184765	25650
河　北	652605		101766	8318	413935	128586	
山　西	155484		34426	6411	114647		
内蒙古	110349		36000	9240	62609	2500	
辽　宁	620503	34683		206296		308292	71232
吉　林	695355		493407	4378	10633	186937	
黑龙江	267501			200156		67345	
上　海	3481319		292418	478632		2589191	121078
江　苏	3940092	118337	992276	280380		2189321	359778
浙　江	2462948	101944	77082	501023	226785	1173173	382941
安　徽	523618	12222	113929	101765	11269	201156	83277
福　建	494826		5047	198316	59885	185686	45892
江　西	683225		80476	105890	15681	452754	28424
山　东	1047089	36248	69085	136654	77776	557886	169440
河　南	507388	110298	114641	35489		214273	32687
湖　北	693785		6605	81011	51700	552775	1694
湖　南	772783		77961	188101	95222	411499	
广　东	2524348	188013	378616	710953	374012	840879	31875
广　西	336556		97769	22033	16232	192562	7960
海　南	620971		108145	36135	79600	397091	
重　庆	1140167	41994	592845	217824		275586	11918
四　川	930396	108000	80639	499474	40716	81757	119810
贵　州	116299			51425	12057	45977	6840
云　南	1271487	74083	255709	69990	352298	494496	24911
西　藏							
陕　西	119754			50950	1865	21439	45500
甘　肃	7057			2057		5000	
青　海	685				685		
宁　夏	494071	209707	61141	47211	76014	99998	
新　疆	623433	29589	251133	91613	80780	168518	1800

3-12 各地区按用途分的房地产开发企业不可销售面积

单位：平方米

地区	不可销售面积	住宅	#别墅、高档公寓	办公楼	商业营业用房	其他
全国总计	**65168670**	**23937245**	**374069**	**2601898**	**11104975**	**27524552**
北京	2911436	594792	7412	164304	565426	1586914
天津	894817	434921		3080	67708	389108
河北	2064127	757964	3300	239382	409696	657085
山西	2015806	959538		171095	323981	561192
内蒙古	953390	439155	2309	42449	126943	344843
辽宁	1621242	724413	23982	12322	317429	567078
吉林	1380707	919782		17143	231293	212489
黑龙江	2235767	1438834		32992	489861	274080
上海	2828890	369973	28431	246165	479864	1732888
江苏	6654202	1775705	22611	241304	1309733	3327460
浙江	9066853	2341544	13448	506720	1388043	4830546
安徽	2462488	831431		155530	615362	860165
福建	2363031	1100632	2768	15534	117497	1129368
江西	657291	278974	61909	15511	56899	305907
山东	2540078	811979		163059	754427	810613
河南	2511598	1198785	9969	71414	174202	1067197
湖北	1993785	618498	20	6939	343651	1024697
湖南	1594527	464717	1290	25761	334697	769352
广东	3363153	526763	10781	42296	336630	2457464
广西	1059541	486386		57367	77478	438310
海南	830649	208880	46847	2573	234737	384459
重庆	1049313	311701	18098	55230	348812	333570
四川	2219390	616535	24444	31186	376056	1195613
贵州	395074	98931		1130	15410	279603
云南	1529071	1001143		10157	134810	382961
西藏						
陕西	3638339	2430509	96450	54037	811848	341945
甘肃	613537	319248		12586	83924	197779
青海	173088	98439		22836	7906	43907
宁夏	2316965	1327574		85284	437400	466707
新疆	1230515	449499		96512	133252	551252

3-13　各地区按资质等级分的房地产开发企业不可销售面积

单位：平方米

地　区	总　计	一　级	二　级	三　级	四　级	暂　定	其　他
全国总计	**65168670**	**3243948**	**16015728**	**12510449**	**7946475**	**22069158**	**3382912**
北　京	2911436	442546	175316	419163	1556279	245914	72218
天　津	894817		3501		743110	109892	38314
河　北	2064127	272174	388609	144640	549380	706769	2555
山　西	2015806	56692	392965	419708	816570	320526	9345
内蒙古	953390	227076	126716	252517	343612	3469	
辽　宁	1621242	13200	253421	379303	95460	718005	161853
吉　林	1380707		62208	424797	171012	722690	
黑龙江	2235767	115314	394156	857566	59603	643448	165680
上　海	2828890	90335	187964	187790		2272894	89907
江　苏	6654202	405653	3561857	176086	2018	2114278	394310
浙　江	9066853	168571	1719110	2189082	410214	3886414	693462
安　徽	2462488	30321	280588	623500	32604	1349388	146087
福　建	2363031	19425	1160321	391865	127485	587165	76770
江　西	657291	3100	94546	116863	30859	249520	162403
山　东	2540078	302546	422652	494768	157577	1075604	86931
河　南	2511598	172590	785887	295014	36496	1149936	71675
湖　北	1993785	128952	378032	316755	274323	890653	5070
湖　南	1594527	1875	243165	671959	244325	433203	
广　东	3363153	74835	514673	707237	567915	1323023	175470
广　西	1059541		51772	603211	13632	381129	9797
海　南	830649		101658	84293	36571	476001	132126
重　庆	1049313	23125	616354	65457	882	343495	
四　川	2219390	44862	642695	1042355	3003	486287	188
贵　州	395074		114672	175725	85311	19366	
云　南	1529071		504131	93331	318028	599848	13733
西　藏							
陕　西	3638339	323387	1345572	416570	564504	174022	814284
甘　肃	613537		184187	85159	145907	155132	43152
青　海	173088	4100	126656	34657	7675		
宁　夏	2316965	146960	964933	646578	204495	353999	
新　疆	1230515	176309	217411	194500	347625	277088	17582

3-14 各地区按用途分的房地产开发企业住宅竣工套数

单位：套

地　区	住　宅	#90平方米及以下住宅	#别墅、高档公寓
全国总计	**6770598**	**2790429**	**153900**
北　京	62796	47004	1183
天　津	149400	78675	3340
河　北	259478	109598	3524
山　西	129811	38344	383
内蒙古	126256	60606	749
辽　宁	253544	175227	5782
吉　林	111715	66639	6451
黑龙江	133632	95993	1057
上　海	180347	93144	22154
江　苏	618260	197583	19176
浙　江	375051	141606	9906
安　徽	320280	106731	3335
福　建	272532	100999	3124
江　西	123554	34495	4711
山　东	563453	162634	5716
河　南	411871	113776	4381
湖　北	218337	65811	3574
湖　南	260069	53199	4957
广　东	512495	183605	13401
广　西	142705	68341	1130
海　南	119210	91050	7652
重　庆	385456	262638	6047
四　川	374735	191420	5672
贵　州	72255	18307	523
云　南	132794	42036	5722
西　藏	2950	459	
陕　西	187120	95880	320
甘　肃	59780	22415	42
青　海	22568	7507	4
宁　夏	80390	25056	6174
新　疆	107754	39651	3710

3-15 各地区按资质等级分的房地产开发企业住宅竣工套数

单位：套

地 区	总 计	一 级	二 级	三 级	四 级	暂 定	其 他
全国总计	**6770598**	**288661**	**1218746**	**1414266**	**942055**	**2589988**	**316882**
北 京	62796	3993	8193	4128	31732	12455	2295
天 津	149400	2442	9863	8815	94638	25637	8005
河 北	259478	20661	32073	41930	87761	66136	10917
山 西	129811	2756	29863	24770	55409	14109	2904
内蒙古	126256	4920	16719	17394	67075	18674	1474
辽 宁	253544	2861	26072	71560	3633	131351	18067
吉 林	111715	702	19764	29491	18523	41660	1575
黑龙江	133632	5654	26804	57807	8343	30833	4191
上 海	180347	4977	19074	23712		127598	4986
江 苏	618260	35053	230587	37556	1442	266276	47346
浙 江	375051	11865	39703	82279	26404	190170	24630
安 徽	320280	5506	43126	71639	13810	168054	18145
福 建	272532	13536	34203	105357	24069	85012	10355
江 西	123554	2732	10972	26956	16960	61680	4254
山 东	563453	37012	67412	90386	82487	254048	32108
河 南	411871	15724	60826	56936	35144	214524	28717
湖 北	218337	8180	35637	32511	37852	102495	1662
湖 南	260069	8764	42436	107447	50485	47412	3525
广 东	512495	18306	33392	110473	121164	202696	26464
广 西	142705	14405	15011	36472	9219	65330	2268
海 南	119210		9216	15910	8850	72028	13206
重 庆	385456	25825	138755	41813	760	175463	2840
四 川	374735	13691	87172	184899	5129	72954	10890
贵 州	72255		20116	15999	9747	23229	3164
云 南	132794	5815	24944	15234	43827	41431	1543
西 藏	2950		421	1439	687	403	
陕 西	187120	2539	63849	35546	46211	16437	22538
甘 肃	59780	748	11876	19184	14254	12837	881
青 海	22568	1531	10878	5188	2689	2282	
宁 夏	80390	9359	31175	15583	8197	15280	796
新 疆	107754	9104	18614	25852	15554	31494	7136

3-16 各地区按资质等级分的房地产开发企业90平方米及以下住宅竣工套数

单位：套

地区	总计	一级	二级	三级	四级	暂定	其他
全国总计	**2790429**	**117720**	**523259**	**569329**	**368170**	**1071177**	**140774**
北京	47004	2202	5942	2467	25105	9617	1671
天津	78675		4692	4330	58798	7888	2967
河北	109598	13502	16419	16758	30120	28963	3836
山西	38344	1022	13004	5607	14824	3067	820
内蒙古	60606	257	10798	8548	29892	10673	438
辽宁	175227	1471	16472	50425	2053	92508	12298
吉林	66639	198	11472	17453	14435	21570	1511
黑龙江	95993	3101	17714	42344	7147	21571	4116
上海	93144	3548	8700	12591		65053	3252
江苏	197583	10214	83902	12179	35	74141	17112
浙江	141606	2643	16286	28234	7499	76782	10162
安徽	106731	288	18117	22691	4565	52338	8732
福建	100999	4238	11515	41524	9490	31651	2581
江西	34495	1137	2354	7765	5151	17144	944
山东	162634	9215	18636	19701	26431	77333	11318
河南	113776	6137	20678	14716	8665	55332	8248
湖北	65811	1646	9856	9512	7997	36532	268
湖南	53199	1921	10042	23807	9966	7049	414
广东	183605	5128	15098	35829	45254	71695	10601
广西	68341	13757	3827	18987	3029	28515	226
海南	91050		3976	10962	6947	57838	11327
重庆	262638	16163	82068	24242		137593	2572
四川	191420	8353	42730	93471	2319	38762	5785
贵州	18307		4878	1962	1940	7455	2072
云南	42036	3336	11573	3450	10775	12837	65
西藏	459			40	419		
陕西	95880	1533	40905	17772	19354	4163	12153
甘肃	22415		3890	7022	7113	3750	640
青海	7507		3610	2252	1071	574	
宁夏	25056	3515	6648	3193	1905	9645	150
新疆	39651	3195	7457	9495	5871	9138	4495

3-17　各地区按资质等级分的房地产开发企业别墅、高档公寓竣工套数

单位：套

地　区	总　计	一　级	二　级	三　级	四　级	暂　定	其　他
全国总计	**153900**	**7693**	**24170**	**23726**	**14747**	**74948**	**8616**
北　京	1183				833	350	
天　津	3340			727	680	1762	171
河　北	3524		286	101	2602	535	
山　西	383		149	15	219		
内蒙古	749		180	60	504	5	
辽　宁	5782	135		2568		2568	511
吉　林	6451		2061	24	392	3974	
黑龙江	1057			650		407	
上　海	22154		1615	3057		16338	1144
江　苏	19176	391	5424	1100		10841	1420
浙　江	9906	261	293	2170	1883	4644	655
安　徽	3335	49	290	778	57	1036	1125
福　建	3124		11	602	237	1322	952
江　西	4711		287	297	97	3848	182
山　东	5716	137	170	549	336	3955	569
河　南	4381	2317	889	196		828	151
湖　北	3574		118	389	684	2375	8
湖　南	4957		391	1210	653	2703	
广　东	13401	428	2868	3749	1068	5010	278
广　西	1130		217	56	73	754	30
海　南	7652		2398	176	694	4384	
重　庆	6047	280	2596	1078		2007	86
四　川	5672	355	564	2903	341	432	1077
贵　州	523			194	31	260	38
云　南	5722	376	1277	168	1762	2026	113
西　藏							
陕　西	320			70	4	146	100
甘　肃	42			12		30	
青　海	4				4		
宁　夏	6174	2856	934	219	803	1362	
新　疆	3710	108	1152	608	790	1046	6

3-18 各地区按用途分的房地产开发企业房屋竣工价值

单位：万元

地　区	房　屋 竣工价值	住　宅	#别　墅、 高档公寓	办公楼	商业营 业用房	其　他
全国总计	**315124591**	**214026388**	**12801595**	**18660131**	**45027235**	**37410837**
北　京	6003518	2214253	236447	1409830	920141	1459294
天　津	7413427	4735668	268576	889496	954979	833284
河　北	9713242	7837065	238469	233391	824364	818422
山　西	5294611	3700023	134471	334768	678461	581359
内蒙古	4293141	3066026	37456	107154	756909	363052
辽　宁	8468007	6554332	271197	244897	1149602	519176
吉　林	3358238	2350333	183279	124422	577634	305849
黑龙江	3962224	2715396	125774	111566	801290	333972
上　海	20543056	10204210	2518412	3360233	3219565	3759048
江　苏	34293464	24534282	1986228	1587547	4863351	3308284
浙　江	28097354	18348230	1553160	1940115	3456825	4352184
安　徽	12695968	9076272	295842	708731	1817104	1093861
福　建	13055635	8403779	178248	848144	1318703	2485009
江　西	4412176	3277484	185793	141429	718045	275218
山　东	19874638	14819762	291905	812765	2600283	1641828
河　南	12701690	9394769	162456	393836	1793006	1120079
湖　北	9936766	7326869	308643	397382	1601181	611334
湖　南	10709318	7856011	328031	243113	1576581	1033613
广　东	28719700	19808041	1262365	1502448	3390457	4018754
广　西	5181252	3958877	222666	158678	553562	510135
海　南	5156135	3820582	244746	267071	699739	368743
重　庆	17210136	11022389	507722	919475	3042769	2225503
四　川	15714043	9995926	456039	609735	2741329	2367053
贵　州	2563134	1557218	37030	105264	523805	376847
云　南	6812226	4235428	356117	290239	1216605	1069954
西　藏	83232	54236		5500	23043	453
陕　西	7417738	5753213	41210	273598	1079710	311217
甘　肃	2365232	1737540	1822	95980	360860	170852
青　海	1374764	642175	205	169582	300140	262867
宁　夏	3532018	2283797	201844	217376	652550	378295
新　疆	4168508	2742202	165442	156366	814642	455298

3-19　各地区按资质等级分的房地产开发企业房屋竣工价值

单位：万元

地　区	总　计	一　级	二　级	三　级	四　级	暂　定	其　他
全国总计	**315124591**	**15689017**	**57980249**	**58554315**	**40264587**	**127167787**	**15468636**
北　京	6003518	370426	627439	696702	2691403	1500922	116626
天　津	7413427	144659	904488	355523	4316869	1261924	429964
河　北	9713242	665032	1403456	1380924	2924981	2704745	634104
山　西	5294611	64208	943988	811039	2468778	908244	98354
内蒙古	4293141	573916	517558	547819	2189220	416665	47963
辽　宁	8468007	62272	760579	1866274	107527	5001085	670270
吉　林	3358238	50620	640131	771442	433300	1426548	36197
黑龙江	3962224	199356	807366	1759047	127571	980638	88246
上　海	20543056	356172	1850169	2127136		15774525	435054
江　苏	34293464	1753679	12962566	1499552	40668	15178519	2858480
浙　江	28097354	907628	2751059	5554394	2045004	14672864	2166405
安　徽	12695968	273748	1730117	2840369	512250	6487507	851977
福　建	13055635	585403	2040814	4614273	1083102	4324802	407241
江　西	4412176	228978	420723	931560	601388	2099975	129552
山　东	19874638	1485257	2271061	3321885	2562284	9071809	1162342
河　南	12701690	656533	2219200	1699247	834077	6464713	827920
湖　北	9936766	612844	1366544	1250534	1397974	5246864	62006
湖　南	10709318	701239	1775118	4120841	2132602	1856851	122667
广　东	28719700	1189768	2259588	6369472	7264923	10163583	1472366
广　西	5181252	164580	696353	1371508	271546	2573372	103893
海　南	5156135	376257	272440	604812	261724	2929730	711172
重　庆	17210136	1781682	7568092	1288020	59992	6398859	113491
四　川	15714043	783354	3494536	7484780	227083	3290766	433524
贵　州	2563134		826044	550577	313636	790231	82646
云　南	6812226	317788	1297918	843758	1886391	2376234	90137
西　藏	83232		20434	30398	18500	13900	
陕　西	7417738	142704	2272837	1437976	1892612	685517	986092
甘　肃	2365232	10294	713784	632343	464838	514620	29353
青　海	1374764	76314	589517	385983	171251	151699	
宁　夏	3532018	673557	1188776	547428	437451	655646	29160
新　疆	4168508	480749	787554	858699	525642	1244430	271434

3-20 各地区按资质等级分的房地产开发企业住宅竣工价值

单位：万元

地　区	总　计	一　级	二　级	三　级	四　级	暂　定	其　他
全国总计	**214026388**	**10336826**	**39592451**	**41062444**	**27462719**	**85080771**	**10491177**
北　京	2214253	110580	302394	149853	1191982	412772	46672
天　津	4735668	102140	376845	331501	2679680	843124	402378
河　北	7837065	541763	1095050	1111329	2380012	2089874	619037
山　西	3700023	54962	678424	595565	1673494	600941	96637
内蒙古	3066026	343918	353931	390215	1611409	336023	30530
辽　宁	6554332	56775	629602	1503012	80314	3849290	435339
吉　林	2350333	26616	491781	578968	330727	894878	27363
黑龙江	2715396	137838	523799	1223147	102189	667478	60945
上　海	10204210	182749	1217949	1292787		7307987	202738
江　苏	24534282	1368836	9036413	1195752	31767	11059188	1842326
浙　江	18348230	686019	1938519	4095106	1232421	9261767	1134398
安　徽	9076272	177456	1293907	1963277	377963	4712607	551062
福　建	8403779	435565	1025879	3145385	673035	2890103	233812
江　西	3277484	162809	333157	785120	450930	1468275	77193
山　东	14819762	1041012	1820792	2485276	1873357	6666681	932644
河　南	9394769	449096	1657369	1266834	677919	4808046	535505
湖　北	7326869	455487	1114973	967151	965858	3779723	43677
湖　南	7856011	505925	1428356	3022128	1480233	1329654	89715
广　东	19808041	972055	1528034	4373623	5002193	6954206	977930
广　西	3958877	162152	565103	980401	248529	1914981	87711
海　南	3820582		210179	454709	239094	2301726	614874
重　庆	11022389	872585	4578901	876079	42301	4580376	72147
四　川	9995926	435369	2203907	4826263	159478	2065196	305713
贵　州	1557218		440090	352095	199292	503383	62358
云　南	4235428	226878	778824	388507	1184708	1598970	57541
西　藏	54236		17649	16006	10500	10081	
陕　西	5753213	77231	1853258	1114397	1501717	496299	710311
甘　肃	1737540	9763	503189	486508	321219	394242	22619
青　海	642175	70875	256889	144984	94968	74459	
宁　夏	2283797	382507	788072	346640	302053	437095	27430
新　疆	2742202	287865	549216	599826	343377	771346	190572

3-21 各地区房地产开发企业建造的房屋面积和造价

地 区	房屋施工面积（平方米）	房屋竣工面积（平方米）	房屋竣工价值（万元）	房屋竣工造价（元/平方米）
全国总计	**7814837260**	**1014864099**	**315124591**	**3105**
北 京	124127376	14666675	6003518	4093
天 津	87958217	20234119	7413427	3664
河 北	303183178	34160033	9713242	2843
山 西	164733982	19699186	5294611	2688
内蒙古	158154096	17142379	4293141	2504
辽 宁	259068855	27882815	8468007	3037
吉 林	118873322	14788454	3358238	2271
黑龙江	103284678	16511720	3962224	2400
上 海	153622465	33875601	20543056	6064
江 苏	594642268	95817259	34293464	3579
浙 江	412362362	68841823	28097354	4081
安 徽	391692399	47477129	12695968	2674
福 建	319395539	42666948	13055635	3060
江 西	188067881	18543973	4412176	2379
山 东	635632428	84290627	19874638	2358
河 南	499422944	62017069	12701690	2048
湖 北	305104804	32197235	9936766	3086
湖 南	316911934	40840499	10709318	2622
广 东	724920992	81963364	28719700	3504
广 西	226896159	18562389	5181252	2791
海 南	95673870	12671571	5156135	4069
重 庆	259609900	50557325	17210136	3404
四 川	412948851	56207341	15714043	2796
贵 州	203854306	11716966	2563134	2188
云 南	210853549	24196251	6812226	2815
西 藏	2298457	435651	83232	1911
陕 西	236301030	23920537	7417738	3101
甘 肃	91534617	8479117	2365232	2789
青 海	29367077	4409038	1374764	3118
宁 夏	68367083	13286229	3532018	2658
新 疆	115972641	16804776	4168508	2481

3-22 各地区房地产开发企业建造的住宅面积和造价

地　区	住宅施工面　积(平方米)	住宅竣工面　积(平方米)	住宅竣工价　值(万元)	住宅竣工造　价(元/平方米)
全国总计	**5364439603**	**718151181**	**214026388**	**2980**
北　京	53908905	6040373	2214253	3666
天　津	59110301	14332373	4735668	3304
河　北	232000110	27301312	7837065	2871
山　西	118171176	14138324	3700023	2617
内蒙古	103943893	12651452	3066026	2423
辽　宁	187840029	22143101	6554332	2960
吉　林	83491926	10304598	2350333	2281
黑龙江	74321067	12059412	2715396	2252
上　海	80137991	18627361	10204210	5478
江　苏	435545396	70897973	24534282	3461
浙　江	247600096	43389144	18348230	4229
安　徽	268589855	34249834	9076272	2650
福　建	203787587	28913299	8403779	2907
江　西	136591444	13658618	3277484	2400
山　东	467420589	64064603	14819762	2313
河　南	375180068	47015334	9394769	1998
湖　北	224797869	24337246	7326869	3011
湖　南	227704205	30702843	7856011	2559
广　东	494508219	57840067	19808041	3425
广　西	164538982	14789561	3958877	2677
海　南	69819440	9538573	3820582	4005
重　庆	167479200	33163669	11022389	3324
四　川	262720541	36757602	9995926	2719
贵　州	127896525	7849969	1557218	1984
云　南	135344305	15547040	4235428	2724
西　藏	1325140	266543	54236	2035
陕　西	169586126	18734223	5753213	3071
甘　肃	60878504	6194444	1737540	2805
青　海	17357571	2294452	642175	2799
宁　夏	43469084	8835381	2283797	2585
新　疆	69373459	11512457	2742202	2382

3-23　各地区按用途分的房地产开发企业房屋出租面积

单位：平方米

地　区	房屋出租面积	住宅	#别墅、高档公寓	办公楼	商业营业用房	其他
全国总计	**35791455**	**3027232**	**689058**	**10518725**	**16507004**	**5738494**
北　京	3502890	145788	86547	1291363	1338976	726763
天　津	121218	17233	5013	74785		29200
河　北	74560	683		200	44637	29040
山　西	550803	14271		72668	386474	77390
内蒙古	191921			115000	61921	15000
辽　宁	202683	137769	16705	27051	33981	3882
吉　林	289834			22168	267666	
黑龙江	150639				140970	9669
上　海	16462998	1101527	554336	6924206	5420918	3016347
江　苏	1662756	102497		323347	1061174	175738
浙　江	1387492	69485		441936	709884	166187
安　徽	663441	189914		17352	287156	169019
福　建	912772	53820		25695	677133	156124
江　西	87672				86604	1068
山　东	952002	30795		107888	672159	141160
河　南	295993	76489		12697	153872	52935
湖　北	415212	3300		27868	279335	104709
湖　南	391034	15771	1396	19177	257868	98218
广　东	2754069	246240	21933	523988	1436098	547743
广　西	90514	31691	2236	1426	52631	4766
海　南	397016	7803		46905	331530	10778
重　庆	552939	7757		204061	322112	19009
四　川	810307	120		57791	665639	86757
贵　州	200489			54631	120019	25839
云　南	800685	651904		1695	138772	8314
西　藏						
陕　西	633192			43769	579186	10237
甘　肃	222703			11538	188956	22209
青　海	507				507	
宁　夏	570036	111336		35682	407513	15505
新　疆	443078	11039	892	33838	383313	14888

3-24 各地区按资质等级分的房地产开发企业房屋出租面积

单位：平方米

地区	总计	一级	二级	三级	四级	暂定	其他
全国总计	**35791455**	**3022355**	**6575763**	**4749400**	**3515501**	**14128984**	**3799452**
北京	3502890	329702	464726	338779	1424119	434409	511155
天津	121218		32461	285	74785		13687
河北	74560	5960	32643	8388	19442	7427	700
山西	550803	4169	37726	142792	260933	105183	
内蒙古	191921		31781	140000	9500	10640	
辽宁	202683			40179	28996	133508	
吉林	289834		191320	92087	527	5900	
黑龙江	150639		93367	44187		13085	
上海	16462998	2044649	2566631	1201458	6955	8483615	2159690
江苏	1662756	73904	482675	31923		938819	135435
浙江	1387492	73086	36154	288132	68208	883717	38195
安徽	663441	949		138263	2310	384200	137719
福建	912772		24699	454471	207847	224632	1123
江西	87672		465	12675	5933	68599	
山东	952002	194755	142338	84233	159372	354114	17190
河南	295993		117421	12390	16799	149383	
湖北	415212	17600	68102	9462	106435	44003	169610
湖南	391034		23660	118325	181072	67977	
广东	2754069	12058	550253	960604	421582	400110	409462
广西	90514		27863	8198	11546	40707	2200
海南	397016	46417	50074	25483	20060	225349	29633
重庆	552939	2406	199336	51322		287977	11898
四川	810307	56707	203801	393355	500	108282	47662
贵州	200489		21116	42227	57340	79806	
云南	800685		437363		65633	294539	3150
西藏							
陕西	633192		354631	4132	179841		94588
甘肃	222703		92041	19197	14542	81633	15290
青海	507					507	
宁夏	570036	53125	284161	37110	128222	67418	
新疆	443078	106868	8955	49743	43002	233445	1065

3-25　各地区按资质等级分的房地产开发企业住宅出租面积

单位：平方米

地　区	总　计	一　级	二　级	三　级	四　级	暂　定	其　他
全国总计	**3027232**	**660652**	**555807**	**229563**	**149203**	**1038541**	**393466**
北　京	145788	23883	7770		13016	31725	69394
天　津	17233		3546				13687
河　北	683				683		
山　西	14271			1715	12556		
内蒙古							
辽　宁	137769			16705		121064	
吉　林							
黑龙江							
上　海	1101527	634169	61615	34109	5596	238017	128021
江　苏	102497		17173	4369		80955	
浙　江	69485			54048	37		15400
安　徽	189914			1000		69934	118980
福　建	53820			298	53522		
江　西							
山　东	30795		9681		21114		
河　南	76489		18770			57719	
湖　北	3300	2600				700	
湖　南	15771			1396	14375		
广　东	246240			113989	1959	91188	39104
广　西	31691		16601	1814	8840	2236	2200
海　南	7803		7803				
重　庆	7757					1077	6680
四　川	120			120			
贵　州							
云　南	651904		373404			278500	
西　藏							
陕　西							
甘　肃							
青　海							
宁　夏	111336		38552		7358	65426	
新　疆	11039		892		10147		

3-26 各地区房地产开发企业90平方米及以下住宅开发规模及竣工情况

地　　区	施工面积(平方米)	新开工面积(平方米)	竣工面积(平方米)	不可销售面积(平方米)	竣工套数(套)	出租面积(平方米)
全国总计	**1521604808**	**276875441**	**210800404**	**10494857**	**2790429**	**1675349**
北　京	31504087	6894278	3261842	483327	47004	25133
天　津	21253264	4354001	6038576	2553	78675	
河　北	76592272	16856326	8720133	202576	109598	683
山　西	26460041	4307297	3049990	577998	38344	10085
内蒙古	26493223	3450519	4244137	153740	60606	
辽　宁	95703699	13815014	12723398	390379	175227	30497
吉　林	39342512	7002244	4892942	790971	66639	
黑龙江	40650384	7976491	7127482	1220585	95993	
上　海	35742569	7254091	7046118	154227	93144	379309
江　苏	98081467	16835485	15491930	394563	197583	15648
浙　江	53639336	12003015	11266114	695516	141606	53811
安　徽	68926088	11446485	8487267	303284	106731	118980
福　建	56609137	9523531	7646246	329740	100999	53820
江　西	23498785	4537058	2660230	36186	34495	
山　东	99922284	13496272	12994229	265418	162634	29536
河　南	98441520	24496028	8995469	219257	113776	32515
湖　北	53269219	9464071	5190840	160305	65811	2600
湖　南	33566572	5843099	3840681	69992	53199	5830
广　东	123269301	20783823	13955907	246551	183605	118238
广　西	40131190	7756793	4602426	405567	68341	27255
海　南	38347144	9575693	6123163	66058	91050	3560
重　庆	78474983	14210519	18832536	130020	262638	7757
四　川	101434651	22514281	14770053	217198	191420	
贵　州	27466601	3647719	1308602	2365	18307	
云　南	32295480	5089570	3079524	610598	42036	651904
西　藏	226737	37780	38862		459	
陕　西	51984352	6501306	7212095	1589457	95880	
甘　肃	16336775	2268789	1777669	147739	22415	
青　海	4234856	636434	603529	5726	7507	
宁　夏	9796783	1125446	1769712	451370	25056	108188
新　疆	17909496	3171983	3048702	171591	39651	

3-27　各地区按用途分的房地产开发企业商品房销售面积

单位：平方米

地　区	商品房销售面积	住　宅	#别　墅、高档公寓	办公楼	商业营业用房	其　他
全国总计	**1694078154**	**1447887688**	**47434423**	**47562078**	**128381362**	**70247026**
北　京	8699521	6087804	888025	1083430	746275	782012
天　津	14821233	13428690	750912	432824	774212	185507
河　北	64259101	55769915	932174	1441069	4961271	2086846
山　西	24159189	22462784	300175	426032	807331	463042
内蒙古	20676035	17261647	269070	486292	1764277	1163819
辽　宁	41484528	37970480	841261	365488	2272508	876052
吉　林	18852075	16020643	340904	511540	1761733	558159
黑龙江	22558104	18681422	277607	455829	2527381	893472
上　海	16916016	13416197	2120445	1241048	793270	1465501
江　苏	142111218	124866631	6792594	3859670	9677218	3707699
浙　江	95996733	76696987	4120079	4934779	6983748	7381219
安　徽	92007052	79492796	1073928	1794653	8719989	1999614
福　建	58540463	45261290	1461360	3542511	4122583	5614079
江　西	58419302	49649702	1080812	1406920	5736656	1626024
山　东	128131810	112010436	2389424	2733625	8238668	5149081
河　南	133138881	117072575	943365	2368966	11482430	2214910
湖　北	81552080	73636717	1571353	1766525	4832705	1316133
湖　南	85322520	73682662	1652612	1477730	7146903	3015225
广　东	159588108	135225139	5432510	6594047	8857432	8911490
广　西	51709860	46874089	660265	815693	2219363	1800715
海　南	22926075	21731231	2178555	181005	684205	329634
重　庆	67110048	54526452	3256395	1684711	6343738	4555147
四　川	108690664	87866075	2531517	2992865	10044218	7787506
贵　州	46968981	38976516	934059	1129979	5732159	1130327
云　南	43271836	34844905	2929378	1105803	4180761	3140367
西　藏	532526	449572		21363	61591	
陕　西	38903972	34198386	822697	1531058	2253111	921417
甘　肃	15595147	13860366	127027	292459	1068357	373965
青　海	4940392	3995736	4132	269787	582754	92115
宁　夏	10213567	8702805	248924	162933	1037695	310134
新　疆	15981117	13167038	502864	451444	1966820	395815

3-28 各地区按资质等级分的房地产开发企业商品房销售面积

单位：平方米

地区	总计	一级	二级	三级	四级	暂定	其他
全国总计	**1694078154**	**62019248**	**259366978**	**318411922**	**207208194**	**741985349**	**105086463**
北京	8699521	957131	545326	533839	3088933	3399233	175059
天津	14821233	292035	1324083	518522	8854329	3483897	348367
河北	64259101	3559152	9120603	12046867	18455630	19834889	1241960
山西	24159189	970312	2996199	3700481	10343169	5934761	214267
内蒙古	20676035	894038	2089906	3059794	11368698	3080371	183228
辽宁	41484528	857856	3881351	9325368	477990	23207126	3734837
吉林	18852075	923154	3900798	3292882	2254310	8328220	152711
黑龙江	22558104	490252	6121612	9615597	979977	4593706	756960
上海	16916016	860502	1711184	1891555		11425075	1027700
江苏	142111218	6213236	45017066	4788557	128071	72063940	13900348
浙江	95996733	2487030	7034862	16856134	6597387	48198356	14822964
安徽	92007052	1588763	9237363	17120445	2595753	55785420	5679308
福建	58540463	1299918	5565696	17405178	4416391	27160797	2692483
江西	58419302	904099	3497440	11408686	6849336	32459166	3300575
山东	128131810	8358365	14807680	18532705	17766244	60489920	8176896
河南	133138881	4520031	19818611	16867799	7907608	72343870	11680962
湖北	81552080	3400202	12602451	11425285	10956623	41613949	1553570
湖南	85322520	2600614	11865227	30530445	17295645	20882191	2148398
广东	159588108	3164876	6809787	25426448	33747664	75258018	15181315
广西	51709860	1978721	6491078	7722605	2703343	30610744	2203369
海南	22926075	412551	828206	2670883	2762285	14656870	1595280
重庆	67110048	3877476	27460212	7641873	289314	26737264	1103909
四川	108690664	4532428	24258050	55510978	708667	19401057	4279484
贵州	46968981	114648	9082045	8573105	6010677	21413040	1775466
云南	43271836	1578445	6062029	4108341	13788334	15751143	1983544
西藏	532526		82464	169148	172760	74076	34078
陕西	38903972	1471116	7808623	6573085	10150019	8787513	4113616
甘肃	15595147	1056911	1903073	4302111	2799145	5448820	85087
青海	4940392	326019	1831520	1447576	684234	549625	101418
宁夏	10213567	1467091	3786595	1688680	1012211	1999398	259592
新疆	15981117	862276	1825838	3656950	2043447	7012894	579712

3-29　各地区按用途分的房地产开发企业商品房现房销售面积

单位：平方米

地　　区	现房销售面　　积	住　宅	#别　　墅、高档公寓	办公楼	商业营业用房	其　他
全国总计	**399947672**	**312436414**	**12007993**	**14696808**	**44902483**	**27911967**
北　　京	3581217	2277513	386430	446827	315715	541162
天　　津	3125362	2314299	170830	319949	399033	92081
河　　北	17677797	14668103	247797	736186	1489678	783830
山　　西	8202108	7375960	13627	136970	408651	280527
内 蒙 古	10051238	7852253	89923	127915	1200457	870613
辽　　宁	14424327	12920761	354997	113022	1033575	356969
吉　　林	6557651	5270802	68892	82436	871334	333079
黑 龙 江	11690608	9062417	141016	165952	1802657	659582
上　　海	8125440	5793901	591942	705176	565693	1060670
江　　苏	36299108	29627339	2010145	1432869	3660920	1577980
浙　　江	21917422	15201451	1392947	2027307	2740779	1947885
安　　徽	14954660	10581563	195981	628088	3032507	712502
福　　建	9934121	6563189	340138	668013	1370336	1332583
江　　西	11387133	9219458	235078	368908	1151216	647551
山　　东	28191961	22370731	398289	1096828	2994118	1730284
河　　南	34682744	29306637	122832	471987	4108443	795677
湖　　北	18764860	15777633	336122	602088	1959629	425510
湖　　南	19238330	15288001	465279	514357	2129965	1306007
广　　东	32931241	24134633	1661130	1511398	2733561	4551649
广　　西	7607189	6742197	61914	115679	476179	273134
海　　南	8056595	7745152	565106	112537	103741	95165
重　　庆	13014959	8172002	268928	608349	1800583	2434025
四　　川	18816523	12141035	500955	599173	3056692	3019623
贵　　州	7782270	5749981	116220	325386	1348875	358028
云　　南	11162777	8447820	959567	211412	1482677	1020868
西　　藏	207797	170651			37146	
陕　　西	6070176	4923113	65827	303458	655742	187863
甘　　肃	4593937	4033485	9209	52129	391347	116976
青　　海	1318938	1121845		51653	133171	12269
宁　　夏	3978765	3148593	89882	33890	611491	184791
新　　疆	5600418	4433896	146990	126866	836572	203084

3-30 各地区按资质等级分的房地产开发企业商品房现房销售面积

单位：平方米

地区	总计	一级	二级	三级	四级	暂定	其他
全国总计	**399947672**	**15291649**	**71145558**	**87902982**	**61322920**	**143281024**	**21003539**
北京	3581217	532948	415274	374070	1661047	542094	55784
天津	3125362	216491	227587	165341	2195943	253882	66118
河北	17677797	460633	3571665	3055113	5270225	5219066	101095
山西	8202108	802468	1092748	1515777	3714019	949378	127718
内蒙古	10051238	646571	1003706	1919135	4929843	1450517	101466
辽宁	14424327	186247	1377434	3779721	427475	7801437	852013
吉林	6557651	102513	1245168	1465667	1362647	2335683	45973
黑龙江	11690608	126445	3795892	5066710	735911	1705603	260047
上海	8125440	52301	1161635	1669067		4760373	482064
江苏	36299108	2459853	14433576	1901654	98618	14357240	3048167
浙江	21917422	753271	2209978	5240507	2639988	9639392	1434286
安徽	14954660	254769	2463614	3802147	623876	7326368	483886
福建	9934121	424858	1054667	4109590	1075971	2369295	899740
江西	11387133	161268	702547	2933065	1281866	5746973	561414
山东	28191961	1797414	4182068	4522611	4463379	11379168	1847321
河南	34682744	1328729	3580569	4714252	3183174	18336021	3539999
湖北	18764860	700407	3258826	3483581	3583985	7470845	267216
湖南	19238330	366648	2831497	7802643	3906312	3766744	564486
广东	32931241	887671	1911741	7648068	9150611	10452409	2880741
广西	7607189	38868	815757	1749400	540622	3996056	466486
海南	8056595	70985	461630	938446	1334745	4610202	640587
重庆	13014959	794920	6522571	1592358	5807	3924840	174463
四川	18816523	688969	4351213	9481938	232370	3765455	296578
贵州	7782270	7559	1313987	1577147	1714482	2683127	485968
云南	11162777	373934	1403468	1183408	3086109	4569570	546288
西藏	207797		23084	62324	34791	53520	34078
陕西	6070176	143808	1660540	1562259	1643084	448872	611613
甘肃	4593937	163615	648173	1435447	1168018	1120835	57849
青海	1318938	48072	646473	333581	251964	31618	7230
宁夏	3978765	564882	1966367	876394	339864	222679	8579
新疆	5600418	134532	812103	1941561	666174	1991762	54286

3-31　各地区按用途分的房地产开发企业商品房期房销售面积

单位：平方米

地　区	期房销售面积	住　宅	#别　墅、高档公寓	办公楼	商业营业用房	其　他
全国总计	**1294130482**	**1135451274**	**35426430**	**32865270**	**83478879**	**42335059**
北　京	5118304	3810291	501595	636603	430560	240850
天　津	11695871	11114391	580082	112875	375179	93426
河　北	46581304	41101812	684377	704883	3471593	1303016
山　西	15957081	15086824	286548	289062	398680	182515
内蒙古	10624797	9409394	179147	358377	563820	293206
辽　宁	27060201	25049719	486264	252466	1238933	519083
吉　林	12294424	10749841	272012	429104	890399	225080
黑龙江	10867496	9619005	136591	289877	724724	233890
上　海	8790576	7622296	1528503	535872	227577	404831
江　苏	105812110	95239292	4782449	2426801	6016298	2129719
浙　江	74079311	61495536	2727132	2907472	4242969	5433334
安　徽	77052392	68911233	877947	1166565	5687482	1287112
福　建	48606342	38698101	1121222	2874498	2752247	4281496
江　西	47032169	40430244	845734	1038012	4585440	978473
山　东	99939849	89639705	1991135	1636797	5244550	3418797
河　南	98456137	87765938	820533	1896979	7373987	1419233
湖　北	62787220	57859084	1235231	1164437	2873076	890623
湖　南	66084190	58394661	1187333	963373	5016938	1709218
广　东	126656867	111090506	3771380	5082649	6123871	4359841
广　西	44102671	40131892	598351	700014	1743184	1527581
海　南	14869480	13986079	1613449	68468	580464	234469
重　庆	54095089	46354450	2987467	1076362	4543155	2121122
四　川	89874141	75725040	2030562	2393692	6987526	4767883
贵　州	39186711	33226535	817839	804593	4383284	772299
云　南	32109059	26397085	1969811	894391	2698084	2119499
西　藏	324729	278921		21363	24445	
陕　西	32833796	29275273	756870	1227600	1597369	733554
甘　肃	11001210	9826881	117818	240330	677010	256989
青　海	3621454	2873891	4132	218134	449583	79846
宁　夏	6234802	5554212	159042	129043	426204	125343
新　疆	10380699	8733142	355874	324578	1130248	192731

3-32 各地区按资质等级分的房地产开发企业商品房期房销售面积

单位：平方米

地区	总计	一级	二级	三级	四级	暂定	其他
全国总计	**1294130482**	**46727599**	**188221420**	**230508940**	**145885274**	**598704325**	**84082924**
北京	5118304	424183	130052	159769	1427886	2857139	119275
天津	11695871	75544	1096496	353181	6658386	3230015	282249
河北	46581304	3098519	5548938	8991754	13185405	14615823	1140865
山西	15957081	167844	1903451	2184704	6629150	4985383	86549
内蒙古	10624797	247467	1086200	1140659	6438855	1629854	81762
辽宁	27060201	671609	2503917	5545647	50515	15405689	2882824
吉林	12294424	820641	2655630	1827215	891663	5992537	106738
黑龙江	10867496	363807	2325720	4548887	244066	2888103	496913
上海	8790576	808201	549549	222488		6664702	545636
江苏	105812110	3753383	30583490	2886903	29453	57706700	10852181
浙江	74079311	1733759	4824884	11615627	3957399	38558964	13388678
安徽	77052392	1333994	6773749	13318298	1971877	48459052	5195422
福建	48606342	875060	4511029	13295588	3340420	24791502	1792743
江西	47032169	742831	2794893	8475621	5567470	26712193	2739161
山东	99939849	6560951	10625612	14010094	13302865	49110752	6329575
河南	98456137	3191302	16238042	12153547	4724434	54007849	8140963
湖北	62787220	2699795	9343625	7941704	7372638	34143104	1286354
湖南	66084190	2233966	9033730	22727802	13389333	17115447	1583912
广东	126656867	2277205	4898046	17778380	24597053	64805609	12300574
广西	44102671	1939853	5675321	5973205	2162721	26614688	1736883
海南	14869480	341566	366576	1732437	1427540	10046668	954693
重庆	54095089	3082556	20937641	6049515	283507	22812424	929446
四川	89874141	3843459	19906837	46029040	476297	15635602	3982906
贵州	39186711	107089	7768058	6995958	4296195	18729913	1289498
云南	32109059	1204511	4658561	2924933	10702225	11181573	1437256
西藏	324729		59380	106824	137969	20556	
陕西	32833796	1327308	6148083	5010826	8506935	8338641	3502003
甘肃	11001210	893296	1254900	2866664	1631127	4327985	27238
青海	3621454	277947	1185047	1113995	432270	518007	94188
宁夏	6234802	902209	1820228	812286	672347	1776719	251013
新疆	10380699	727744	1013735	1715389	1377273	5021132	525426

3-33 各地区按资质等级分的房地产开发企业商品住宅销售面积

单位：平方米

地 区	总 计	一 级	二 级	三 级	四 级	暂 定	其 他
全国总计	**1447887688**	**53266991**	**223465039**	**270756547**	**177313873**	**635224700**	**87860538**
北 京	6087804	789297	432971	337495	2075242	2341336	111463
天 津	13428690	281750	1206706	470221	7993443	3184985	291585
河 北	55769915	3416530	8077613	10432840	15934824	16739826	1168282
山 西	22462784	925303	2750289	3510185	9525961	5557069	193977
内蒙古	17261647	692102	1697272	2446412	9719409	2552671	153781
辽 宁	37970480	752040	3589774	8247322	471107	21407742	3502495
吉 林	16020643	807522	3407330	2796137	1925188	6954580	129886
黑龙江	18681422	418942	5054586	7918514	784895	3860679	643806
上 海	13416197	832356	1443109	1548120		8917633	674979
江 苏	124866631	5722548	40106099	4124918	116525	62875717	11920824
浙 江	76696987	2092313	5877801	14248013	5458107	37073407	11947346
安 徽	79492796	1273956	7777112	14414616	2218970	48921499	4886643
福 建	45261290	549216	4738916	13832363	3283578	20855881	2001336
江 西	49649702	858571	3091381	10068501	5664837	27123815	2842597
山 东	112010436	7126794	13350349	16426536	15625837	52610578	6870342
河 南	117072575	4200835	17807424	15360403	6924985	63284809	9494119
湖 北	73636717	3165119	10933874	10545708	10073060	37562092	1356864
湖 南	73682662	2091101	10273482	26457039	14803357	18197176	1860507
广 东	135225139	2785609	5696511	21526956	28370569	64655807	12189687
广 西	46874089	1799146	5775201	7137235	2484307	27635708	2042492
海 南	21731231	384581	809461	2565349	2686788	13744070	1540982
重 庆	54526452	2746969	22198044	6168917	208483	22270208	933831
四 川	87866075	3493950	19882053	44748078	586836	15758870	3396288
贵 州	38976516	105194	7749180	7066306	5003582	17658726	1393528
云 南	34844905	1336167	4959312	3015176	11036661	12862418	1635171
西 藏	449572		69466	164907	131678	49744	33777
陕 西	34198386	1310100	6674082	5901228	8776331	7813527	3723118
甘 肃	13860366	1003201	1698182	3915478	2487046	4675784	80675
青 海	3995736	315432	1544748	1036745	563109	436289	99413
宁 夏	8702805	1249406	3189922	1406182	818938	1789358	248999
新 疆	13167038	740941	1602789	2918647	1560220	5852696	491745

3-34 各地区按资质等级分的房地产开发企业90平方米及以下住宅销售面积

单位：平方米

地区	总计	一级	二级	三级	四级	暂定	其他
全国总计	**325061924**	**13730740**	**52321047**	**62099866**	**36288776**	**141865014**	**18756481**
北京	2696338	321468	167208	192519	785917	1224922	4304
天津	3605617	166209	386779	18364	2440100	524524	69641
河北	15376185	1236643	1937947	3641472	3942185	4317084	300854
山西	3583248	324630	407928	525947	1522872	778750	23121
内蒙古	4613498	22427	485739	599775	2403495	1086014	16048
辽宁	18770156	202639	1468610	3950857	282120	11219853	1646077
吉林	6960319	404570	1347719	1046332	1110043	2976299	75356
黑龙江	8817326	76211	1956716	4362618	540870	1562908	318003
上海	5625625	775548	544842	516476		3532241	256518
江苏	19076626	1492306	6450981	740660	9547	8489824	1893308
浙江	12779112	234366	1143455	2130653	757910	6253083	2259645
安徽	11163218	113552	1437653	2033399	208632	6468897	901085
福建	8918750	121409	1498992	2442124	780271	3855246	220708
江西	6697396	102805	334407	1240108	821661	3920444	277971
山东	18707570	865957	1891123	2471047	2991879	9264203	1223361
河南	24794608	922784	3264034	2665311	1202485	15403279	1336715
湖北	12858361	792466	1999183	1499497	1266314	7108135	192766
湖南	7963068	248173	1801146	2865828	1392945	1580104	74872
广东	26838128	707627	968002	3438498	5269811	13428579	3025611
广西	8921284	249193	819759	1345454	534516	5532741	439621
海南	13672187	126509	344647	1207978	2051526	8874738	1066789
重庆	24268097	1377473	9365271	2745431	42855	10154940	582127
四川	31549038	1568584	7598850	15470559	205192	5653016	1052837
贵州	6781072	10827	1092885	1094096	1198411	3228058	156795
云南	6107164	488791	1218724	336218	1929564	1910049	223818
西藏	148155		2844	95247	33182	14238	2644
陕西	6450862	191577	1131154	1263659	1598188	1335410	930874
甘肃	2882569	217541	263048	938218	618727	794036	50999
青海	440142	57487	171793	143633	27510	25312	14407
宁夏	1069013	189124	353891	221919	90367	213712	
新疆	2927192	121844	465717	855969	229681	1134375	119606

3-35　各地区按资质等级分的房地产开发企业144平方米以上住宅销售面积

单位：平方米

地　区	总　计	一　级	二　级	三　级	四　级	暂　定	其　他
全国总计	**210593341**	**8640551**	**33801646**	**38067157**	**27489000**	**89561532**	**13033455**
北　京	1989731	196489	118732	103091	848850	625809	96760
天　津	2128883	16440	148349	211860	1253953	467963	30318
河　北	7235130	361206	1107647	1539557	2198946	1975930	51844
山　西	4045352	236128	304418	650147	1746005	1038264	70390
内蒙古	2946181	327701	434557	408763	1412046	338115	24999
辽　宁	3799326	112272	424143	789037	47543	2140042	286289
吉　林	2161611	28269	769370	191035	157542	997055	18340
黑龙江	2628288	90265	1107224	802498	16919	568640	42742
上　海	1878036	45532	174258	140775		1359451	158020
江　苏	20959901	1067951	6580143	820506	17431	10890625	1583245
浙　江	17040101	755955	1439587	3056334	1159968	8155257	2473000
安　徽	5396470	81868	581395	954978	130912	3348170	299147
福　建	5711293	123724	554990	2204599	458569	2132322	237089
江　西	4824479	58054	477675	1146526	419499	2251543	471182
山　东	17743787	1184389	3104798	2499008	1985774	8096984	872834
河　南	17659870	709271	3294235	2134689	867757	8714719	1939199
湖　北	6357581	416232	760484	822470	613136	3617867	127392
湖　南	12499356	347756	1469379	4899213	2204287	3252692	326029
广　东	26884252	721346	1480286	6149136	5345995	11259272	1928217
广　西	6115962	96253	858267	998268	402399	3528789	231986
海　南	2299447	210987	79241	236450	221424	1461618	89727
重　庆	5279664	111410	2398656	371057	9052	2369695	19794
四　川	6833980	214878	1552352	3377625	20987	1327029	341109
贵　州	5767242	27830	1638068	697149	404731	2681369	318095
云　南	9663844	286999	895421	931396	3323199	3830483	396346
西　藏	130505		42405	30404	47886		9810
陕　西	5451907	181133	1032155	811112	1450056	1496893	480558
甘　肃	1434123	69590	186032	321427	244024	612455	595
青　海	638676	80086	173273	114428	187826	38376	44687
宁　夏	1271483	282636	436359	145359	104250	302277	602
新　疆	1816880	197901	177747	508260	188034	681828	63110

3-36 各地区按资质等级分的房地产开发企业别墅、高档公寓销售面积

单位：平方米

地区	总计	一级	二级	三级	四级	暂定	其他
全国总计	**47434423**	**1468155**	**7266517**	**8425039**	**5537844**	**21436321**	**3300547**
北京	888025	132791	31914	33107	440706	247843	1664
天津	750912	12997	21014	29088	590816	81089	15908
河北	932174	143359	128706	112785	291092	256232	
山西	300175	6189	10116	45623	33136	205111	
内蒙古	269070	292	37913	34927	158007	37931	
辽宁	841261		104092	220896	21014	301852	193407
吉林	340904		148824	5054	6006	167229	13791
黑龙江	277607	4860	65826	116674		42781	47466
上海	2120445	36201	92827	116641		1708921	165855
江苏	6792594	162096	1890579	411866	16217	3736613	575223
浙江	4120079	96950	260591	1057183	323689	1915160	466506
安徽	1073928	31189	209334	347070	13651	390299	82385
福建	1461360	38495	82557	419222	185422	683658	52006
江西	1080812		44706	189763	121627	659216	65500
山东	2389424	131000	167975	333901	152355	1522161	82032
河南	943365	34189	182326	221409	6550	377216	121675
湖北	1571353	33989	161558	237599	162690	928854	46663
湖南	1652612	60701	132021	591779	312893	553390	1828
广东	5432510	138098	90059	1387062	1212451	2086015	518825
广西	660265	26756	88152	64901	71470	402379	6607
海南	2178555		8904	645964	183423	1208852	131412
重庆	3256395	20717	1580860	330568		1291871	32379
四川	2531517	82629	566411	1074686	7224	270713	529854
贵州	934059	1309	137433	92890	10333	684322	7772
云南	2929378	145816	524140	140118	1063812	959806	95686
西藏							
陕西	822697		366179	32989	102564	318199	2766
甘肃	127027	1250	241	446	1205	123885	
青海	4132			4132			
宁夏	248924	111068	59293	16234	5675	56654	
新疆	502864	15214	71966	110462	43816	218069	43337

3-37　各地区按资质等级分的房地产开发企业办公楼销售面积

单位：平方米

地　区	总　计	一　级	二　级	三　级	四　级	暂　定	其　他
全国总计	**47562078**	**1836230**	**7040446**	**6853803**	**5564677**	**22076920**	**4190002**
北　京	1083430	59325	27082	99991	451344	437769	7919
天　津	432824	6294	48525	261	278657	91927	7160
河　北	1441069	2541	390534	242485	434217	370292	1000
山　西	426032	2884	50318	37235	208287	127308	
内蒙古	486292		75262	31457	291350	86000	2223
辽　宁	365488	53388		95331		197688	19081
吉　林	511540	4929	87831	93238	7135	318407	
黑龙江	455829	8380	71310	223025		148416	4698
上　海	1241048		64474	60601		971077	144896
江　苏	3859670	102491	967084	79674	201	2237199	473021
浙　江	4934779	31643	176097	518865	296038	2879576	1032560
安　徽	1794653	67178	107525	390664	9835	1114911	104540
福　建	3542511	275643	334214	692729	322397	1716840	200688
江　西	1406920		56518	119593	84566	1109405	36838
山　东	2733625	249077	237373	157022	280641	1406162	403350
河　南	2368966	32897	561652	189170	118752	1295834	170661
湖　北	1766525	93460	451575	247606	35176	936363	2345
湖　南	1477730	129781	329657	528898	303913	184400	1081
广　东	6594047	11677	120266	618823	1249155	3581797	1012329
广　西	815693	11180	138522	17322	30492	544030	74147
海　南	181005	20057	2563	2235	4349	151801	
重　庆	1684711	265553	706830	23969	16654	658303	13402
四　川	2992865	139802	548978	1628195	9769	471614	194507
贵　州	1129979		448535	194670	73600	284532	128642
云　南	1105803	114686	189671	216808	453026	77659	53953
西　藏	21363				21363		
陕　西	1531058	103816	424868	156866	465608	279228	100672
甘　肃	292459	14432	86087	52569	25909	113462	
青　海	269787		138453	60216	45736	25382	
宁　夏	162933	20473	112859	12733	15473	1395	
新　疆	451444	14643	85783	61552	31034	258143	289

3-38 各地区按资质等级分的房地产开发企业商业营业用房销售面积

单位：平方米

地　区	总　计	一　级	二　级	三　级	四　级	暂　定	其　他
全国总计	**128381362**	**2939801**	**17021382**	**25633133**	**16464728**	**57834520**	**8487798**
北　京	746275	22979	15333	32629	277806	392897	4631
天　津	774212	3312	61993	34500	505576	158460	10371
河　北	4961271	72649	382562	916401	1399040	2149651	40968
山　西	807331	21304	117335	123884	344581	179937	20290
内蒙古	1764277	21933	182839	408288	925740	215276	10201
辽　宁	2272508	51951	222585	604693	5389	1216104	171786
吉　林	1761733	55072	320457	278947	275586	810399	21272
黑龙江	2527381	40018	802375	1020444	144039	417861	102644
上　海	793270		82846	68825		574044	67555
江　苏	9677218	230971	2756287	483369	8483	5037619	1160489
浙　江	6983748	99904	369436	883069	580894	4071002	979443
安　徽	8719989	58455	1018972	1971784	318834	4721542	630402
福　建	4122583	133941	168493	1177742	362868	2103906	175633
江　西	5736656	44006	300130	804874	851337	3384712	351597
山　东	8238668	335147	654471	1115125	1230738	4396526	506661
河　南	11482430	242791	1092989	1044747	679997	6721084	1700822
湖　北	4832705	119884	900188	403736	814930	2456503	137464
湖　南	7146903	196373	762822	2526651	1541654	1927593	191810
广　东	8857432	97249	347119	1416193	2221049	3765372	1010450
广　西	2219363	93738	170822	354516	98401	1430467	71419
海　南	684205	2913	12324	92588	35212	490786	50382
重　庆	6343738	417275	2207352	993301	7733	2633680	84397
四　川	10044218	306634	1693703	5550535	72965	2129043	291338
贵　州	5732159	8485	756452	1101175	712898	2935297	217852
云　南	4180761	39338	362816	503841	1445344	1641975	187447
西　藏	61591		12998	4241	19719	24332	301
陕　西	2253111	34963	550244	380619	724515	371882	190888
甘　肃	1068357	37301	65987	251696	227510	481451	4412
青　海	582754	10587	148319	283083	71468	67292	2005
宁　夏	1037695	73582	388155	242433	144744	183261	5520
新　疆	1966820	67046	92978	559204	415678	744566	87348

3-39 各地区按用途分的房地产开发企业商品房销售额

单位：万元

地区	商品房销售额	住宅	#别墅、高档公寓	办公楼	商业营业用房	其他
全国总计	**1337013064**	**1102395075**	**70984330**	**64413587**	**132527114**	**37677288**
北京	27960252	20770062	4433551	3742111	2714196	733883
天津	22723026	20329254	1347991	793217	1338666	261889
河北	46283731	39253674	955743	1489167	4522193	1018697
山西	13574775	12258970	327161	375314	743660	196831
内蒙古	9568096	7316920	182499	337969	1374937	538270
辽宁	27716944	24522296	935599	399941	2224201	570506
吉林	11351765	9208487	353066	399589	1459292	284397
黑龙江	14597226	11344722	334698	521644	2203937	526923
上海	40266714	33360924	11534913	3940736	2082287	882767
江苏	130668523	113258407	9516217	4216108	11257982	1936026
浙江	123399916	103003358	6501085	6741289	9711732	3943537
安徽	58657695	48785611	959228	1447684	7656870	767530
福建	57051918	42019950	2273499	6220578	5062262	3749128
江西	35925237	28796563	840084	1207436	5052976	868262
山东	80969720	68916528	2598797	2675375	7247098	2130719
河南	71293961	58976849	957970	2263442	8793054	1260616
湖北	62589196	53803103	1419990	2556909	5216462	1012722
湖南	44606596	35707612	1336806	1344925	6344547	1209512
广东	187927603	154378898	9003345	13947392	12868980	6732333
广西	30166388	26357435	590624	778138	2121672	909143
海南	27137184	24731801	3923084	313750	1294351	797282
重庆	45578543	36015634	3617028	1621252	6296559	1645098
四川	67571094	51736009	2819698	2706079	10298104	2830902
贵州	22407650	16233707	823815	753398	4998120	422425
云南	25611899	19737240	1814267	888909	3514361	1471389
西藏	352842	251926		12386	88530	
陕西	26610776	22151693	896486	1610517	2335919	512647
甘肃	8903073	7382204	119444	409913	944282	166674
青海	2964953	2117069	5426	216501	596426	34957
宁夏	4641311	3692975	165728	132285	706708	109343
新疆	7934457	5975194	396488	349633	1456750	152880

3-40 各地区按资质等级分的房地产开发企业商品房销售额

单位：万元

地　区	总　计	一　级	二　级	三　级	四　级	暂　定	其　他
全国总计	**1337013064**	**55476873**	**184344611**	**212533357**	**147420755**	**630247979**	**106989489**
北　京	27960252	3020104	1067682	1357041	9427553	12145421	942451
天　津	22723026	278835	1670511	717126	12788740	6681357	586457
河　北	46283731	2900539	5780436	7947989	12545153	16444880	664734
山　西	13574775	412253	1534772	1622243	5489787	4388715	127005
内蒙古	9568096	498739	973411	1368182	5166262	1495057	66445
辽　宁	27716944	590502	2217523	5838772	153714	16076903	2839530
吉　林	11351765	655788	2503300	1671986	1066065	5344688	109938
黑龙江	14597226	425602	4089831	5732995	316769	3452430	579599
上　海	40266714	969992	3435868	2690734		29697644	3472476
江　苏	130668523	5352245	38029123	3621390	59213	69838096	13768456
浙　江	123399916	2995524	7283111	19412232	5795413	62991260	24922376
安　徽	58657695	1188326	5862285	9957759	1359003	35485258	4805064
福　建	57051918	2399960	5632010	14765915	5120562	26325220	2808251
江　西	35925237	694069	2152751	6203507	3930101	20883994	2060815
山　东	80969720	4879400	8662002	9984302	8971801	43199777	5272438
河　南	71293961	2582585	10132400	8230633	3257606	41332361	5758376
湖　北	62589196	3670674	11588825	7052833	4500609	34576404	1199851
湖　南	44606596	1952585	6789680	15002593	8917842	10997363	946533
广　东	187927603	8434500	7821263	27923046	35064874	85889666	22794254
广　西	30166388	1139299	4217118	3563582	1123111	19046453	1076825
海　南	27137184	493171	725396	3856666	2942125	17365405	1754421
重　庆	45578543	2659734	19413139	3524760	205276	18960138	815496
四　川	67571094	2905194	14388536	34960447	381476	11042070	3893371
贵　州	22407650	74097	4872976	4084069	2316132	10319367	741009
云　南	25611899	1230926	3673760	1964844	7327926	10102938	1311505
西　藏	352842		59888	95009	100072	70552	27321
陕　西	26610776	1073720	4681795	3927866	6302005	7449973	3175417
甘　肃	8903073	511174	1189514	2408625	1107819	3650618	35323
青　海	2964953	218825	1198620	878797	372460	242709	53542
宁　夏	4641311	767340	1732343	613658	451199	998777	77994
新　疆	7934457	501171	964742	1553756	860087	3752485	302216

3-41　各地区按用途分的房地产开发企业商品房现房销售额

单位：万元

地　区	现　房销售额	住　宅	#别　墅、高档公寓	办公楼	商业营业用房	其　他
全国总计	**262859184**	**190882467**	**17634028**	**18427445**	**40346898**	**13202374**
北　京	8902012	6660312	1818741	1159955	651708	430037
天　津	4184803	2907469	295027	551056	610943	115335
河　北	11441506	9404707	289826	665362	1083283	288154
山　西	3265016	2839335	14791	85539	268880	71262
内蒙古	4305681	2942624	52499	81816	894225	387016
辽　宁	8624358	7391615	329937	135643	885378	211722
吉　林	2932625	2187921	44002	47221	545976	151507
黑龙江	6242363	4413327	177513	130303	1317560	381173
上　海	12516448	8568004	3221661	1975984	1378839	593621
江　苏	24485852	18760075	2639763	1230524	3755617	739636
浙　江	23021334	16147395	1848794	2507944	3390901	975094
安　徽	7852951	4528605	126341	444414	2604896	275036
福　建	7853213	4545966	547089	1146237	1275820	885190
江　西	5983504	4481999	152661	285734	941358	274413
山　东	15252733	11293009	398174	1057399	2208113	694212
河　南	13705483	10489572	80486	416959	2506815	292137
湖　北	10767937	7839357	309942	828636	1868237	231707
湖　南	9073466	6309307	350638	542598	1773782	447779
广　东	33884078	24348293	2133047	3053563	3539983	2942239
广　西	3607486	3033648	37217	81988	353080	138770
海　南	8071623	7621390	1059278	202548	155117	92568
重　庆	7351209	4350877	268661	609034	1616769	774529
四　川	10440916	6246481	542851	436650	2732934	1024851
贵　州	3166573	1812810	53844	208489	1030879	114395
云　南	5771879	4228375	619847	93712	1057494	392298
西　藏	173585	117513			56072	
陕　西	3337575	2434509	96100	248466	560530	94070
甘　肃	2033752	1689075	6725	41748	254534	48395
青　海	736900	550180		40919	140398	5403
宁　夏	1672644	1204142	51318	25809	376838	65855
新　疆	2199679	1534575	67255	91195	509939	63970

3-42 各地区按资质等级分的房地产开发企业商品房现房销售额

单位：万元

地区	总计	一级	二级	三级	四级	暂定	其他
全国总计	**262859184**	**13382916**	**43844452**	**52080367**	**38219436**	**99463420**	**15868593**
北京	8902012	1484211	665745	682596	3701851	2238402	129207
天津	4184803	188009	245676	196815	2938687	472508	143108
河北	11441506	375927	2023479	1496817	3513891	3999699	31693
山西	3265016	330529	461648	575913	1454124	366350	76452
内蒙古	4305681	390647	415160	808830	1968368	681602	41074
辽宁	8624358	94604	707543	2317009	134019	4894588	476595
吉林	2932625	33653	609503	650182	593873	1027141	18273
黑龙江	6242363	127978	2307038	2527362	239403	909425	131157
上海	12516448	143609	1315666	1664729		8495309	897135
江苏	24485852	1445230	9075743	1149099	46642	10395362	2373776
浙江	23021334	867473	1838096	4666709	2201640	11629199	1818217
安徽	7852951	161928	1569722	1945403	302003	3588630	285265
福建	7853213	1033704	1170864	2746417	789675	1729841	382712
江西	5983504	116263	379663	1319160	664123	3166318	337977
山东	15252733	949919	2176967	2321837	2080106	6735884	988020
河南	13705483	632151	1590630	1831558	1231411	6938622	1481111
湖北	10767937	540486	2216884	1810379	1357067	4701565	141556
湖南	9073466	196700	1546726	3698335	1639045	1763122	229538
广东	33884078	2638214	1878786	7908032	7874404	9748846	3835796
广西	3607486	28384	482322	819037	208955	1875157	193631
海南	8071623	80110	333656	1208215	1275606	4495153	678883
重庆	7351209	475363	3899076	689427	1628	2211269	74446
四川	10440916	256319	2338637	5331959	104112	2210418	199471
贵州	3166573	4527	770045	663430	589379	966407	172785
云南	5771879	232436	831450	498137	1480949	2414063	314844
西藏	173585		17297	48151	20324	60492	27321
陕西	3337575	79490	994783	802219	871943	243885	345255
甘肃	2033752	75587	302223	601681	453137	578267	22857
青海	736900	32522	424713	158551	107172	11773	2169
宁夏	1672644	283444	866697	304474	127819	87027	3183
新疆	2199679	83499	388014	637904	248080	827096	15086

3-43　各地区按用途分的房地产开发企业商品房期房销售额

单位：万元

地　区	期房销售额	住　宅	#别墅、高档公寓	办公楼	商业营业用房	其　他
全国总计	**1074153880**	**911512608**	**53350302**	**45986142**	**92180216**	**24474914**
北　京	19058240	14109750	2614810	2582156	2062488	303846
天　津	18538223	17421785	1052964	242161	727723	146554
河　北	34842225	29848967	665917	823805	3438910	730543
山　西	10309759	9419635	312370	289775	474780	125569
内蒙古	5262415	4374296	130000	256153	480712	151254
辽　宁	19092586	17130681	605662	264298	1338823	358784
吉　林	8419140	7020566	309064	352368	913316	132890
黑龙江	8354863	6931395	157185	391341	886377	145750
上　海	27750266	24792920	8313252	1964752	703448	289146
江　苏	106182671	94498332	6876454	2985584	7502365	1196390
浙　江	100378582	86855963	4652291	4233345	6320831	2968443
安　徽	50804744	44257006	832887	1003270	5051974	492494
福　建	49198705	37473984	1726410	5074341	3786442	2863938
江　西	29941733	24314564	687423	921702	4111618	593849
山　东	65716987	57623519	2200623	1617976	5038985	1436507
河　南	57588478	48487277	877484	1846483	6286239	968479
湖　北	51821259	45963746	1110048	1728273	3348225	781015
湖　南	35533130	29398305	986168	802327	4570765	761733
广　东	154043525	130030605	6870298	10893829	9328997	3790094
广　西	26558902	23323787	553407	696150	1768592	770373
海　南	19065561	17110411	2863806	111202	1139234	704714
重　庆	38227334	31664757	3348367	1012218	4679790	870569
四　川	57130178	45489528	2276847	2269429	7565170	1806051
贵　州	19241077	14420897	769971	544909	3967241	308030
云　南	19840020	15508865	1194420	795197	2456867	1079091
西　藏	179257	134413		12386	32458	
陕　西	23273201	19717184	800386	1362051	1775389	418577
甘　肃	6869321	5693129	112719	368165	689748	118279
青　海	2228053	1566889	5426	175582	456028	29554
宁　夏	2968667	2488833	114410	106476	329870	43488
新　疆	5734778	4440619	329233	258438	946811	88910

3-44 各地区按资质等级分的房地产开发企业商品房期房销售额

单位：万元

地区	总计	一级	二级	三级	四级	暂定	其他
全国总计	**1074153880**	**42093957**	**140500159**	**160452990**	**109201319**	**530784559**	**91120896**
北京	19058240	1535893	401937	674445	5725702	9907019	813244
天津	18538223	90826	1424835	520311	9850053	6208849	443349
河北	34842225	2524612	3756957	6451172	9031262	12445181	633041
山西	10309759	81724	1073124	1046330	4035663	4022365	50553
内蒙古	5262415	108092	558251	559352	3197894	813455	25371
辽宁	19092586	495898	1509980	3521763	19695	11182315	2362935
吉林	8419140	622135	1893797	1021804	472192	4317547	91665
黑龙江	8354863	297624	1782793	3205633	77366	2543005	448442
上海	27750266	826383	2120202	1026005		21202335	2575341
江苏	106182671	3907015	28953380	2472291	12571	59442734	11394680
浙江	100378582	2128051	5445015	14745523	3593773	51362061	23104159
安徽	50804744	1026398	4292563	8012356	1057000	31896628	4519799
福建	49198705	1366256	4461146	12019498	4330887	24595379	2425539
江西	29941733	577806	1773088	4884347	3265978	17717676	1722838
山东	65716987	3929481	6485035	7662465	6891695	36463893	4284418
河南	57588478	1950434	8541770	6399075	2026195	34393739	4277265
湖北	51821259	3130188	9371941	5242454	3143542	29874839	1058295
湖南	35533130	1755885	5242954	11304258	7278797	9234241	716995
广东	154043525	5796286	5942477	20015014	27190470	76140820	18958458
广西	26558902	1110915	3734796	2744545	914156	17171296	883194
海南	19065561	413061	391740	2648451	1666519	12870252	1075538
重庆	38227334	2184371	15514063	2835333	203648	16748869	741050
四川	57130178	2648875	12049899	29628488	277364	8831652	3693900
贵州	19241077	69570	4102931	3420639	1726753	9352960	568224
云南	19840020	998490	2842310	1466707	5846977	7688875	996661
西藏	179257		42591	46858	79748	10060	
陕西	23273201	994230	3687012	3125647	5430062	7206088	2830162
甘肃	6869321	435587	887291	1806944	654682	3072351	12466
青海	2228053	186303	773907	720246	265288	230936	51373
宁夏	2968667	483896	865646	309184	323380	911750	74811
新疆	5734778	417672	576728	915852	612007	2925389	287130

3-45　各地区按资质等级分的房地产开发企业商品住宅销售额

单位：万元

地　区	总 计	一 级	二 级	三 级	四 级	暂 定	其 他
全国总计	**1102395075**	**46691598**	**153537643**	**174251011**	**119121966**	**521871955**	**86920902**
北　京	20770062	2631670	911400	868976	6834275	8670587	853154
天　津	20329254	259923	1525998	658404	11335419	6043838	505672
河　北	39253674	2763365	4942789	6751769	10608581	13570277	616893
山　西	12258970	379859	1385032	1487340	4852253	4050112	104374
内蒙古	7316920	380677	760167	964023	4130877	1027929	53247
辽　宁	24522296	453357	2007414	4824138	150978	14438100	2648309
吉　林	9208487	546787	2125715	1324930	825031	4299025	86999
黑龙江	11344722	336454	3165091	4328403	223425	2797102	494247
上　海	33360924	954653	2951336	2251266		24671028	2532641
江　苏	113258407	4858909	33415085	3030645	50258	60685026	11218484
浙　江	103003358	2716682	6276953	17334465	4736967	50817438	21120853
安　徽	48785611	940545	4416881	8047266	1092430	30206812	4081677
福　建	42019950	885859	4705119	11293918	3560760	19772019	1802275
江　西	28796563	640500	1790615	5160212	3006167	16513022	1686047
山　东	68916528	4093800	7757027	8717720	7721095	36360928	4265958
河　南	58976849	2172039	8405957	7184358	2686508	34421025	4106962
湖　北	53803103	3369659	9533073	6126228	3837638	29976529	959976
湖　南	35707612	1486778	5446434	12016036	7063385	8920229	774750
广　东	154378898	7864403	6625438	23488346	27920815	70562545	17917351
广　西	26357435	1014178	3681865	3208116	1001050	16491026	961200
海　南	24731801	437724	700473	3747091	2840116	15365266	1641131
重　庆	36015634	1784549	15508637	2784434	164609	15082038	691367
四　川	51736009	2121686	11326123	26690053	306586	8219020	3072541
贵　州	16233707	66853	3600049	2938554	1613499	7560338	454414
云　南	19737240	1004424	2884066	1359844	5390506	8053087	1045313
西　藏	251926		45501	87256	60620	32038	26511
陕　西	22151693	857089	3708773	3324027	5020954	6439314	2801536
甘　肃	7382204	431757	964151	2088729	921090	2945339	31138
青　海	2117069	203588	846750	570336	272970	172433	50992
宁　夏	3692975	633481	1327430	461563	337362	860882	72257
新　疆	5975194	400350	796301	1132565	555742	2847603	242633

3-46 各地区按资质等级分的房地产开发企业90平方米及以下住宅销售额

单位：万元

地　区	总　计	一　级	二　级	三　级	四　级	暂　定	其　他
全国总计	**239373829**	**10306869**	**33435295**	**38353835**	**25326276**	**112827393**	**19124161**
北　京	4240794	580844	148527	212126	1018120	2273087	8090
天　津	4361447	143479	531921	14523	2580100	989739	101685
河　北	12303155	1276621	1285306	2889800	2755955	3940227	155246
山　西	1715849	95348	214175	219753	661684	517262	7627
内蒙古	1708754	8464	205377	193559	912144	384749	4461
辽　宁	10479922	146032	703589	2089641	91351	6347469	1101840
吉　林	3428216	273727	700623	405138	440946	1566356	41426
黑龙江	4097842	54441	988274	1913561	155702	818456	167408
上　海	7634060	748438	617090	403312		5255766	609454
江　苏	15593323	848525	4487568	445150	3824	8131581	1676675
浙　江	15746908	298919	1018299	1985032	559906	8442880	3441872
安　徽	6150635	111015	700691	952336	94187	3524553	767853
福　建	8092602	171389	1315586	1833809	721004	3821945	228869
江　西	4278582	64037	208696	663118	483556	2665004	194171
山　东	11429805	415476	1066609	1394604	1465041	6223935	864140
河　南	13707470	510924	1853949	1486905	476021	8766590	613081
湖　北	9185311	448933	1959308	799835	463305	5359596	154334
湖　南	4157107	183894	959601	1362880	718897	894206	37629
广　东	37783984	1318292	1602933	5399793	6690899	17277803	5494264
广　西	5153438	167370	476080	728962	262218	3296915	221893
海　南	13633549	102733	315517	1314146	1923307	8976415	1001431
重　庆	13973209	833386	5528994	1150731	43862	6003617	412619
四　川	16804271	768264	4066484	8323074	118472	2664130	863847
贵　州	2699942	6165	525922	413530	369908	1332490	51927
云　南	3691796	335388	699642	172588	1054552	1260982	168644
西　藏	74845		1400	36613	18830	15917	2085
陕　西	4046541	116582	623617	684655	918530	1036657	666500
甘　肃	1312245	92746	126383	463936	202927	408659	17594
青　海	255395	35808	101508	87773	15377	10051	4878
宁　夏	440222	96669	157861	59162	32368	94162	
新　疆	1192610	52960	243765	253790	73283	526194	42618

3-47　各地区按资质等级分的房地产开发企业144平方米以上住宅销售额

单位：万元

地　区	总　计	一　级	二　级	三　级	四　级	暂　定	其　他
全国总计	**221778941**	**12992061**	**32001197**	**34027871**	**26498353**	**99053589**	**17205870**
北　京	11527110	1025376	510897	495217	4361179	4319756	814685
天　津	3984010	35932	218856	334955	2411851	887889	94527
河　北	6185889	446524	860256	984367	1868798	1968878	57066
山　西	2970740	128690	173887	350547	1317380	954844	45392
内蒙古	1438883	176628	208140	189950	683804	168336	12025
辽　宁	3830626	67357	370998	687818	15646	2346278	342529
吉　林	1817129	21314	660140	129054	70761	917851	18009
黑龙江	2378426	85646	1040374	673876	4818	515137	58575
上　海	11561629	159965	1314254	740195		8196385	1150830
江　苏	25622550	1350385	7770848	1034024	9124	13284208	2173961
浙　江	27529775	1134014	2036435	4530013	1310427	13237816	5281070
安　徽	4606619	67535	528978	684948	66314	2861097	397747
福　建	6871439	263264	965468	2401522	753074	2229638	258473
江　西	3420755	64810	335866	736151	331094	1611732	341102
山　东	13883534	802332	2145139	1727992	1320059	7201760	686252
河　南	10349910	343991	1697172	1283381	346953	5721546	956867
湖　北	6838024	1160808	850271	673401	227859	3653110	272575
湖　南	6900805	330155	889360	2542826	1166760	1865044	106660
广　东	33397113	3839184	1588495	7236546	6177265	11951277	2604346
广　西	3864552	74941	751215	499038	134535	2298107	106716
海　南	3781224	287900	104209	474466	407951	2383024	123674
重　庆	6072239	90717	2807014	301217	4085	2845992	23214
四　川	6401303	185994	1447428	3171303	12639	1138686	445253
贵　州	2885628	17770	835519	358258	148352	1436650	89079
云　南	5454563	306174	625674	525820	1582337	2186198	228360
西　藏	84242		30852	28704	17022		7664
陕　西	4952309	131614	705139	612648	1390377	1676189	436342
甘　肃	1020938	33205	123914	235822	98919	528792	286
青　海	372085	58689	88674	69893	114126	22615	18088
宁　夏	720637	172811	216710	59295	53856	217735	230
新　疆	1054255	128336	99015	254624	90988	427019	54273

3-48 各地区按资质等级分的房地产开发企业别墅、高档公寓销售额

单位：万元

地区	总计	一级	二级	三级	四级	暂定	其他
全国总计	**70984330**	**2275883**	**8403834**	**10918614**	**7575912**	**35456511**	**6353576**
北京	4433551	647702	92310	151925	2107604	1427463	6547
天津	1347991	33357	61863	72821	980323	166737	32890
河北	955743	140705	186762	96121	275563	256592	
山西	327161	5039	10215	52241	30714	228952	
内蒙古	182499	400	41984	14794	91310	34011	
辽宁	935599		99363	196053	7958	420633	211592
吉林	353066		133836	4422	2334	197431	15043
黑龙江	334698	5552	88150	152414		34607	53975
上海	11534913	87548	520067	605872		9254642	1066784
江苏	9516217	260843	2383056	496722	8500	5501996	865100
浙江	6501085	170608	388233	1633541	400403	3123373	784927
安徽	959228	29180	211276	269425	8330	345958	95059
福建	2273499	106628	152568	522889	475533	938755	77126
江西	840084		31711	125124	108372	540063	34814
山东	2598797	100992	150189	421041	98249	1715026	113300
河南	957970	29744	199008	152894	2910	504562	68852
湖北	1419990	28882	187800	249970	91833	830151	31354
湖南	1336806	80816	131542	511524	240588	370954	1382
广东	9003345	197505	124154	1822700	1467413	3565157	1826416
广西	590624	52505	128844	40447	40749	323323	4756
海南	3923084		23203	1446901	324893	1883926	244161
重庆	3617028	22029	1815156	237130		1502396	40317
四川	2819698	73404	506545	1237236	10394	322190	669929
贵州	823815	1369	110757	159176	4824	544792	2897
云南	1814267	103938	276879	77938	649062	631565	74885
西藏							
陕西	896486		281337	52234	102789	455564	4562
甘肃	119444	400	225	359	538	117922	
青海	5426			5426			
宁夏	165728	67490	37260	9893	3160	47925	
新疆	396488	29247	29541	99381	41566	169845	26908

3-49　各地区按资质等级分的房地产开发企业办公楼销售额

单位：万元

地　区	总　计	一　级	二　级	三　级	四　级	暂　定	其　他
全国总计	**64413587**	**2920232**	**7469814**	**7407903**	**8407879**	**31211320**	**6996439**
北　京	3742111	286136	74998	301233	1672837	1382272	24635
天　津	793217	13434	78200	367	472073	220857	8286
河　北	1489167	4676	388073	194443	551006	350669	300
山　西	375314	1893	25516	21715	202229	123961	
内蒙古	337969		54022	12897	211396	58876	778
辽　宁	399941	96462		99196		193400	10883
吉　林	399589	4241	62519	72814	5086	254929	
黑龙江	521644	5238	88191	259383		164134	4698
上　海	3940736		176176	169287		2934770	660503
江　苏	4216108	136696	913366	109902	70	2332532	723542
浙　江	6741289	35682	205871	417594	184156	4363948	1534038
安　徽	1447684	59554	87674	308231	7304	850214	134707
福　建	6220578	908627	464865	991871	714925	2756288	384002
江　西	1207436		56121	117826	66056	942209	25224
山　东	2675375	205092	194499	119723	217493	1533309	405259
河　南	2263442	27189	664638	159772	63367	1225338	123138
湖　北	2556909	121359	746127	370949	26932	1289415	2127
湖　南	1344925	128774	284891	492493	252709	185708	350
广　东	13947392	45196	222022	1230783	2712122	7344163	2393106
广　西	778138	11976	125541	9058	20194	540780	70589
海　南	313750	49324	3162	6297	3262	251705	
重　庆	1621252	203520	778816	18284	13257	599145	8230
四　川	2706079	215760	499639	1357737	10550	375566	246827
贵　州	753398		306572	117132	51105	186168	92421
云　南	888909	120831	145519	131503	386675	65975	38406
西　藏	12386				12386		
陕　西	1610517	153755	453660	140541	456271	302052	104238
甘　肃	409913	50033	115800	65474	25452	153154	
青　海	216501		104747	52762	36154	22838	
宁　夏	132285	14089	92363	8060	16060	1713	
新　疆	349633	20695	56226	50576	16752	205232	152

3-50 各地区按资质等级分的房地产开发企业商业营业用房销售额

单位：万元

地　区	总 计	一 级	二 级	三 级	四 级	暂 定	其 他
全国总计	**132527114**	**3742912**	**18147925**	**23139195**	**15625170**	**61973955**	**9897957**
北　京	2714196	50562	33835	144173	580637	1886975	18014
天　津	1338666	5273	59927	46394	862743	342494	21835
河　北	4522193	79490	382742	859028	1089053	2076225	35655
山　西	743660	22146	107026	95577	301192	195088	22631
内蒙古	1374937	23311	114915	290690	631643	309934	4444
辽　宁	2224201	40409	176553	609386	2200	1237932	157721
吉　林	1459292	67722	262262	223120	213135	671369	21684
黑龙江	2203937	56612	741739	838453	70320	419141	77672
上　海	2082287		222135	142830		1496755	220567
江　苏	11257982	292302	3150207	443876	8279	5802345	1560973
浙　江	9711732	118840	458477	986602	768844	5824519	1554450
安　徽	7656870	74520	1261298	1469225	237142	4051525	563160
福　建	5062262	305750	215886	1479153	463397	2385577	212499
江　西	5052976	52204	271013	665718	765133	3004586	294322
山　东	7247098	329055	498519	814105	819614	4359836	425969
河　南	8793054	360650	902332	785902	450843	5036262	1257065
湖　北	5216462	165478	1130509	332876	624293	2750267	213039
湖　南	6344547	269631	810319	2078247	1402357	1648759	135234
广　东	12868980	153446	554224	1769209	3065766	5544073	1782262
广　西	2121672	88601	214689	244033	76673	1458481	39195
海　南	1294351	4373	19753	92569	35751	1033949	107956
重　庆	6296559	487374	2313609	590369	8025	2795175	102007
四　川	10298104	405744	1798018	5536424	52826	2091307	413785
贵　州	4998120	6803	914651	952832	573050	2367284	183500
云　南	3514361	55925	370524	339018	1209342	1360105	179447
西　藏	88530		14387	7753	27066	38514	810
陕　西	2335919	47821	431214	399917	715153	519489	222325
甘　肃	944282	27174	88581	199962	139737	484643	4185
青　海	596426	15237	247123	233193	61688	36635	2550
宁　夏	706708	69021	284325	136458	89548	123673	3683
新　疆	1456750	67438	97133	332103	279720	621038	59318

3-51 各地区按用途分的房地产开发企业商品住宅销售套数

单位：套

地 区	住 宅	#90平方米及以下住宅	#144平方米以上住宅	#别墅、高档公寓
全国总计	**13361411**	**4319513**	**1136033**	**294616**
北 京	57950	37554	8165	2763
天 津	125150	45894	11543	5536
河 北	513767	189191	38079	6017
山 西	196486	44502	22788	2602
内蒙古	158195	58574	16631	1921
辽 宁	410420	248543	20756	6434
吉 林	164319	90859	11131	1491
黑龙江	200367	119851	15053	1702
上 海	139628	76028	8665	14161
江 苏	1077200	245035	107728	33582
浙 江	634063	157778	83556	16543
安 徽	735435	141836	28696	7061
福 建	417153	122554	28794	8650
江 西	442196	88883	25531	7767
山 东	979142	237401	100046	17309
河 南	1039431	310502	104397	6635
湖 北	682464	167677	35265	9516
湖 南	639220	112751	72252	13142
广 东	1212690	358402	145238	33581
广 西	494930	187182	33651	4230
海 南	268435	203697	11840	20223
重 庆	582851	329367	26653	21893
四 川	884861	397802	38076	19699
贵 州	347650	88304	33359	5013
云 南	286841	83185	47151	13980
西 藏	4143	1869	765	
陕 西	306586	81717	31152	6189
甘 肃	126937	34863	8098	430
青 海	34938	6554	3569	21
宁 夏	76202	14444	7387	3549
新 疆	121761	36714	10018	2976

3-52 各地区按资质等级分的房地产开发企业商品住宅销售套数

单位：套

地区	总计	一级	二级	三级	四级	暂定	其他
全国总计	**13361411**	**493666**	**2066256**	**2547637**	**1601582**	**5853447**	**798823**
北京	57950	7625	4325	3880	17466	23992	662
天津	125150	3520	11467	3528	75229	28754	2652
河北	513767	32862	73336	97530	145025	153560	11454
山西	196486	8089	24246	30818	83666	48088	1579
内蒙古	158195	5631	15796	22676	88379	24275	1438
辽宁	410420	8088	36322	87744	5210	235753	37303
吉林	164319	7995	33525	29369	22037	69966	1427
黑龙江	200367	3658	52619	88342	9069	39277	7402
上海	139628	13536	14917	15468		88982	6725
江苏	1077200	51924	348731	34857	922	534518	106248
浙江	634063	15687	48814	117659	45593	303506	102804
安徽	735435	11859	72482	135230	20018	449470	46376
福建	417153	5162	45766	124394	31475	191759	18597
江西	442196	7333	26131	90288	50060	244837	23547
山东	979142	59135	111876	140866	139977	466770	60518
河南	1039431	38940	153203	135659	60618	571160	79851
湖北	682464	29679	102658	95349	91325	351399	12054
湖南	639220	18972	102848	223656	126795	151788	15161
广东	1212690	24139	49077	181747	254162	591976	111589
广西	494930	16579	50796	116537	22713	269390	18915
海南	268435	3856	8584	29311	35036	172264	19384
重庆	582851	29812	232322	66377	1980	241456	10904
四川	884861	35703	204291	447986	6269	157796	32816
贵州	347650	860	65396	63586	47611	157549	12648
云南	286841	12564	42687	22884	93750	102289	12667
西藏	4143		442	1602	1188	568	343
陕西	306586	11207	60583	53691	77418	68562	35125
甘肃	126937	9015	15645	37265	23287	40866	859
青海	34938	2839	13537	9641	4300	3729	892
宁夏	76202	11140	28330	12456	7063	15141	2072
新疆	121761	6257	15504	27241	13941	54007	4811

3-53　各地区按用途分的房地产开发企业商品住宅现房销售套数

单位：套

地　区	住　宅	#90平方米及以下住宅	#144平方米以上住宅	#别墅、高档公寓
全国总计	**2985451**	**1251723**	**282208**	**61378**
北　京	20434	11628	3075	1068
天　津	21309	10489	2434	1021
河　北	132189	54125	14347	1117
山　西	65042	18851	7076	65
内蒙古	75412	33264	8964	1003
辽　宁	141608	95361	8795	3052
吉　林	56537	35556	3137	258
黑龙江	102294	70491	6499	795
上　海	58473	32536	3046	2208
江　苏	259215	90317	29203	8059
浙　江	117412	37110	23663	4632
安　徽	103395	38827	4905	1468
福　建	57601	19080	7181	1455
江　西	81279	16346	5043	1215
山　东	203026	63467	20283	2100
河　南	262130	76242	22655	613
湖　北	150420	47689	7788	2108
湖　南	129167	24991	15334	2928
广　东	206690	65675	38252	9211
广　西	130663	95148	4961	451
海　南	101050	81354	3630	4655
重　庆	97020	68742	4275	1665
四　川	121744	62834	6716	3086
贵　州	56652	22573	3203	721
云　南	68696	23095	12879	3906
西　藏	1582	378	226	
陕　西	45385	16214	4541	424
甘　肃	39062	13689	2058	66
青　海	10158	2111	752	
宁　夏	28165	6932	3255	1210
新　疆	41641	16608	4032	818

3-54 各地区按用途分的房地产开发企业商品住宅期房销售套数

单位：套

地　区	住　宅	#90平方米及以下住宅	#144平方米以上住宅	#别墅、高档公寓
全国总计	**10375960**	**3067790**	**853825**	**233238**
北　京	37516	25926	5090	1695
天　津	103841	35405	9109	4515
河　北	381578	135066	23732	4900
山　西	131444	25651	15712	2537
内蒙古	82783	25310	7667	918
辽　宁	268812	153182	11961	3382
吉　林	107782	55303	7994	1233
黑龙江	98073	49360	8554	907
上　海	81155	43492	5619	11953
江　苏	817985	154718	78525	25523
浙　江	516651	120668	59893	11911
安　徽	632040	103009	23791	5593
福　建	359552	103474	21613	7195
江　西	360917	72537	20488	6552
山　东	776116	173934	79763	15209
河　南	777301	234260	81742	6022
湖　北	532044	119988	27477	7408
湖　南	510053	87760	56918	10214
广　东	1006000	292727	106986	24370
广　西	364267	92034	28690	3779
海　南	167385	122343	8210	15568
重　庆	485831	260625	22378	20228
四　川	763117	334968	31360	16613
贵　州	290998	65731	30156	4292
云　南	218145	60090	34272	10074
西　藏	2561	1491	539	
陕　西	261201	65503	26611	5765
甘　肃	87875	21174	6040	364
青　海	24780	4443	2817	21
宁　夏	48037	7512	4132	2339
新　疆	80120	20106	5986	2158

3-55　各地区按资质等级分的房地产开发企业90平方米及以下住宅销售套数

单位：套

地　区	总　计	一　级	二　级	三　级	四　级	暂　定	其　他
全国总计	**4319513**	**182713**	**682717**	**858922**	**477238**	**1876873**	**241050**
北　京	37554	4521	2474	3141	10223	17133	62
天　津	45894	2373	4602	222	31299	6570	828
河　北	189191	14895	23568	43680	48775	54572	3701
山　西	44502	3850	4896	6871	18516	10101	268
内蒙古	58574	265	6580	7802	30664	13031	232
辽　宁	248543	3217	19183	51640	3485	149519	21499
吉　林	90859	4924	17874	13389	15115	38543	1014
黑龙江	119851	1049	28634	58248	7026	20223	4671
上　海	76028	13250	7411	6662		45144	3561
江　苏	245035	18695	84568	8864	110	106878	25920
浙　江	157778	2916	14691	26750	9609	76458	27354
安　徽	141836	1650	17612	27659	2585	81042	11288
福　建	122554	1939	19876	33850	11634	52055	3200
江　西	88883	1277	4432	17458	10363	51783	3570
山　东	237401	10938	23599	31253	37947	118899	14765
河　南	310502	13663	40906	35734	14218	189683	16298
湖　北	167677	10414	25824	18705	16762	93373	2599
湖　南	112751	3649	25113	40723	19986	22236	1044
广　东	358402	8868	12622	45235	70790	182901	37986
广　西	187182	3146	10583	70187	7082	90295	5889
海　南	203697	2419	4803	17179	30312	133866	15118
重　庆	329367	17796	125221	36479	643	141537	7691
四　川	397802	19905	98299	194820	2911	68991	12876
贵　州	88304	152	13716	14056	15673	41893	2814
云　南	83185	6602	14979	4590	29411	24931	2672
西　藏	1869		32	1131	424	249	33
陕　西	81717	2276	14369	15735	20045	17529	11763
甘　肃	34863	2494	3267	11364	7225	9939	574
青　海	6554	970	2344	2305	376	337	222
宁　夏	14444	3064	4802	2823	1100	2655	
新　疆	36714	1536	5837	10367	2929	14507	1538

3-56 各地区按资质等级分的房地产开发企业144平方米以上住宅销售套数

单位：套

地区	总计	一级	二级	三级	四级	暂定	其他
全国总计	**1136033**	**45167**	**182822**	**203794**	**148988**	**482797**	**72465**
北京	8165	687	543	420	3205	2804	506
天津	11543	80	579	1157	7056	2535	136
河北	38079	2037	5757	7155	11981	10919	230
山西	22788	1311	1642	3417	10062	5952	404
内蒙古	16631	2064	2397	2458	7672	1893	147
辽宁	20756	683	2152	4334	266	11709	1612
吉林	11131	177	4210	1036	835	4753	120
黑龙江	15053	445	6301	4585	106	3356	260
上海	8665	191	890	556		6280	748
江苏	107728	5553	34278	3943	64	56133	7757
浙江	83556	3727	6603	14071	5085	40424	13646
安徽	28696	446	2946	5085	681	17887	1651
福建	28794	561	2453	11596	2052	10800	1332
江西	25531	323	2339	6453	2133	12158	2125
山东	100046	6657	17788	13964	11048	45232	5357
河南	104397	3910	20212	10963	5311	51537	12464
湖北	35265	2146	4237	4761	3647	19838	636
湖南	72252	1802	7929	28032	13156	19367	1966
广东	145238	3230	7971	33073	29199	61300	10465
广西	33651	523	4588	5649	2390	19357	1144
海南	11840	1062	453	1074	1090	7725	436
重庆	26653	592	12134	1827	61	11914	125
四川	38076	1076	8405	18428	95	8214	1858
贵州	33359	176	9715	4381	2495	14880	1712
云南	47151	1407	4208	4439	16607	18498	1992
西藏	765		234	168	299		64
陕西	31152	1060	6148	4544	8225	8256	2919
甘肃	8098	391	1089	1955	1522	3137	4
青海	3569	426	1023	659	919	248	294
宁夏	7387	1587	2556	784	584	1872	4
新疆	10018	837	1042	2827	1142	3819	351

3-57 各地区按资质等级分的房地产开发企业别墅、高档公寓销售套数

单位：套

地 区	总 计	一 级	二 级	三 级	四 级	暂 定	其 他
全国总计	**294616**	**10222**	**41587**	**48482**	**31495**	**140994**	**21836**
北 京	2763	397	115	101	1260	883	7
天 津	5536	64	72	106	4330	842	122
河 北	6017	1314	560	244	908	2991	
山 西	2602	133	71	290	285	1823	
内蒙古	1921	1	105	317	1321	177	
辽 宁	6434		250	1967	98	2202	1917
吉 林	1491		578	40	45	788	40
黑龙江	1702	17	211	675		261	538
上 海	14161	163	619	433		11713	1233
江 苏	33582	1185	9133	1649	56	19160	2399
浙 江	16543	324	1032	4162	1255	7621	2149
安 徽	7061	207	1157	2451	68	2686	492
福 建	8650	133	248	2554	1025	4349	341
江 西	7767		214	1538	555	5216	244
山 东	17309	533	1221	1237	747	13188	383
河 南	6635	592	801	1957	38	2477	770
湖 北	9516	111	777	1516	1420	5478	214
湖 南	13142	528	1484	3213	2833	5041	43
广 东	33581	872	520	6854	7623	13966	3746
广 西	4230	155	258	420	499	2870	28
海 南	20223		64	6295	1161	11232	1471
重 庆	21893	102	10126	2015		9405	245
四 川	19699	444	4932	6808	107	2678	4730
贵 州	5013	5	712	473	27	3744	52
云 南	13980	980	2594	448	4881	4727	350
西 藏							
陕 西	6189		2499	166	638	2871	15
甘 肃	430	12	1	1	3	413	
青 海	21			21			
宁 夏	3549	1916	754	76	37	766	
新 疆	2976	34	479	455	275	1426	307

3-58 各地区按用途分的房地产开发企业商品房平均销售价格

单位：元/平方米

地　区	商品房平均销售价格	住　宅	#别　墅、高档公寓	办公楼	商业营业用房	其　他
全国总计	**7892**	**7614**	**14965**	**13543**	**10323**	**5364**
北　京	32140	34117	49926	34539	36370	9385
天　津	15331	15139	17951	18327	17291	14117
河　北	7203	7039	10253	10334	9115	4882
山　西	5619	5457	10899	8810	9211	4251
内蒙古	4628	4239	6783	6950	7793	4625
辽　宁	6681	6458	11121	10943	9787	6512
吉　林	6021	5748	10357	7811	8283	5095
黑龙江	6471	6073	12057	11444	8720	5897
上　海	23804	24866	54399	31753	26249	6024
江　苏	9195	9070	14010	10923	11633	5222
浙　江	12855	13430	15779	13661	13906	5343
安　徽	6375	6137	8932	8067	8781	3838
福　建	9746	9284	15557	17560	12279	6678
江　西	6150	5800	7773	8582	8808	5340
山　东	6319	6153	10876	9787	8796	4138
河　南	5355	5038	10155	9555	7658	5691
湖　北	7675	7307	9037	14474	10794	7695
湖　南	5228	4846	8089	9101	8877	4011
广　东	11776	11416	16573	21151	14529	7555
广　西	5834	5623	8945	9540	9560	5049
海　南	11837	11381	18008	17334	18918	24187
重　庆	6792	6605	11107	9623	9926	3612
四　川	6217	5888	11138	9042	10253	3635
贵　州	4771	4165	8820	6667	8719	3737
云　南	5919	5664	6193	8039	8406	4685
西　藏	6626	5604		5798	14374	
陕　西	6840	6477	10897	10519	10368	5564
甘　肃	5709	5326	9403	14016	8839	4457
青　海	6001	5298	13132	8025	10235	3795
宁　夏	4544	4243	6658	8119	6810	3526
新　疆	4965	4538	7885	7745	7407	3862

3-59　各地区按资质等级分的房地产开发企业商品房平均销售价格

单位：元/平方米

地　区	总　计	一　级	二　级	三　级	四　级	暂　定	其　他
全国总计	**7892**	**8945**	**7107**	**6675**	**7115**	**8494**	**10181**
北　京	32140	31554	19579	25420	30520	35730	53836
天　津	15331	9548	12616	13830	14443	19178	16834
河　北	7203	8150	6338	6598	6797	8291	5352
山　西	5619	4249	5122	4384	5308	7395	5927
内蒙古	4628	5578	4658	4471	4544	4853	3626
辽　宁	6681	6883	5713	6261	3216	6928	7603
吉　林	6021	7104	6417	5078	4729	6418	7199
黑龙江	6471	8681	6681	5962	3232	7516	7657
上　海	23804	11272	20079	14225		25993	33789
江　苏	9195	8614	8448	7563	4623	9691	9905
浙　江	12855	12045	10353	11516	8784	13069	16813
安　徽	6375	7480	6346	5816	5235	6361	8461
福　建	9746	18462	10119	8484	11594	9692	10430
江　西	6150	7677	6155	5438	5738	6434	6244
山　东	6319	5838	5850	5387	5050	7142	6448
河　南	5355	5714	5113	4879	4120	5713	4930
湖　北	7675	10795	9196	6173	4108	8309	7723
湖　南	5228	7508	5722	4914	5156	5266	4406
广　东	11776	26650	11485	10982	10390	11413	15015
广　西	5834	5758	6497	4614	4155	6222	4887
海　南	11837	11954	8759	14440	10651	11848	10998
重　庆	6792	6859	7070	4612	7095	7091	7387
四　川	6217	6410	5931	6298	5383	5691	9098
贵　州	4771	6463	5366	4764	3853	4819	4174
云　南	5919	7798	6060	4783	5315	6414	6612
西　藏	6626		7262	5617	5793	9524	8017
陕　西	6840	7299	5996	5976	6209	8478	7719
甘　肃	5709	4836	6250	5599	3958	6700	4151
青　海	6001	6712	6544	6071	5443	4416	5279
宁　夏	4544	5230	4575	3634	4458	4995	3004
新　疆	4965	5812	5284	4249	4209	5351	5213

3-60 各地区按资质等级分的房地产开发企业90平方米及以下住宅平均销售价格

单位：元/平方米

地区	总计	一级	二级	三级	四级	暂定	其他
全国总计	**7364**	**7506**	**6390**	**6176**	**6979**	**7953**	**10196**
北京	15728	18068	8883	11018	12955	18557	18796
天津	12096	8632	13753	7908	10574	18869	14601
河北	8001	10323	6632	7936	6991	9127	5160
山西	4789	2937	5250	4178	4345	6642	3299
内蒙古	3704	3774	4228	3227	3795	3543	2780
辽宁	5583	7207	4791	5289	3238	5657	6694
吉林	4925	6766	5199	3872	3972	5263	5497
黑龙江	4647	7143	5051	4386	2879	5237	5264
上海	13570	9650	11326	7809		14879	23759
江苏	8174	5686	6956	6010	4005	9578	8856
浙江	12322	12754	8905	9317	7387	13502	15232
安徽	5510	9777	4874	4683	4515	5448	8521
福建	9074	14117	8776	7509	9240	9914	10370
江西	6388	6229	6241	5347	5885	6798	6985
山东	6110	4798	5640	5644	4897	6718	7064
河南	5528	5537	5680	5579	3959	5691	4586
湖北	7143	5665	9801	5334	3659	7540	8006
湖南	5220	7410	5328	4756	5161	5659	5026
广东	14078	18630	16559	15704	12697	12866	18159
广西	5777	6716	5808	5418	4906	5959	5047
海南	9972	8121	9155	10879	9375	10115	9387
重庆	5758	6050	5904	4191	10235	5912	7088
四川	5326	4898	5351	5380	5774	4713	8205
贵州	3982	5694	4812	3780	3087	4128	3312
云南	6045	6862	5741	5133	5465	6602	7535
西藏	5052		4923	3844	5675	11179	7886
陕西	6273	6085	5513	5418	5747	7763	7160
甘肃	4552	4263	4805	4945	3280	5147	3450
青海	5803	6229	5909	6111	5590	3971	3386
宁夏	4118	5111	4461	2666	3582	4406	
新疆	4074	4347	5234	2965	3191	4639	3563

3-61　各地区按资质等级分的房地产开发企业144平方米以上住宅平均销售价格

单位：元/平方米

地　区	总　计	一　级	二　级	三　级	四　级	暂　定	其　他
全国总计	**10531**	**15036**	**9467**	**8939**	**9640**	**11060**	**13201**
北　京	57933	52185	43029	48037	51377	69027	84196
天　津	18714	21856	14753	15810	19234	18973	31179
河　北	8550	12362	7767	6394	8499	9964	11007
山　西	7344	5450	5712	5392	7545	9197	6449
内蒙古	4884	5390	4790	4647	4843	4979	4810
辽　宁	10082	5999	8747	8717	3291	10964	11964
吉　林	8406	7540	8580	6756	4492	9206	9820
黑龙江	9049	9488	9396	8397	2848	9059	13704
上　海	61562	35132	75420	52580		60292	72828
江　苏	12225	12645	11810	12602	5234	12198	13731
浙　江	16156	15001	14146	14822	11297	16232	21355
安　徽	8536	8249	9098	7172	5066	8545	13296
福　建	12031	21278	17396	10893	16422	10456	10902
江　西	7090	11164	7031	6421	7893	7158	7239
山　东	7824	6774	6909	6915	6648	8894	7862
河　南	5861	4850	5152	6012	3998	6565	4934
湖　北	10756	27888	11181	8188	3716	10097	21397
湖　南	5521	9494	6053	5190	5293	5734	3271
广　东	12423	53223	10731	11768	11555	10615	13506
广　西	6319	7786	8753	4999	3343	6512	4600
海　南	16444	13645	13151	20066	18424	16304	13783
重　庆	11501	8143	11702	8118	4513	12010	11728
四　川	9367	8656	9324	9389	6022	8581	13053
贵　州	5003	6385	5101	5139	3665	5358	2800
云　南	5644	10668	6987	5646	4761	5707	5762
西　藏	6455		7276	9441	3555		7812
陕　西	9084	7266	6832	7553	9588	11198	9080
甘　肃	7119	4772	6661	7337	4054	8634	4807
青　海	5826	7328	5118	6108	6076	5893	4048
宁　夏	5668	6114	4966	4079	5166	7203	3821
新　疆	5803	6485	5571	5010	4839	6263	8600

3-62 各地区按资质等级分的房地产开发企业别墅、高档公寓平均销售价格

单位：元/平方米

地 区	总 计	一 级	二 级	三 级	四 级	暂 定	其 他
全国总计	**14965**	**15502**	**11565**	**12960**	**13680**	**16540**	**19250**
北 京	49926	48776	28925	45889	47823	57595	39345
天 津	17951	25665	29439	25035	16593	20562	20675
河 北	10253	9815	14511	8522	9467	10014	
山 西	10899	8142	10098	11451	9269	11162	
内蒙古	6783	13699	11074	4236	5779	8967	
辽 宁	11121		9546	8875	3787	13935	10940
吉 林	10357		8993	8750	3886	11806	10908
黑龙江	12057	11424	13391	13063		8089	11371
上 海	54399	24184	56025	51943		54155	64320
江 苏	14010	16092	12605	12060	5241	14725	15039
浙 江	15779	17598	14898	15452	12370	16309	16826
安 徽	8932	9356	10093	7763	6102	8864	11538
福 建	15557	27699	18480	12473	25646	13731	14830
江 西	7773		7093	6594	8910	8193	5315
山 东	10876	7709	8941	12610	6449	11267	13812
河 南	10155	8700	10915	6906	4443	13376	5659
湖 北	9037	8497	11624	10521	5645	8937	6719
湖 南	8089	13314	9964	8644	7689	6703	7560
广 东	16573	14302	13786	13141	12103	17091	35203
广 西	8945	19624	14616	6232	5702	8035	7198
海 南	18008		26059	22399	17713	15584	18580
重 庆	11107	10633	11482	7173		11630	12452
四 川	11138	8884	8943	11513	14388	11902	12644
贵 州	8820	10458	8059	17136	4669	7961	3727
云 南	6193	7128	5283	5562	6101	6580	7826
西 藏							
陕 西	10897		7683	15834	10022	14317	16493
甘 肃	9403	3200	9336	8049	4465	9519	
青 海	13132			13132			
宁 夏	6658	6076	6284	6094	5568	8459	
新 疆	7885	19224	4105	8997	9486	7789	6209

3-63　各地区按用途分的房地产开发企业商品房待售面积

单位：平方米

地　区	商品房待售面积	住　宅	#别　墅、高档公寓	办公楼	商业营业用房	其　他
全国总计	**589231428**	**301629646**	**24822206**	**36642395**	**152037969**	**98921418**
北　京	20801765	8038471	2328652	3360302	4285678	5117314
天　津	6172580	2647066	393974	1158584	1532252	834678
河　北	10564596	7030224	387269	346935	2073856	1113581
山　西	12257255	8113307	141036	290011	2353445	1500492
内蒙古	12655958	7398992	362545	571236	3154525	1531205
辽　宁	35585586	24817461	1014449	617087	7263966	2887072
吉　林	15843601	9491420	277577	822655	3962182	1567344
黑龙江	20952121	12673330	268570	597694	4632059	3049038
上　海	20260476	6356756	2036502	3277906	4104633	6521181
江　苏	55905093	30211781	4129302	4420444	15942073	5330795
浙　江	34373730	13905815	2437338	4671763	9808735	5987417
安　徽	20212600	8851707	457730	1082381	8134351	2144161
福　建	20795922	6437768	594399	1481774	5678202	7198178
江　西	11299417	5997220	409515	520225	3881181	900791
山　东	32573064	19450268	928564	1983916	8432368	2706512
河　南	28465491	19956134	243517	988668	5645819	1874870
湖　北	18480144	10256455	344959	652377	5623093	1948219
湖　南	20154619	9927186	724652	893136	5903439	3430858
广　东	49885811	24147534	3015546	2728930	10737165	12272182
广　西	15988527	9897413	309671	221009	3609799	2260306
海　南	8527466	6342760	850813	81484	1179505	923717
重　庆	20516911	5780790	427435	1302101	5619557	7814463
四　川	26786714	7818517	519000	1129322	7444291	10394584
贵　州	10312004	4641252	129740	726790	3494622	1449340
云　南	15057309	7969320	1190544	690398	3681275	2716316
西　藏	365646	172342		15698	132428	45178
陕　西	9368636	5133083	34637	329414	2663252	1242887
甘　肃	8225745	5417631	16924	205442	1941797	660875
青　海	1788600	906796		147983	658516	75305
宁　夏	10366776	4822479	368571	713834	3453965	1376498
新　疆	14687265	7018368	478775	612896	5009940	2046061

3-64 各地区按资质等级分的房地产开发企业商品房待售面积

单位：平方米

地　区	总　计	一　级	二　级	三　级	四　级	暂　定	其　他
全国总计	**589231428**	**23699461**	**113106462**	**134056677**	**95260966**	**198887280**	**24220582**
北　京	20801765	2141983	3078786	1999988	10313103	2675378	592527
天　津	6172580	75602	729359	332122	4105266	657991	272240
河　北	10564596	692217	2534416	1481121	3536463	2198288	122091
山　西	12257255	974176	1812230	1750431	5921709	1687986	110723
内蒙古	12655958	499375	2496086	1922846	6555928	1081024	100699
辽　宁	35585586	824865	3436850	9829182	941631	18481059	2071999
吉　林	15843601	107760	3770157	2981611	2867994	6058186	57893
黑龙江	20952121	931731	5548841	10055216	656937	3274029	485367
上　海	20260476	665523	2824464	2909090	1746	12412122	1447531
江　苏	55905093	3024244	23108098	3400638	150695	22412418	3809000
浙　江	34373730	1589977	4558556	8702564	4281641	12238540	3002452
安　徽	20212600	287599	2692592	5767242	1126767	9849605	488795
福　建	20795922	1044157	2137198	9190149	2909458	5255382	259578
江　西	11299417	124159	1218509	2530430	1463462	5627276	335581
山　东	32573064	1847550	4978580	6007732	6155067	12188887	1395248
河　南	28465491	640455	3516352	4495153	2500817	15424303	1888411
湖　北	18480144	361690	2881521	3267564	4794679	7010757	163933
湖　南	20154619	311266	2789408	9015629	3911480	3836887	289949
广　东	49885811	1545352	2948435	13111508	12849885	16481153	2949478
广　西	15988527	300224	1843236	3432266	1597741	8194605	620455
海　南	8527466	13398	469849	1477250	1381501	4522717	662751
重　庆	20516911	1913905	10067065	2844152	146666	5418822	126301
四　川	26786714	895377	6918499	13292369	499983	4355083	825403
贵　州	10312004	27751	2687780	2372642	2087562	2919138	217131
云　南	15057309	348829	2779060	1607368	4868011	5193268	260773
西　藏	365646		57852	175794	55595	65831	10574
陕　西	9368636	323188	2628262	2285826	2417893	841327	872140
甘　肃	8225745	19057	979105	2420863	2662163	1998931	145626
青　海	1788600	54339	793367	457317	269346	190955	23276
宁　夏	10366776	1584756	4682949	2001638	1295235	783697	18501
新　疆	14687265	528956	2139000	2938976	2934542	5551635	594156

3-65 各地区按用途分的房地产开发企业商品房待售1-3年面积

单位：平方米

地 区	待售1-3年面 积	住 宅	#别 墅、高档公寓	办公楼	商业营业用房	其 他
全国总计	**305166860**	**149286393**	**13680207**	**19360580**	**81496072**	**55023815**
北 京	11843907	3769421	1065489	2338529	2492397	3243560
天 津	3563762	1493357	220704	708573	1055767	306065
河 北	5633287	3640169	220155	195320	1090318	707480
山 西	5561011	3560258	60214	200812	1179281	620660
内蒙古	5749661	3104227	211550	275157	1655902	714375
辽 宁	20462909	14479456	666248	288250	3951911	1743292
吉 林	7497270	4541820	126406	527344	1658011	770095
黑龙江	12127580	7168127	230975	296304	2713550	1949599
上 海	7947225	2029904	670328	1457826	1702955	2756540
江 苏	27773958	13978331	2444823	2277462	8638130	2880035
浙 江	18259599	7669468	1591810	2315562	5071859	3202710
安 徽	10870416	4611403	299133	463195	4475695	1320123
福 建	11151269	3192661	304110	859519	3110173	3988916
江 西	7001660	3732316	339646	357004	2288439	623901
山 东	15810058	9591956	594884	791804	4242892	1183406
河 南	8655071	5616027	186190	366408	1973964	698672
湖 北	9795601	5171232	197318	334037	3264575	1025757
湖 南	12630431	5767497	424427	571853	3665714	2625367
广 东	29026023	12789642	1722088	1641314	6865427	7729640
广 西	9346475	5861911	157452	146199	2068817	1269548
海 南	5353706	4102136	464874	50718	623180	577672
重 庆	12502709	3376898	349991	852164	3775817	4497830
四 川	14169781	3824695	242140	453588	3895724	5995774
贵 州	4741421	2137246	79826	366883	1592233	645059
云 南	7187041	3652278	436551	388959	1696639	1449165
西 藏	302421	166193		8048	100093	28087
陕 西	3227319	1650211	11037	52821	1070226	454061
甘 肃	4466300	2768836	16924	108441	1161327	427696
青 海	858761	398915		42104	369070	48672
宁 夏	4975673	2430291	169568	354585	1598569	592228
新 疆	6674555	3009511	175346	269797	2447417	947830

3-66 各地区按资质等级分的房地产开发企业商品房待售1-3年面积

单位：平方米

地区	总计	一级	二级	三级	四级	暂定	其他
全国总计	**305166860**	**11007389**	**56739160**	**72934682**	**48344544**	**104272942**	**11868143**
北京	11843907	902971	1596944	1350233	5854649	1955139	183971
天津	3563762	29934	349765	110472	2479579	480925	113087
河北	5633287	256693	1133168	968151	2031487	1237660	6128
山西	5561011	740028	1129994	795275	1919907	865084	110723
内蒙古	5749661	98261	1291035	905454	2980397	428598	45916
辽宁	20462909	668940	1425224	5331615	692932	11167820	1176378
吉林	7497270	54730	1136569	1554077	1591355	3154294	6245
黑龙江	12127580	821796	2751076	6563833	276879	1642496	71500
上海	7947225	126964	1195958	1379653	1096	4767457	476097
江苏	27773958	951664	11124079	1429125	83709	12297312	1888069
浙江	18259599	596657	2278397	4811390	2183363	6656996	1732796
安徽	10870416	86100	1674703	2937966	719244	5096028	356375
福建	11151269	339655	1153771	4762026	1528014	3185018	182785
江西	7001660	58814	808959	1462047	963867	3447565	260408
山东	15810058	590868	2088079	3296682	2978829	6189779	665821
河南	8655071	290972	1644586	1504420	364190	4565564	285339
湖北	9795601	220127	1399170	1944574	2552842	3553636	125252
湖南	12630431	274409	1879032	5840584	2322316	2115368	198722
广东	29026023	1191829	1607653	7789711	7363507	9326360	1746963
广西	9346475	161492	867648	1673219	899251	5262687	482178
海南	5353706	2398	210415	940262	918104	2898855	383672
重庆	12502709	948600	5724088	1963376	66186	3767133	33326
四川	14169781	553913	3761627	6941434	301240	2295698	315869
贵州	4741421	127	1545328	999120	981805	1140223	74818
云南	7187041	276708	1359550	793819	2235910	2477805	43249
西藏	302421		57852	167755	55595	10645	10574
陕西	3227319	197814	1115418	706920	596788	292038	318341
甘肃	4466300	12735	460124	1546963	1419345	907384	119749
青海	858761	54339	399671	274979	82724	47048	
宁夏	4975673	310850	2521309	996983	706397	431495	8639
新疆	6674555	187001	1047968	1192564	1193037	2608832	445153

3-67　各地区按用途分的房地产开发企业商品房待售3年以上面积

单位：平方米

地　区	待售3年以上面积	住　宅	#别　墅、高档公寓	办公楼	商业营业用房	其　他
全国总计	**47971174**	**20428196**	**4411551**	**3595637**	**14987384**	**8959957**
北　京	5401067	2377502	1075318	409389	1336493	1277683
天　津	1123742	348520	50075	259587	255621	260014
河　北	245329	145920	2239		51795	47614
山　西	429269	312159	54918	6133	100993	9984
内蒙古	418986	264501	21179	11753	104196	38536
辽　宁	2301237	1550576	153606	22308	471414	256939
吉　林	2188320	1123859	138097	64388	775088	224985
黑龙江	1175864	662692	10377	13604	367793	131775
上　海	4225054	1447446	798636	595738	1078782	1103088
江　苏	3922832	1653237	483465	327145	1633954	308496
浙　江	4113281	1346721	313474	466789	1539710	760061
安　徽	1160522	512669	67219	95277	417006	135570
福　建	1573493	446653	130455	107451	505147	514242
江　西	590336	176266	15827	3287	392843	17940
山　东	2623551	1152078	55392	302213	924914	244346
河　南	318263	197084		21118	89187	10874
湖　北	1611837	523001	46647	52895	586576	449365
湖　南	1263320	646239	184484	9345	372797	234939
广　东	4337611	2008724	529352	181067	1197828	949992
广　西	730169	286112	15254	29231	325344	89482
海　南	923320	563726	96595	15842	212401	131351
重　庆	1695940	499883	2637	151012	430077	614968
四　川	1457824	489550	19354	116724	361789	489761
贵　州	526246	61586	20785	70403	277504	116753
云　南	1039881	446044	102504	43641	340882	209314
西　藏	33866	1703		7650	7422	17091
陕　西	262333	156633		8134	59764	37802
甘　肃	350680	226591		33403	59576	31110
青　海	140597	97327			35717	7553
宁　夏	659526	293419	8230	11194	290433	64480
新　疆	1126878	409775	15432	158916	384338	173849

3-68 各地区按资质等级分的房地产开发企业商品房待售3年以上面积

单位：平方米

地　　区	总　计	一　级	二　级	三　级	四　级	暂　定	其　他
全国总计	**47971174**	**3082877**	**10530834**	**12599612**	**9002595**	**10225010**	**2530246**
北　　京	5401067	896203	853224	471201	2787671	191064	201704
天　　津	1123742	3312	197742	141497	552512	123390	105289
河　　北	245329	22056	112968	39938	42816	15248	12303
山　　西	429269	60697	83706	142467	142224	175	
内 蒙 古	418986		49498	6545	315743	10200	37000
辽　　宁	2301237	17362	260471	893694	2223	847341	280146
吉　　林	2188320		1025705	324588	345433	481474	11120
黑 龙 江	1175864	4164	268270	739097	89496	74837	
上　　海	4225054	204803	792634	631275	650	2149175	446517
江　　苏	3922832	152210	1653997	406698	10516	1355131	344280
浙　　江	4113281	384594	708513	1293423	627806	831027	267918
安　　徽	1160522	104717	164736	534627	47359	307141	1942
福　　建	1573493	18752	232986	834174	226100	220973	40508
江　　西	590336		58865	394400	58720	78351	
山　　东	2623551	195192	277682	735181	386434	918009	111053
河　　南	318263	17870	89698	59110	48712	87566	15307
湖　　北	1611837	36647	515228	538015	327752	188009	6186
湖　　南	1263320		302525	499086	199262	232370	30077
广　　东	4337611	345862	165157	1608227	1166629	715125	336611
广　　西	730169		51909	333524	85752	257984	1000
海　　南	923320		68662	166263	292134	308936	87325
重　　庆	1695940	345382	841118	199866		257282	52292
四　　川	1457824	13008	416811	757523	71866	131655	66961
贵　　州	526246	27624	79844	238904	74229	105645	
云　　南	1039881	45218	404000	70834	411837	83780	24212
西　　藏	33866			521		33345	
陕　　西	262333		66160	51746	120718	4229	19480
甘　　肃	350680		194794	47497	63985	44404	
青　　海	140597		7719	22213	108072	2593	
宁　　夏	659526	5097	490575	84650	25446	53758	
新　　疆	1126878	182107	95637	332828	370498	114793	31015

3-69 各地区房地产开发企业90平方米及以下住宅待售情况

单位：平方米

地　区	待售面积	待售1-3年	待售3年以上
全国总计	**82636996**	**42133236**	**5049724**
北　京	2448459	810678	603911
天　津	859673	421508	116277
河　北	1681596	892805	19297
山　西	1587456	721842	7916
内蒙古	1764665	686335	116511
辽　宁	12276681	7356616	604766
吉　林	4712395	2279915	615461
黑龙江	6752674	3674799	353095
上　海	1732260	591705	236911
江　苏	5124884	1968449	171808
浙　江	2445722	1096724	102427
安　徽	2073979	941059	251030
福　建	1360262	622516	82766
江　西	1109946	711629	36390
山　东	5132033	2362878	330600
河　南	3197171	882370	16323
湖　北	2177096	1191310	70739
湖　南	1179109	724500	76848
广　东	4486031	2458726	349863
广　西	2852873	2040622	136607
海　南	3835802	2519988	340064
重　庆	2609803	1697166	43147
四　川	2670263	1379141	111961
贵　州	1092631	617218	12880
云　南	1282432	612677	64878
西　藏	72340	70000	1703
陕　西	1391116	471906	20521
甘　肃	1849014	1077503	11717
青　海	104000	73525	11190
宁　夏	968673	454537	60855
新　疆	1805957	722589	71262

3-70 各地区房地产开发企业土地开发及其购置情况

地　　区	待开发土地面积（平方米）	本年土地购置面积（平方米）	本年土地成交价款（万元）
全国总计	**357472897**	**255082924**	**136433858**
北　京	6946319	4133032	8158998
天　津	6625598	2259926	1777248
河　北	13510992	10338371	2600515
山　西	4680378	2693876	955496
内蒙古	2952541	2839758	443369
辽　宁	12223286	5106106	1170972
吉　林	3074929	6681182	1763287
黑龙江	1957190	2462255	503152
上　海	4099368	1797290	3845285
江　苏	36278568	21606516	16457712
浙　江	11399394	22488686	21027906
安　徽	32297858	37765373	16643792
福　建	8584499	9164358	7588776
江　西	7013119	5761678	1865197
山　东	26685620	20903557	5031721
河　南	23070281	10154674	5348679
湖　北	12269132	6764393	3640622
湖　南	16564434	10333887	2428655
广　东	34438588	18411931	15755135
广　西	9709670	6751927	2171763
海　南	7670750	1265262	532865
重　庆	22326774	11122194	5684461
四　川	13935535	8007628	3225346
贵　州	6707678	4388651	1304859
云　南	9797606	8226148	2790115
西　藏	103587	265718	34026
陕　西	8746315	5601412	2270110
甘　肃	3178454	1110381	172790
青　海	605648	448595	162313
宁　夏	1854460	1646579	200424
新　疆	8164326	4581580	878269

3-71　各地区按资质等级分的房地产开发企业待开发土地面积

单位：平方米

地　区	总　计	一　级	二　级	三　级	四　级	暂　定	其　他
全国总计	**357472897**	**9090317**	**46789294**	**52324508**	**47143300**	**174403027**	**27722451**
北　京	6946319	56793	460567	306384	2877225	2714105	531245
天　津	6625598			425337	4378884	991340	830037
河　北	13510992		548494	1166545	5862333	5828889	104731
山　西	4680378	68357	286428	853679	1964755	1385989	121170
内蒙古	2952541	797664	180826	432466	1306857	226728	8000
辽　宁	12223286	9937	462814	2527309	7556	8055252	1160418
吉　林	3074929		316933	582191	93321	1740436	342048
黑龙江	1957190		158694	987077	37007	660169	114243
上　海	4099368	78809	402487	421313		2710223	486536
江　苏	36278568	1704160	10061181	1445943	9740	18687555	4369989
浙　江	11399394	288536	379227	2194861	624679	5032771	2879320
安　徽	32297858	33347	1492320	3670832	3057091	21570385	2473883
福　建	8584499		651900	1262336	621858	5533784	514621
江　西	7013119		145072	1004368	604014	4757681	501984
山　东	26685620	1382940	1472718	5298521	2647587	13398244	2485610
河　南	23070281	464032	2445288	2804695	1541222	12772655	3042389
湖　北	12269132	1050801	1108147	1712356	2197267	5860716	339845
湖　南	16564434	320819	1256250	5985479	3643663	4829160	529063
广　东	34438588	107083	1538905	5691268	4631865	19562852	2906615
广　西	9709670		994322	482142	482394	7676711	74101
海　南	7670750	29309	502112	348982	3387370	2994770	408207
重　庆	22326774	954312	10758692	1710339		8793091	110340
四　川	13935535	434645	4924046	5478928	16240	2736817	344859
贵　州	6707678		800946	1213521	301904	4265615	125692
云　南	9797606	458965	1760514	400349	2102113	3636895	1438770
西　藏	103587			86920	16667		
陕　西	8746315	270264	1435112	1103718	2670963	2260598	1005660
甘　肃	3178454		170862	1262942	752565	988012	4073
青　海	605648		182720	242264	128053	18611	34000
宁　夏	1854460		755158	243423	215755	574283	65841
新　疆	8164326	579544	1136559	978020	962352	4138690	369161

3-72 各地区按资质等级分的房地产开发企业土地购置面积

单位：平方米

地　区	总　计	一　级	二　级	三　级	四　级	暂　定	其　他
全国总计	**255082924**	**6511980**	**23248501**	**23037958**	**18980715**	**146659575**	**36644195**
北　京	4133032	81469	319508	95710	633786	2421564	580995
天　津	2259926				746943	1211994	300989
河　北	10338371		797454	1321649	2820824	5207848	190596
山　西	2693876	108591	266320	187025	404446	1460768	266726
内蒙古	2839758		29078	737224	1545646	414459	113351
辽　宁	5106106	208472	243414	445854	25301	3048935	1134130
吉　林	6681182		1436289	1008967	1099268	2945130	191528
黑龙江	2462255	62286	271184	502818	43671	919341	662955
上　海	1797290	87180	22402	76498		1536715	74495
江　苏	21606516	657997	6329686	575363		10653838	3389632
浙　江	22488686	594996	1176036	1602993	331624	11935722	6847315
安　徽	37765373	406849	484108	1736599	667267	27674032	6796518
福　建	9164358	31442	982359	921483	80127	6011245	1137702
江　西	5761678		258619	538290	465935	3663015	835819
山　东	20903557	1861302	1952321	2196654	2022269	10263931	2607080
河　南	10154674	71342	849599	786720	329204	6164139	1953670
湖　北	6764393		261393	301281	814415	4830209	557095
湖　南	10333887	408212	793294	1717434	1989033	4958635	467279
广　东	18411931	191232	5300	658869	1479702	13323316	2753512
广　西	6751927		406132	474112	139289	5448019	284375
海　南	1265262			48491	45739	924437	246595
重　庆	11122194	578354	2502310	1013828		6854658	173044
四　川	8007628	57004	923915	3986335	22758	2513540	504076
贵　州	4388651		1082498	169053	84476	2929516	123108
云　南	8226148	518301	481292	239983	757513	4135861	2093198
西　藏	265718		59237	86920	99320	20241	
陕　西	5601412	309300	381394	234161	927243	2128137	1621177
甘　肃	1110381		153889	77736	656285	222471	
青　海	448595		69747	213289	4667	123644	37248
宁　夏	1646579		591654	216869	97501	740555	
新　疆	4581580	277651	118069	865750	646463	1973660	699987

3-73　各地区按资质等级分的房地产开发企业土地成交价款

单位：万元

地　区	总　计	一　级	二　级	三　级	四　级	暂　定	其　他
全国总计	**136433858**	**3032987**	**9357250**	**8030339**	**4826834**	**82758406**	**28428042**
北　京	8158998	193153	295777	15657	616420	6190178	847813
天　津	1777248				620469	473528	683251
河　北	2600515		155665	250667	638972	1531103	24108
山　西	955496	16744	62565	50959	86299	639459	99470
内蒙古	443369		15365	124672	217601	77125	8606
辽　宁	1170972	46668	44562	72014	3754	728492	275482
吉　林	1763287		294087	227513	260988	889757	90942
黑龙江	503152	41530	36216	86973	2354	147314	188765
上　海	3845285	41114	6170	52732		3393048	352221
江　苏	16457712	626318	3703117	108217		9139829	2880231
浙　江	21027906	627093	860778	1392971	164744	10399843	7582477
安　徽	16643792	195915	122874	378782	115826	11166617	4663778
福　建	7588776	86800	269772	448026	47799	4841755	1894624
江　西	1865197		76463	121625	92492	1308838	265779
山　东	5031721	472357	403548	449751	315191	2380158	1010716
河　南	5348679	26615	637095	197520	38288	3957168	491993
湖　北	3640622		64261	50697	96998	3297211	131455
湖　南	2428655	150995	146200	396866	334037	1281162	119395
广　东	15755135	164190	809	595033	634042	10798826	3562235
广　西	2171763		98248	103751	36833	1811869	121062
海　南	532865			42435	6089	296039	188302
重　庆	5684461	119195	1223459	577494		3719353	44960
四　川	3225346	15954	306135	1762365	2757	630725	507410
贵　州	1304859		163905	25380	12663	1081208	21703
云　南	2790115	93010	103170	28042	94604	1067308	1403981
西　藏	34026		16165	11139	4966	1756	
陕　西	2270110	91705	55409	56604	225160	1053909	787323
甘　肃	172790		64969	9905	69491	28425	
青　海	162313		18989	54515	714	66192	21903
宁　夏	200424		93225	23845	8978	74376	
新　疆	878269	23631	18252	314189	78305	285835	158057

第四章

房地产开发企业主要财务状况

4-1　各地区房地产开发企业主要财务指标

单位：万元

地　区	资产总计	负债合计	所有者权益合计	主营业务收入
全国总计	**7222360183**	**5712748483**	**1509611700**	**958969006**
北　京	590601980	471779530	118822450	41102646
天　津	282087449	217254690	64832759	24512037
河　北	183251017	154961772	28289246	24142709
山　西	103586567	91068181	12518386	8255094
内蒙古	77416635	66959303	10457333	6871148
辽　宁	195468243	157668598	37799645	22411088
吉　林	63873722	52522694	11351028	9098044
黑龙江	97664033	69019301	28644731	9588283
上　海	552085262	378370263	173715000	62324765
江　苏	610054596	470889121	139165475	110616247
浙　江	481010796	384012282	96998514	89269890
安　徽	229880835	186472549	43408287	33637086
福　建	304611139	230945811	73665329	35988379
江　西	123629067	96981946	26647121	22608874
山　东	417598192	341961731	75636461	65341142
河　南	275919831	230676820	45243011	38948846
湖　北	268228306	213688582	54539724	36834680
湖　南	154270918	125043812	29227106	27083569
广　东	874450032	699645803	174804229	121012648
广　西	139348478	107944416	31404062	15729469
海　南	113076981	93442830	19634151	16236072
重　庆	242211403	180548973	61662431	27473823
四　川	261419010	211446755	49972256	40387577
贵　州	120252760	95045503	25207257	15835092
云　南	176604091	147482971	29121120	13496450
西　藏	5458125	3382154	2075971	521715
陕　西	126760676	107242719	19517957	19252889
甘　肃	51469989	42693989	8776001	7330035
青　海	14520933	12274876	2246057	1361951
宁　夏	30143718	25634379	4509340	3354613
新　疆	55405398	45686132	9719266	8342150

4-1 续表 1

单位：万元

地　　区	土地转让收入	商品房销售收入	自持物业收入	房屋出租收入	其他收入
全国总计	**8384178**	**906091473**	**19221023**	**15683225**	**25272333**
北　京	1286226	31892700	3172562	2977270	4751158
天　津	615142	22660877	452731	234587	783288
河　北	386518	23284239	144291	83195	327661
山　西	67747	7852942	86215	78884	248191
内蒙古	3157	6671435	65466	57133	131090
辽　宁	70495	21799212	247008	191964	294373
吉　林	59844	8734116	96909	72359	207174
黑龙江	8285	9276148	72561	66013	231288
上　海	1443706	54090649	5255551	4722077	1534859
江　苏	704876	107496025	935108	582081	1480239
浙　江	312864	86222390	714689	628570	2019946
安　徽	263195	32259510	382082	158352	732299
福　建	111201	34172817	375950	318637	1328411
江　西	177998	21973000	182354	116237	275522
山　东	125583	63323322	403306	376744	1488931
河　南	227613	36845532	401641	303183	1474060
湖　北	127610	35128742	632568	351146	945760
湖　南	145381	25945869	369595	147736	622724
广　东	209828	116349429	2830550	2457886	1622841
广　西	238491	14974284	221344	192779	295350
海　南	169971	15456465	82114	76935	527522
重　庆	665520	25535087	492923	379302	780293
四　川	155845	38597588	490599	305092	1143546
贵　州	66533	14881504	209057	124185	677997
云　南	667994	11740326	291768	263859	796362
西　藏	7510	508242	2221	399	3742
陕　西	11156	18680894	260996	111210	299844
甘　肃	17271	7152726	100977	92004	59061
青　海	1176	1272661	48566	30889	39549
宁　夏	19876	3252480	54696	50961	27561
新　疆	15566	8060265	144627	131557	121692

4-1　续表 2　　　　单位：万元

地　区	主营业务成本	主营业务税金及附加	其他业务利润	销售费用
全国总计	**676129053**	**57517742**	**1684829**	**35623499**
北　京	26956376	3447107	350297	1316088
天　津	18464917	1508681	85342	790538
河　北	16402495	1326600	46962	1006058
山　西	6339642	383696	-2697	381825
内蒙古	5508391	368168	-1422	173739
辽　宁	18746874	956639	26408	769078
吉　林	6955149	451524	-4924	306677
黑龙江	7280251	639993	16397	275035
上　海	39224436	5271886	78486	1688308
江　苏	83626116	5784082	174402	3376786
浙　江	66408698	4233700	65831	3022236
安　徽	25324925	1621438	49247	1238242
福　建	23142076	2593040	25723	1218530
江　西	15328869	1026300	11883	817710
山　东	48504674	3386458	83821	1961766
河　南	26885490	1982415	46155	1597482
湖　北	24581392	2030514	89005	1116792
湖　南	19911919	1412990	16319	1243285
广　东	74299915	11097340	200179	5350314
广　西	11020680	765846	46088	866991
海　南	10543885	851773	41151	1665930
重　庆	19935327	1166820	35947	1307357
四　川	29342784	2125739	83055	1729118
贵　州	11035963	872572	13550	557879
云　南	9816943	589536	39655	542221
西　藏	371273	9007	2418	8470
陕　西	14942103	726030	7994	641096
甘　肃	5414512	284299	11117	180274
青　海	968608	79109	7680	52330
宁　夏	2661086	126707	8258	108039
新　疆	6183283	397734	30503	313307

4-1 续表 3

单位：万元

地 区	管理费用	财务费用	营业利润	营业外收入
全国总计	**37520504**	**26411754**	**117281116**	**7039877**
北 京	2828971	2615544	8460132	275730
天 津	813616	1009185	2546650	720209
河 北	1062284	584283	3156590	158165
山 西	451162	395822	371581	60070
内蒙古	360851	192113	-391879	82631
辽 宁	948116	838976	12869	134682
吉 林	454245	324597	545794	52787
黑龙江	461325	321567	335054	114943
上 海	2514155	2270621	16538433	324182
江 苏	3247531	1561180	11168490	980203
浙 江	2583823	1446864	8235762	519384
安 徽	1205258	654635	3420024	474292
福 建	1186307	898218	6127931	138473
江 西	684622	318345	2739405	92687
山 东	2401381	1557590	4635365	454497
河 南	1886420	1181925	4325205	221757
湖 北	1253387	971185	4940002	219616
湖 南	1030087	592660	1411302	125884
广 东	4633462	3525146	24649990	395977
广 西	734930	327247	1762950	107472
海 南	812918	504282	1969447	101554
重 庆	1123324	999270	1671946	516067
四 川	1476590	1192597	3498486	239139
贵 州	727304	356526	1595217	131634
云 南	799780	883524	545952	119301
西 藏	18089	4539	46806	1679
陕 西	689322	344089	1618099	75683
甘 肃	330705	197884	620544	39710
青 海	83487	25461	104712	10611
宁 夏	213612	116260	36920	72787
新 疆	503444	199621	581340	78074

4-1 续表 4

单位：万元

地　　区	营业外支出	利润总额	所得税费用	应付职工薪酬
全国总计	**6287750**	**118116199**	**28311460**	**26199203**
北　京	387518	8346447	1720198	2055705
天　津	190117	3132387	793756	721347
河　北	209037	3105718	711603	639162
山　西	88456	343194	224573	312823
内蒙古	38274	-347522	91874	230282
辽　宁	156184	-8634	366484	474830
吉　林	59371	539210	182941	230171
黑龙江	99540	346938	160188	207154
上　海	288923	16573692	3632944	1465089
江　苏	550249	11597490	3036775	2063598
浙　江	396793	8358699	1836758	1569851
安　徽	258783	3635543	866296	868129
福　建	262358	6004045	1155483	916374
江　西	85428	2746514	639372	462083
山　东	365459	4725834	1255576	1766236
河　南	284240	4265452	918191	1342682
湖　北	173621	4985997	1028643	930497
湖　南	125241	1411946	469519	769931
广　东	1129648	23945968	5748452	3624110
广　西	98098	1772324	466126	588338
海　南	137286	1933714	476682	547872
重　庆	205930	1982032	449469	883835
四　川	256080	3481545	840421	1128393
贵　州	104371	1622481	360496	493988
云　南	102294	562678	210442	549731
西　藏	3938	44547	4041	9399
陕　西	82914	1610868	221632	629843
甘　肃	38439	621815	173815	246696
青　海	12604	102718	32841	56219
宁　夏	41698	68009	54005	114229
新　疆	54862	604552	181868	300607

4-2 各地区按登记注册类型分的房地产开发企业资产总计

单位：万元

地区	总计	内资					
			国有	集体	股份合作	国有联营	集体联营
全国总计	**7222360183**	**6512854145**	**107277071**	**11107982**	**1965005**	**2950713**	
北京	590601980	525499048	8157784	2491014	9286		
天津	282087449	263593507	4989701	118361		40731	
河北	183251017	177371337	281330				
山西	103586567	102127301	1284420	36718			
内蒙古	77416635	77164621	95496				
辽宁	195468243	160774562	1357891	20286	8011		
吉林	63873722	62145727	821944	347			
黑龙江	97664033	96125322	1182340	5957	2126		
上海	552085262	464723410	38943423	1039917		50495	
江苏	610054596	532655596	7223589	698712	31108		
浙江	481010796	435772030	2492370	67190	51283	2859487	
安徽	229880835	221299421	4210289	46401	262266		
福建	304611139	268808878	10190875	255329	37464		
江西	123629067	116887401	1950768		66427		
山东	417598192	395533183	6365924	2446324	376173		
河南	275919831	265506779	2900966	100281	8564		
湖北	268228306	254452927	4267489	511386			
湖南	154270918	146328494	693066	5156			
广东	874450032	709451160	2391288	2981016	249896		
广西	139348478	128950243	700425	52376	2911		
海南	113076981	98126107	400970	32768			
重庆	242211403	208967283	672626		64140		
四川	261419010	241231699	531458	9266	742082		
贵州	120252760	115623325	476816		41466		
云南	176604091	168890428	1280439	30022	4337		
西藏	5458125	5458125	54779				
陕西	126760676	121764565	1681797	132644	7466		
甘肃	51469989	50826178	1063865	23964			
青海	14520933	14102394					
宁夏	30143718	29461506	389265				
新疆	55405398	53231590	223681	2548			

4-2　续表 1　　　　单位：万元

地　区	内　资						
	国有与集体联　营	其他联营	国有独资公　司	其他有限责任公司	股份有限公　司	私营独资	私营合伙
全国总计	**1058886**	**111281**	**711544004**	**3565405858**	**344558882**	**2939914**	**151278**
北　京			38660117	406626996	40265182		
天　津			51553972	160400511	11231513	1296552	
河　北			2020204	66303382	7545528		
山　西			11988950	36376903	1326728		
内 蒙 古			4565213	37831120	4356102	57669	
辽　宁			19819412	81911106	6025755	21577	
吉　林			4317181	36318689	4401611	24348	
黑 龙 江			11345054	57764800	3230348		
上　海			44517140	217347764	64351260	190404	
江　苏	1048179		70859464	241517708	17079235	727192	24391
浙　江			49172476	204288471	13906210	1437	
安　徽			21725325	121518405	6983335	72934	
福　建	5218		44109731	134990672	7146725		
江　西			19656473	58040748	4070853	5600	54566
山　东			48735639	216840943	14755962	207984	9032
河　南			16773111	180777916	11800849	37134	19066
湖　北			27329898	143785812	17869210	3855	3381
湖　南			16089583	77652370	6119394	17116	
广　东		2619	25420836	430209756	60359385	73674	4483
广　西			24846240	58358411	2773119		
海　南	5489		15970027	62815222	4731484		
重　庆			46223758	95824840	8626855		
四　川			23571888	145133261	9884158		
贵　州			18739863	63034516	2360588		34880
云　南			23297223	90613130	8581478	33709	
西　藏		108663	200581	4523977	905		
陕　西			14059062	71942550	2482379	161924	
甘　肃			2357725	29145886	723540	1764	1479
青　海			2316543	5117924	291987		
宁　夏			2325247	7883180	174797	5043	
新　疆			8976070	20508891	1102411		

4-2 续表 2

单位：万元

地　　区	内　　资			港澳台商投　　资			
	私营有限责任公司	私营股份有限公司	其他内资企　　业		合资经营	合作经营	独　资
全国总计	**1676214608**	**83084483**	**4484181**	**494277057**	**163002892**	**31847723**	**279935365**
北　　京	28921836	366834		36448308	8313078	6885753	21249477
天　　津	31970776	478404	1512986	10966513	2866293		7460963
河　　北	100472305	748589		4191431	1760834		2423772
山　　西	50089778	1023804		729362	369559		275252
内 蒙 古	29519528	722061	17433	18004	12816		
辽　　宁	49540091	2070434		20930235	8634429	539660	11461252
吉　　林	15463998	797609		1644678	479924		1051787
黑 龙 江	21622506	972192		1250875	481582	51225	638997
上　　海	89191815	9088870	2323	59015741	28061308	888405	29226297
江　　苏	186668950	6769102	7966	52865509	16890952	1882435	32178634
浙　　江	161423074	1510032		29376405	9686842	1296538	17121736
安　　徽	61540232	4437905	502329	6682872	2829144	43704	3741649
福　　建	69692946	2379917		29537603	15747714	167455	13214784
江　　西	29387992	3653973		5720826	2307912		3314101
山　　东	99736157	5774946	284100	16425471	7547043	616366	7900913
河　　南	50620524	2333692	134675	9281377	864608	641037	7446963
湖　　北	58720036	1959374	2487	10304116	2731460	670439	5851828
湖　　南	42813411	2824358	114041	6610685	1623574	223690	4115117
广　　东	171675805	14613750	1468652	118442647	24279673	16468393	71603755
广　　西	40674014	1542748		6211430	2637356	25484	3548591
海　　南	12882906	1161922	125319	12271022	3955138		4770664
重　　庆	54943055	2612010		26708186	12114129	568034	13555233
四　　川	58882986	2335064	141537	10734455	2559647	49781	7771709
贵　　州	28748262	2186934		4219878	1485114	76855	2657909
云　　南	41056337	3990071	3684	7003255	905628	4156	5583243
西　　藏	565008	4213					
陕　　西	29230315	1899781	166648	3079188	267148	748314	1763151
甘　　肃	16971627	536329		568469	568469		
青　　海	5713950	661990		404353	404353		
宁　　夏	16025307	2658668		460355	460355		
新　　疆	21449080	968908		2173808	2156812		7588

4-2　续表 3　　　　　　　　　　　　　　　　　　　　　　单位：万元

地　区	港澳台商投资		外商投资					
	股份有限	其　他		合资经营	合作经营	独　资	股份有限	其　他
全国总计	**17180210**	**2310867**	**215228982**	**60577309**	**20547727**	**117057033**	**10556978**	**6489935**
北　京			28654625	9219540	5161835	13597170	676079	
天　津	639257		7527429	1027301	330739	4448177	1258283	462930
河　北		6825	1688249	257385	10132	1350395	60425	9911
山　西	63968	20583	729904	87750		642154		
内蒙古		5188	234010	144854		89155		
辽　宁	289587	5308	13763446	5433954	1697881	6221353	383208	27052
吉　林	97578	15389	83317	83317				
黑龙江		79072	287836	149492	11326	127018		
上　海	790179	49553	28346111	6481457	2486657	14166335	5211662	
江　苏	1795515	117974	24533492	8633346	1275225	14297583	5838	321500
浙　江	1098088	173201	15862362	2980340	160404	12156380	30188	535050
安　徽	42013	26362	1898542	369799	74635	926469	527639	
福　建	317424	90226	6264659	378458		4742734	772951	370515
江　西		98814	1020839	776852		185646	300	58041
山　东	27961	333188	5639538	2870442	1295315	1452316		21466
河　南	263531	65238	1131675	554627	14222	475459		87367
湖　北	1034150	16238	3471263	1311212		1279316		880735
湖　南	293734	354569	1331739	799138	6394	388984	9057	128167
广　东	5589526	501300	46556225	8499005	5286792	29840410	714159	2215859
广　西			4186805	2211273		1276890	180592	518049
海　南	3526215	19006	2679852	326554	378256	1297251		677791
重　庆	340675	130116	6535934	1752121	1302384	3219284	86642	175503
四　川	301569	51749	9452857	4939817	735788	3740662	36590	
贵　州			409557	80397	319742	9418		
云　南	502244	7984	710408	256805		29779	423824	
西　藏								
陕　西	167000	133576	1916923	739547		997836	179541	
甘　肃			75342	57820		17522		
青　海			14187	14187				
宁　夏			221857	140520		81338		
新　疆		9409						

4-3 各地区按资质等级分的房地产开发企业资产总计

单位：万元

地 区	总 计	一 级	二 级	三 级	四 级	暂 定	其 他
全国总计	**7222360183**	**761972800**	**1279872291**	**1096823773**	**838814815**	**2639862625**	**605013880**
北 京	590601980	131920808	69172975	45845002	189702115	117320944	36640137
天 津	282087449	32857822	36655776	12742606	124621913	45912453	29296880
河 北	183251017	18949495	29671398	29810476	49502204	50725210	4592234
山 西	103586567	3473241	16606081	11838361	34395093	28057600	9216193
内蒙古	77416635	6157591	12421318	11090422	34722336	10681931	2343037
辽 宁	195468243	8019546	18909435	46523414	2334597	92491381	27189869
吉 林	63873722	2366951	16324785	10068033	6798397	26640897	1674660
黑龙江	97664033	3763638	27608717	42431725	812679	13800325	9246949
上 海	552085262	121871355	86653198	38507445	100962	258167834	46784469
江 苏	610054596	43331569	199935678	21961361	449918	278403520	65972552
浙 江	481010796	44642720	40289654	85814382	20726596	193589032	95948412
安 徽	229880835	8835948	30962122	46352203	3967950	120843269	18919344
福 建	304611139	36591758	46520866	58741692	29233863	112376156	21146805
江 西	123629067	3547561	19382795	27295887	12292776	55658045	5452004
山 东	417598192	29764329	55244351	62028223	43080836	198549458	28930996
河 南	275919831	21574716	49524003	34865537	10747860	141577138	17630578
湖 北	268228306	32810881	59924555	26160970	14916547	125649012	8766341
湖 南	154270918	7223495	22572258	62850770	25160311	32804886	3659199
广 东	874450032	112778150	81487452	158685123	118576341	307241870	95681096
广 西	139348478	5287412	24220323	26409004	5461008	71151951	6818780
海 南	113076981	3481414	13625051	13562588	9038368	62814479	10555081
重 庆	242211403	29343869	105646816	17878728	351098	85926355	3064537
四 川	261419010	15111498	69030768	121827910	1847782	40522897	13078156
贵 州	120252760	466614	32854295	20124625	12345338	44088489	10373400
云 南	176604091	14210236	48489355	9008158	37956688	53968649	12971006
西 藏	5458125		218912	1087088	263016	3840231	48879
陕 西	126760676	10128293	25948611	21727960	29702139	23223508	16030165
甘 肃	51469989	3896166	10898095	13487484	7617547	15094821	475877
青 海	14520933	636981	6515117	3056454	2217391	1801875	293115
宁 夏	30143718	3738756	10258373	5175209	3501253	7018999	451128
新 疆	55405398	5189991	12299161	9864937	6369895	19919414	1762000

4-4　各地区按登记注册类型分的房地产开发企业负债合计

单位：万元

地　　区	总　计	内　资					
			国　有	集　体	股份合作	国有联营	集体联营
全国总计	**5712748483**	**5234484992**	**67868932**	**9704512**	**1520157**	**1535978**	
北　京	471779530	423554828	6431262	2398924	20042		
天　津	217254690	204345900	3594156	82553		29023	
河　北	154961772	151009188	280784				
山　西	91068181	89962162	1161434	34067			
内蒙古	66959303	66717162	97229				
辽　宁	157668598	137855620	708672	20240	8406		
吉　林	52522694	51336820	400003	189			
黑龙江	69019301	68037183	835259	4410			
上　海	378370263	331879778	16541998	607476		7552	
江　苏	470889121	422484417	5982184	634625	4684		
浙　江	384012282	356111567	1985011	41074	27758	1499404	
安　徽	186472549	180483013	2676013	41636	246594		
福　建	230945811	205079589	6332403	247379	36162		
江　西	96981946	91927894	1257411		61980		
山　东	341961731	326448195	5352627	2375350	266443		
河　南	230676820	222896342	2374772	58477	4952		
湖　北	213688582	205276221	3441741	430624			
湖　南	125043812	119547873	569184	1194			
广　东	699645803	575204270	1635782	2473973	241013		
广　西	107944416	99827726	579500	43418	569		
海　南	93442830	81083845	358664	32344			
重　庆	180548973	160385779	597102		29145		
四　川	211446755	198864659	440558	4765	524737		
贵　州	95045503	91089566	428681		41939		
云　南	147482971	142201944	974915	23926	1865		
西　藏	3382154	3382154	46040				
陕　西	107242719	103810007	1373956	131160	3870		
甘　肃	42693989	42096554	859065	15250			
青　海	12274876	11952881					
宁　夏	25634379	25083005	381432				
新　疆	45686132	44548850	171096	1459			

4-4 续表 1

单位：万元

地区	内资						
	国有与集体联营	其他联营	国有独资公司	其他有限责任公司	股份有限公司	私营独资	私营合伙
全国总计	**996306**	**79744**	**481472810**	**2897019378**	**267516272**	**2515891**	**127354**
北京			25589960	334180240	28951628		
天津			35994589	126961519	8942767	1313269	
河北			1514275	57194857	6002694		
山西			8544664	31547186	1253310		
内蒙古			4232153	31587697	4140374	53876	
辽宁			13485521	72623611	5201149	12326	
吉林			2786212	30734613	3775891	24682	
黑龙江			7629799	37993601	3024463		
上海			28983176	156622342	51677573	147292	
江苏	987052		47720221	192261672	13171924	394176	12990
浙江			37705813	165284722	8854431	1251	
安徽			15478547	100493162	5568945	61897	
福建	5593		25048326	107715502	5358869		
江西			12066246	47633689	3159188		52411
山东			34257358	179401458	11690634	187464	8991
河南			10353897	154864197	9803653	33203	11637
湖北			19739607	118427715	12073430	1863	1632
湖南			12279602	63947471	5055370	13788	
广东		4489	15464831	350477746	44911317	79177	4111
广西			15058194	45997840	2364491		
海南	3661		11518140	52867791	3934433		
重庆			27479065	75283976	6882005		
四川			16016934	121468455	8102280		
贵州			12918215	48622550	2155613		35583
云南			15860080	76338680	7432369	30709	
西藏		75255	105152	2676847	392		
陕西			10784622	61910898	2222011	154743	
甘肃			1836326	24128618	505224	2068	-1
青海			1865757	4369685	258058		
宁夏			1777246	6448260	127628	4107	
新疆			7378284	16952781	914160		

4-4　续表 2

单位：万元

地　区	内　资			港澳台商投　资			
	私营有限责任公司	私营股份有限公司	其他内资企　业		合资经营	合作经营	独　资
全国总计	**1428041111**	**72211739**	**3874807**	**328976619**	**105803567**	**23635751**	**185553863**
北　京	25808869	173901		26767808	4962864	5033992	16770952
天　津	25835535	391826	1200667	7757985	1772881		5638681
河　北	85335052	681526		2780757	1237987		1536763
山　西	46408470	1013031		421218	179297		184776
内蒙古	25934991	653416	17428	4803	405		
辽　宁	43926819	1868876		12013463	5330045	501371	5948176
吉　林	12908361	706869		1115639	325855		705093
黑龙江	17776632	773019		827199	259792	12422	493857
上　海	69588025	7701873	2471	30999426	13184530	533655	16887995
江　苏	155651682	5666722	-3515	32370894	11520115	1478716	18422974
浙　江	139467252	1244853		16417939	5685400	835239	9149797
安　徽	51578936	3884140	453144	4542936	1856907	78240	2535295
福　建	58318113	2017242		21621456	11622358	71814	9599486
江　西	24589832	3107136		4370913	1927960		2369628
山　东	87481560	5198853	227457	11517176	5866505	524930	4816459
河　南	43468340	1863061	60153	6917353	712672	280853	5663403
湖　北	49414451	1743202	1959	5723382	1735943	564191	2841555
湖　南	35346867	2246354	88044	4448803	1325692	227573	2474475
广　东	145261060	13187399	1463374	87326946	15873924	12330778	54279846
广　西	34443049	1340665		4484806	1926200	21535	2537070
海　南	11440363	806030	122419	10286562	4031105		3336443
重　庆	47813482	2301006		16811843	8065840	348832	8018902
四　川	50108925	2072064	125942	6611618	1762333	38997	4509943
贵　州	24986339	1900645		3584892	1443518	68932	2072441
云　南	37741364	3794265	3772	4806900	691735	1547	3697772
西　藏	478468						
陕　西	25558712	1558544	111492	2105669	175733	682135	1056746
甘　肃	14273764	476240		522157	522157		
青　海	4868604	590779		311288	311288		
宁　夏	13929056	2415275		367508	367508		
新　疆	18298139	832931		1137282	1125017		5337

4-4 续表 3

单位：万元

地　　区	港澳台商投资		外商投资					
	股份有限	其　他		合资经营	合作经营	独　资	股份有限	其　他
全国总计	**12427582**	**1555856**	**149286872**	**40473173**	**13247419**	**82538741**	**7605503**	**5422036**
北　京			21456895	6866682	3495328	10893742	201143	
天　津	346423		5150805	471700	236931	3171240	1020298	250636
河　北		6006	1171827	190823	8584	915768	46130	10522
山　西	39105	18041	684800	99059		585742		
内蒙古		4397	237338	144424		92914		
辽　宁	231165	2705	7799516	3404729	810548	3367682	196868	19689
吉　林	78769	5923	70235	70235				
黑龙江		61128	154920	101403	-102	53619		
上　海	342411	50834	15491059	3076044	1515676	6985778	3913561	
江　苏	887399	61689	16033811	5599858	936759	9305512	1219	190463
浙　江	656986	90517	11482776	1629928	137614	9204803	13631	496800
安　徽	47333	25162	1446599	247727	7728	671222	519922	
福　建	263395	64403	4244765	253474		3140899	492760	357631
江　西		73325	683139	531526		96372	200	55041
山　东	20995	288287	3996360	2021932	926285	1029381		18763
河　南	200943	59483	863125	516106	9410	253335		84274
湖　北	565646	16047	2688979	1037687		812695		838597
湖　南	260882	160182	1047136	605856	2087	320032	8626	110534
广　东	4558989	283410	37114586	5581668	3802077	25392338	479760	1858744
广　西			3631885	1951274		1118325	168387	393898
海　南	2900170	18844	2072423	216402	253114	950758		652149
重　庆	298735	79534	3351350	913434	572575	1705656	75389	84297
四　川	253777	46569	5970477	3858907	204257	1877096	30218	
贵　州			371045	35711	328548	6787		
云　南	410459	5387	474128	196862		9910	267356	
西　藏								
陕　西	64000	127055	1327044	639417		517591	170036	
甘　肃			75278	58838		16440		
青　海			10707	10707				
宁　夏			183866	140759		43107		
新　疆		6928						

4-5　各地区按资质等级分的房地产开发企业负债合计

单位：万元

地　区	总　计	一　级	二　级	三　级	四　级	暂　定	其　他
全国总计	**5712748483**	**565075020**	**1000532600**	**864343025**	**681394864**	**2134227278**	**467175696**
北　京	471779530	101233741	54722504	34146069	155608583	98437319	27631315
天　津	217254690	27064691	30351020	9475394	96410115	35561479	18391991
河　北	154961772	14353186	24495226	24805587	42996217	44230744	4080812
山　西	91068181	3049272	15176391	10887472	31154358	24451192	6349496
内蒙古	66959303	4586318	11110027	9968532	30518847	9221479	1554101
辽　宁	157668598	6237077	15910277	37020256	2029839	76185933	20285217
吉　林	52522694	1640853	12978454	8349582	5322741	23069591	1161474
黑龙江	69019301	3584268	21080503	27733241	560945	10420465	5639880
上　海	378370263	85417811	57094893	27727978	43185	176954208	31132188
江　苏	470889121	31188740	153413798	17044663	344213	217696254	51201455
浙　江	384012282	30952125	31475588	65658286	17035374	159615732	79275177
安　徽	186472549	6260519	24436459	36706551	2989033	99348754	16731233
福　建	230945811	26443410	37297112	45863045	21367650	86801411	13173184
江　西	96981946	2833073	14605657	19508483	9513944	45950873	4569916
山　东	341961731	22479059	43019869	51148441	33991146	166218506	25104711
河　南	230676820	17301236	41116696	29348549	9369752	120227776	13312810
湖　北	213688582	26080952	44625553	20346651	12616250	102731198	7287978
湖　南	125043812	6056645	17539191	50122647	20885157	28310359	2129814
广　东	699645803	79964511	66349284	123461466	92520067	259180706	78169769
广　西	107944416	4082304	17462323	17384077	4280137	60096433	4639142
海　南	93442830	2536852	10814816	10524215	7526597	53184361	8855989
重　庆	180548973	18762950	79221483	14661239	327111	65094130	2482060
四　川	211446755	12099694	54987553	100476727	1248558	31744666	10889556
贵　州	95045503	380333	24613425	17225624	9831581	35807596	7186944
云　南	147482971	12143308	40509031	8088567	32222648	44773912	9745505
西　藏	3382154		191320	893992	261955	1992589	42297
陕　西	107242719	8767564	22352110	18366184	24090636	20035676	13630549
甘　肃	42693989	2742142	9252303	11896655	5628983	12719767	454140
青　海	12274876	434949	5482800	2707409	1880778	1526776	242165
宁　夏	25634379	3112575	8905721	4319611	3053330	5852009	391132
新　疆	45686132	3284862	9941214	8475832	5765139	16785384	1433700

4-6 各地区按登记注册类型分的房地产开发企业所有者权益

单位：万元

地区	总计	内资					
			国有	集体	股份合作	国有联营	集体联营
全国总计	**1509611700**	**1278369153**	**39408139**	**1403470**	**444847**	**1414735**	
北京	118822450	101944220	1726522	92090	-10756		
天津	64832759	59247606	1395546	35808		11708	
河北	28289246	26362149	546				
山西	12518386	12165139	122987	2651			
内蒙古	10457333	10447459	-1733				
辽宁	37799645	22918942	649219	46	-396		
吉林	11351028	10808908	421941	158			
黑龙江	28644731	28088139	347081	1546	2126		
上海	173715000	132843633	22401425	432441		42943	
江苏	139165475	110171180	1241404	64087	26424		
浙江	96998514	79660462	507359	26116	23526	1360083	
安徽	43408287	40816408	1534276	4766	15672		
福建	73665329	63729288	3858471	7950	1302		
江西	26647121	24959507	693357		4447		
山东	75636461	69084989	1013298	70974	109730		
河南	45243011	42610437	526194	41804	3612		
湖北	54539724	49176706	825748	80762			
湖南	29227106	26780621	123882	3962			
广东	174804229	134246890	755507	507043	8883		
广西	31404062	29122517	120924	8958	2342		
海南	19634151	17042262	42306	424			
重庆	61662431	48581504	75525		34995		
四川	49972256	42367040	90900	4501	217345		
贵州	25207257	24533759	48135		-473		
云南	29121120	26688485	305524	6096	2472		
西藏	2075971	2075971	8739				
陕西	19517957	17954559	307841	1484	3596		
甘肃	8776001	8729624	204800	8714			
青海	2246057	2149512					
宁夏	4509340	4378501	7832				
新疆	9719266	8682740	52585	1089			

4-6 续表 1　　单位：万元

地　　区	内资						
	国有与集体联　　营	其他联营	国有独资公　　司	其他有限责任公司	股份有限公　　司	私营独资	私营合伙
全国总计	**62580**	**31538**	**230071193**	**668386479**	**77042610**	**424024**	**23925**
北　　京			13070157	72446756	11313553		
天　　津			15559383	33438992	2288746	-16717	
河　　北			505929	9108525	1542834		
山　　西			3444286	4829717	73418		
内 蒙 古			333060	6243424	215728	3793	
辽　　宁			6333891	9287495	824606	9250	
吉　　林			1530969	5584076	625720	-334	
黑 龙 江			3715255	19771199	205886		
上　　海			15533964	60725423	12673687	43112	
江　　苏	61127		23139244	49256036	3907311	333016	11401
浙　　江			11466663	39003750	5051779	186	
安　　徽			6246778	21025243	1414390	11037	
福　　建	-375		19061405	27275170	1787856		
江　　西			7590227	10407059	911665	5600	2155
山　　东			14478281	37439485	3065328	20520	41
河　　南			6419214	25913719	1997197	3931	7430
湖　　北			7590291	25358098	5795780	1993	1749
湖　　南			3809981	13704899	1064023	3327	
广　　东		-1870	9956006	79732010	15448068	-5503	372
广　　西			9788046	12360571	408628		
海　　南	1828		4451887	9947431	797051		
重　　庆			18744693	20540863	1744850		
四　　川			7554954	23664805	1781878		
贵　　州			5821648	14411966	204974		-703
云　　南			7437143	14274450	1149109	3000	
西　　藏		33407	95429	1847130	513		
陕　　西			3274440	10031652	260367	7182	
甘　　肃			521399	5017267	218316	-304	1480
青　　海			450786	748239	33930		
宁　　夏			548001	1434920	47168	936	
新　　疆			1597786	3556110	188251		

4-6 续表 2

单位：万元

地　　区	内资			港澳台商投资			
	私营有限责任公司	私营股份有限公司	其他内资企业		合资经营	合作经营	独　资
全国总计	**248173497**	**10872744**	**609374**	**165300438**	**57199325**	**8211972**	**94381503**
北　京	3112966	192933		9680500	3350214	1851761	4478525
天　津	6135242	86579	312320	3208528	1093412		1822282
河　北	15137253	67063		1410674	522847		887009
山　西	3681309	10772		308143	190262		90477
内蒙古	3584538	68645	5	13202	12411		
辽　宁	5613273	201559		8916772	3304383	38288	5513076
吉　林	2555637	90740		529039	154069		346695
黑龙江	3845874	199174		423677	221790	38803	145140
上　海	19603790	1386997	-148	28016315	14876777	354750	12338302
江　苏	31017268	1102381	11481	20494615	5370837	403719	13755660
浙　江	21955822	265179		12958466	4001443	461299	7971939
安　徽	9961296	553765	49185	2139936	972238	-34536	1206354
福　建	11374834	362675		7916146	4125356	95642	3615298
江　西	4798160	546837		1349913	379952		944473
山　东	12254597	576093	56643	4908295	1680539	91436	3084454
河　南	7152183	470632	74523	2364024	151937	360184	1783561
湖　北	9305585	216173	528	4580734	995517	106249	3010273
湖　南	7466545	578005	25997	2161882	297882	-3882	1640643
广　东	26414745	1426351	5278	31115701	8405749	4137615	17323909
广　西	6230965	202083		1726624	711156	3948	1011520
海　南	1442543	355893	2900	1984460	-75968		1434221
重　庆	7129573	311004		9896343	4048289	219202	5536332
四　川	8774061	262999	15596	4122836	797313	10784	3261766
贵　州	3761923	286290		634986	41595	7923	585468
云　南	3314973	195806	-88	2196355	213893	2609	1885471
西　藏	86539	4213					
陕　西	3671604	341237	55156	973520	91415	66179	706405
甘　肃	2697863	60088		46312	46312		
青　海	845347	71211		93065	93065		
宁　夏	2096250	243393		92847	92847		
新　疆	3150941	135977		1036526	1031794		2250

4-6 续表 3

单位：万元

地 区	港澳台商投资		外商投资					
	股份有限	其 他		合资经营	合作经营	独 资	股份有限	其 他
全国总计	**4752628**	**755010**	**65942110**	**20104137**	**7300308**	**34518292**	**2951474**	**1067899**
北 京			7197730	2352858	1666507	2703428	474936	
天 津	292834		2376624	555601	93808	1276937	237985	212293
河 北		819	516422	66562	1549	434628	14295	-611
山 西	24862	2543	45104	-11309		56413		
内蒙古		791	-3328	430		-3758		
辽 宁	58422	2603	5963931	2029225	887333	2853671	186340	7363
吉 林	18809	9466	13082	13082				
黑龙江		17944	132916	48088	11428	73399		
上 海	447767	-1281	12855052	3405413	970980	7180557	1298102	
江 苏	908115	56284	8499681	3033488	338465	4992071	4619	131038
浙 江	441102	82684	4379586	1350412	22790	2951576	16558	38250
安 徽	-5320	1200	451943	122072	66907	255247	7717	
福 建	54028	25823	2019894	124984		1601835	280191	12884
江 西		25488	337701	245326		89275	100	3000
山 东	6965	44901	1643178	848510	369030	422935		2703
河 南	62588	5755	268550	38521	4812	222124		3093
湖 北	468504	191	782284	273525		466621		42138
湖 南	32852	194387	284603	193281	4307	68952	430	17633
广 东	1030537	217890	9441639	2917337	1484715	4448072	234400	357115
广 西			554920	259999		158565	12205	124152
海 南	626045	162	607429	110152	125141	346494		25642
重 庆	41940	50581	3184584	838687	729809	1513628	11254	91207
四 川	47792	5181	3482380	1080910	531531	1863566	6372	
贵 州			38512	44687	-8806	2632		
云 南	91785	2597	236280	59944		19869	156468	
西 藏								
陕 西	103000	6521	589879	100129		480244	9505	
甘 肃			64	-1018		1082		
青 海			3479	3479				
宁 夏			37992	-239		38231		
新 疆		2482						

4-7 各地区按资质等级分的房地产开发企业所有者权益

单位：万元

地　区	总　计	一　级	二　级	三　级	四　级	暂　定	其　他
全国总计	**1509611700**	**196897780**	**279339691**	**232480748**	**157419951**	**505635347**	**137838184**
北　京	118822450	30687067	14450471	11698933	34093532	18883624	9008822
天　津	64832759	5793131	6304756	3267212	28211798	10350975	10904888
河　北	28289246	4596309	5176172	5004888	6505988	6494466	511423
山　西	12518386	423968	1429690	950888	3240735	3606408	2866697
内蒙古	10457333	1571273	1311292	1121891	4203489	1460452	788936
辽　宁	37799645	1782470	2999158	9503159	304758	16305449	6904652
吉　林	11351028	726098	3346331	1718451	1475656	3571307	513186
黑龙江	28644731	179370	6528214	14698484	251734	3379859	3607070
上　海	173715000	36453544	29558305	10779466	57778	81213626	15652281
江　苏	139165475	12142829	46521880	4916698	105705	60707266	14771097
浙　江	96998514	13690595	8814066	20156096	3691222	33973299	16673236
安　徽	43408287	2575429	6525663	9645652	978917	21494515	2188111
福　建	73665329	10148348	9223754	12878647	7866213	25574745	7973621
江　西	26647121	714488	4777138	7787404	2778832	9707172	882088
山　东	75636461	7285270	12224482	10879782	9089690	32330953	3826285
河　南	45243011	4273479	8407306	5516988	1378107	21349362	4317768
湖　北	54539724	6729929	15299002	5814319	2300297	22917814	1478363
湖　南	29227106	1166850	5033067	12728123	4275155	4494527	1529385
广　东	174804229	32813639	15138168	35223656	26056274	48061164	17511327
广　西	31404062	1205108	6758000	9024927	1180871	11055518	2179639
海　南	19634151	944562	2810235	3038373	1511771	9630118	1699093
重　庆	61662431	10580919	26425333	3217489	23988	20832225	582477
四　川	49972256	3011804	14043214	21351183	599224	8778231	2188600
贵　州	25207257	86280	8240870	2899001	2513757	8280893	3186456
云　南	29121120	2066928	7980324	919590	5734040	9194737	3225501
西　藏	2075971		27592	193095	1061	1847642	6582
陕　西	19517957	1360729	3596501	3361776	5611503	3187832	2399616
甘　肃	8776001	1154024	1645792	1590829	1988565	2375054	21737
青　海	2246057	202032	1032317	349046	336613	275099	50950
宁　夏	4509340	626181	1352652	855597	447923	1166990	59996
新　疆	9719266	1905128	2357947	1389105	604756	3134030	328300

4-8 各地区按登记注册类型分的房地产开发企业营业利润

单位：万元

地　区	总　计	内　资					
			国　有	集　体	股份合作	国有联营	集体联营
全国总计	**117281116**	**94433920**	**315175**	**168920**	**15966**	**63376**	
北　京	8460132	6781170	50925	-10442	-1191		
天　津	2546650	2121089	-6310	33336		406	
河　北	3156590	2864295	-5066				
山　西	371581	319838	-6267	175			
内蒙古	-391879	-391602	-560				
辽　宁	12869	-435530	-10181	-114	-91		
吉　林	545794	498864	-992	0			
黑龙江	335054	321373	-8215	-13	-29		
上　海	16538433	11670641	151587	11869		211	
江　苏	11168490	8277821	-131982	-2243	1872		
浙　江	8235762	6888329	-10847	3808	-5638	62760	
安　徽	3420024	3014965	28439	-163	-9061		
福　建	6127931	5049022	97770	-511	-254		
江　西	2739405	2688831	1941		13845		
山　东	4635365	4170219	5887	-1388	7550		
河　南	4325205	3938870	8360	11831	2128		
湖　北	4940002	4526950	30204	1053			
湖　南	1411302	1337163	7278	193			
广　东	24649990	19080657	59523	117903	1805		
广　西	1762950	1505354	6966	37	-238		
海　南	1969447	1642068	270	-110			
重　庆	1671946	1103745	-4526		-2271		
四　川	3498486	2803252	3660	1544	7236		
贵　州	1595217	1346574	43				
云　南	545952	568817	19410	-252	-25		
西　藏	46806	46806	789				
陕　西	1618099	1446243	10222	1366	328		
甘　肃	620544	619877	13499	-305			
青　海	104712	7605					
宁　夏	36920	38452	3328				
新　疆	581340	582166	24	1347			

4-8 续表 1

单位：万元

地区	内资						
	国有与集体联营	其他联营	国有独资公司	其他有限责任公司	股份有限公司	私营独资	私营合伙
全国总计	**-1964**	**18416**	**4352929**	**61584339**	**6800364**	**25276**	**-286**
北京			355385	5349965	1014995		
天津			-124066	1405117	221706	-25997	
河北			-7453	1063864	297784		
山西			11431	310943	21844		
内蒙古			-36250	91926	-58833	-51	
辽宁			-87528	-161961	-161429	103	
吉林			-2709	410094	-14787	-501	
黑龙江			17887	112481	-34382		
上海			692767	7036891	1650524	-4879	
江苏	-2433		218530	4937201	385077	-1233	1315
浙江			31861	5128620	474555	-64	
安徽			262343	1824079	175077	822	
福建	-1		644276	3329190	79653		
江西			64402	1800751	104310		-1328
山东			197660	2640749	225360	35616	-267
河南			85547	2877998	204028	10511	
湖北			51066	3080139	375716	73	-25
湖南			53666	728299	62092	-159	
广东		-27	908083	11683450	1304936	-6338	80
广西			19073	926022	130009		
海南	470		10668	1411443	133939		
重庆			118389	712315	12493		
四川			314427	1858722	103031		
贵州			63318	1105703	-5881		-61
云南			380294	279979	20581	-34	
西藏		18443	5160	5733	-63		
陕西			50221	1012560	46306	17485	
甘肃			1670	174691	5860	-46	
青海			5445	22204	-1189		
宁夏			-21429	73328	3262	-31	
新疆			68799	351842	23791		

4-8 续表 2

单位：万元

地 区	内资			港澳台商投资			
	私营有限责任公司	私营股份有限公司	其他内资企业		合资经营	合作经营	独资
全国总计	**20509102**	**620484**	**-38177**	**15483634**	**5652621**	**630888**	**8455898**
北 京	27679	-6146		407520	278659	31307	97554
天 津	645350	-16901	-11551	237754	142990		43427
河 北	1510954	4213		234827	130527		104299
山 西	-6802	-11485		63549	63373		1348
内蒙古	-402094	14445	-185	425	132		
辽 宁	-28698	14369		242529	160288	-64512	146769
吉 林	112686	-4926		43045	15576		27115
黑龙江	228922	4721		19360	25378	1551	-6119
上 海	1998000	133643	30	3289604	1967925	47214	1174354
江 苏	2782131	89124	462	1887286	344302	19386	1461357
浙 江	1194877	8398		995677	284912	7759	700236
安 徽	733279	1911	-1760	384537	178150	-4545	213103
福 建	829014	69886		997290	644289	5509	343839
江 西	636482	68429		19685	-2499		21261
山 东	1016842	43617	-1407	273481	85627	4853	181800
河 南	622377	116695	-606	330509	-3786	27909	308318
湖 北	1004987	-16233	-31	287357	164671	-4598	126819
湖 南	450399	43199	-7803	52829	-7746	-460	51461
广 东	5010653	5324	-4737	4129174	799911	561272	2426364
广 西	420302	3182		220229	59073	-125	161281
海 南	44380	49080	-8072	223009	-68178		112449
重 庆	204565	62781		413112	177121	2692	210772
四 川	520345	-5713		310041	132466	-460	174587
贵 州	180479	2973		248980	-8954	204	257730
云 南	-36962	-94099	-75	-7326	-3485	2	21994
西 藏	16744						
陕 西	308140	2058	-2442	83642	-3857	-4071	93974
甘 肃	423136	1372		5	5		
青 海	-15084	-3770		96446	96446		
宁 夏	-54575	34570		-116	-116		
新 疆	130597	5766		-826	-580		-192

4-8 续表 3

单位：万元

地区	港澳台商投资		外商投资					
	股份有限	其他		合资经营	合作经营	独资	股份有限	其他
全国总计	**682400**	**61827**	**7363562**	**1967400**	**1562366**	**3034467**	**385186**	**414143**
北京			1271442	505294	500905	157393	107849	
天津	51337		187807	-6524	2052	141492	2697	48090
河北			57469	7545	-37	53531	-3561	-8
山西	-872	-300	-11807	-214		-11593		
内蒙古		294	-703	-137		-566		
辽宁	720	-736	205870	126836	119193	-70186	30202	-175
吉林	463	-109	3884	3884				
黑龙江		-1450	-5679	-5059	113	-732		
上海	101339	-1227	1578188	330818	286885	839275	121210	
江苏	64028	-1788	1003384	304606	15309	679686	37	3745
浙江	4861	-2092	351756	29568	-742	321709	4369	-3148
安徽	-1574	-597	20521	100	5308	16204	-1091	
福建	3791	-138	81619	-225		4773	69063	8008
江西		923	30889	-5356		38030	150	-1935
山东	-232	1433	191665	82349	-2114	111430		
河南	-2150	217	55826	514	-79	54275		1116
湖北	797	-332	125696	39399		66630		19667
湖南	695	8879	21311	21793	-22	-13770	48	13262
广东	310310	31317	1440159	287757	490592	375521	55781	230509
广西			37368	15457		-14113	-2736	38761
海南	179077	-338	104370	29047	11676	11551		52096
重庆	-6531	29057	155089	8059	90417	52652	-195	4156
四川	3221	227	385193	218215	44210	123204	-437	
贵州			-337	1093	-1301	-130		
云南	-25800	-37	-15538	-18635		-277	3373	
西藏								
陕西	-1080	-1324	88214	-10002		99787	-1571	
甘肃			662	701		-39		
青海			660	660				
宁夏			-1416	-146		-1271		
新疆		-54						

4-9 各地区按资质等级分的房地产开发企业营业利润

单位：万元

地区	总计	一级	二级	三级	四级	暂定	其他
全国总计	**117281116**	**13525410**	**17356411**	**17887362**	**12076012**	**47922977**	**8512944**
北京	8460132	2824222	643133	378031	2725614	1378839	510292
天津	2546650	-187631	194492	237351	1176288	941134	185016
河北	3156590	699899	599851	385145	733223	767021	-28548
山西	371581	61917	72445	7038	-40545	230021	40706
内蒙古	-391879	-447794	-15638	-254	14927	4593	52287
辽宁	12869	-59962	201816	61935	-3960	-169715	-17246
吉林	545794	57353	240534	8823	12116	219959	7009
黑龙江	335054	102136	176220	10636	-3253	75858	-26542
上海	16538433	2038697	2620248	1362580	152	8848332	1668424
江苏	11168490	788212	2525505	293048	6346	6635861	919517
浙江	8235762	1403911	538454	1632570	235590	4019347	405890
安徽	3420024	145813	326996	989987	110611	1508984	337634
福建	6127931	566740	720997	1557664	970445	1917395	394688
江西	2739405	48452	253763	575251	237954	1532925	91061
山东	4635365	707611	436983	459329	420075	2413645	197722
河南	4325205	466623	518748	520721	224202	2175268	419643
湖北	4940002	441267	1610962	519515	100962	2124072	143224
湖南	1411302	254030	341611	660207	235129	-123433	43758
广东	24649990	2665561	1650668	5210763	3923734	8848689	2350575
广西	1762950	59068	302064	150258	70479	1041368	139713
海南	1969447	197469	-18012	495845	430485	852361	11299
重庆	1671946	304181	931432	134133	13017	233353	55831
四川	3498486	127345	926010	1593757	8676	564742	277956
贵州	1595217	-12742	981538	140601	55246	340279	90295
云南	545952	319	-58184	5544	125098	340850	132326
西藏	46806		-1905	20965	-2530	24579	5697
陕西	1618099	102187	242972	246126	323513	560469	142831
甘肃	620544	49594	242116	160429	-8530	173120	3816
青海	104712	23979	2335	69	571	79488	-1731
宁夏	36920	42949	22017	-9213	-21770	18586	-15649
新疆	581340	54005	126240	78508	2147	344989	-24549

4-10 各地区按登记注册类型分的房地产开发企业利润总额

单位：万元

地区	总计	内资					
			国有	集体	股份合作	国有联营	集体联营
全国总计	**118116199**	**95399453**	**547278**	**154846**	**14463**	**65322**	
北京	8346447	6707166	73293	-9576	-1190		
天津	3132387	2697866	4118	33345		405	
河北	3105718	2814892	-5117				
山西	343194	291261	-4741	302			
内蒙古	-347522	-347245	-581				
辽宁	-8634	-458365	-10134	-115	-127		
吉林	539210	491956	-384	0			
黑龙江	346938	333264	-8434	-13	-29		
上海	16573692	11708566	151131	12471		2161	
江苏	11597490	8726198	-7508	-15391	1871		
浙江	8358699	6961954	-1207	3695	-5750	62756	
安徽	3635543	3107780	28777	-163	-9069		
福建	6004045	4964589	135175	-136	-254		
江西	2746514	2695331	10482		13845		
山东	4725834	4249482	-8636	-2217	8005		
河南	4265452	3883470	9817	11831	2128		
湖北	4985997	4594640	37207	1284			
湖南	1411946	1343475	-682	184			
广东	23945968	18502375	84866	115798	563		
广西	1772324	1516914	7726	21	-238		
海南	1933714	1634057	5407	-115			
重庆	1982032	1419638	-3231		-2276		
四川	3481545	2804978	3118	1577	6668		
贵州	1622481	1380808	-57				
云南	562678	583870	16920	-265	-25		
西藏	44547	44547	784				
陕西	1610868	1439224	10885	1282	341		
甘肃	621815	621223	14094	-321			
青海	102718	10582					
宁夏	68009	69842	3119				
新疆	604552	605115	1074	1367			

4-10 续表 1

单位：万元

地 区	内资						
	国有与集体联营	其他联营	国有独资公司	其他有限责任公司	股份有限公司	私营独资	私营合伙
全国总计	**-2150**	**18422**	**5530873**	**61951646**	**6830012**	**24798**	**-280**
北 京			360675	5301651	1019884		
天 津			-66847	1947081	236421	-25997	
河 北			-9442	1057513	293324		
山 西			33291	313705	20813		
内 蒙 古			-37574	135288	-58876	-46	
辽 宁			-69943	-199407	-180080	103	
吉 林			12706	388999	-13148	-502	
黑 龙 江			12497	163620	-27715		
上 海			736355	7067508	1673636	-4879	
江 苏	-2617		488503	5088199	393607	-1341	1304
浙 江			79437	5209623	470062	-76	
安 徽			430114	1775774	172837	816	
福 建	-1		649971	3249654	77926		
江 西			77460	1779120	101898		-1335
山 东			277901	2669651	222153	35608	-270
河 南			135875	2820909	178204	10495	
湖 北			83316	3128696	378584	73	1
湖 南			61921	738294	66221	-160	
广 东		-27	877319	11305112	1301891	-6672	80
广 西			16119	950970	130125		
海 南	468		19463	1404662	133764		
重 庆			406633	719902	26095		
四 川			365781	1860460	102358		
贵 州			62972	1155697	-8008		-61
云 南			374022	309690	35839	-34	
西 藏		18449	5411	3852	-45		
陕 西			87037	970480	45086	17491	
甘 肃			2398	175414	7054	-46	
青 海			7805	20629	-1203		
宁 夏			-20651	83639	3150	-33	
新 疆			70348	355262	28156		

4-10 续表 2

单位：万元

地区	内资			港澳台商投资			
	私营有限责任公司	私营股份有限公司	其他内资企业		合资经营	合作经营	独资
全国总计	**19690655**	**617951**	**-44382**	**15376282**	**5530078**	**608032**	**8481009**
北京	-31364	-6206		388261	277715	24019	86528
天津	598880	-17308	-12232	243934	140339		52327
河北	1474529	4085		234409	130321		104089
山西	-60654	-11456		63768	63596		1348
内蒙古	-399141	13875	-190	425	132		
辽宁	-14694	16033		233474	160447	-70730	142980
吉林	110393	-6109		43345	15473		27518
黑龙江	189513	3825		19476	25622	1561	-6257
上海	1934577	135579	29	3271199	1979010	46702	1147572
江苏	2690458	88638	474	1861622	334487	19800	1445063
浙江	1136531	6883		1045496	302830	8711	705181
安徽	704133	6336	-1773	507615	176704	-4545	337629
福建	791202	61052		967184	635740	5474	322307
江西	645697	68164		20442	-2532		22068
山东	1004110	44628	-1451	295295	112569	1172	180438
河南	598167	116212	-167	326184	-2636	27479	303254
湖北	982082	-16573	-31	271924	151000	-4633	126635
湖南	438889	46573	-7766	46892	-11027	-475	50578
广东	4833286	1060	-10901	4007980	692708	555849	2417638
广西	408416	3775		218613	58697	-38	159953
海南	29192	48959	-7743	193732	-73589		97077
重庆	208009	64507		408264	157293	2273	226100
四川	476472	-11458		299215	132062	-480	164125
贵州	167209	3058		238395	-10584	204	248775
云南	-56157	-96044	-75	-5504	-3176	2	23446
西藏	16097						
陕西	306730	2450	-2556	83821	-3966	-4313	94607
甘肃	421329	1302		-18	-18		
青海	-12500	-4148		91481	91481		
宁夏	-38229	38847		-78	-78		
新疆	137493	11415		-563	-542		32

4-10　续表 3　　　　单位：万元

地　　区	港澳台商投资		外商投资					
	股份有限	其　他		合资经营	合作经营	独　资	股份有限	其　他
全国总计	**694248**	**62915**	**7340464**	**1978355**	**1560149**	**3008462**	**372290**	**421208**
北　　京			1251019	505477	478263	159402	107877	
天　　津	51268		190586	-4303	3005	141457	2187	48239
河　　北			56417	7603	-37	52429	-3569	-8
山　　西	-876	-300	-11835	-214		-11621		
内 蒙 古		294	-703	-137		-566		
辽　　宁	957	-180	216257	137875	119276	-70944	30198	-148
吉　　林	463	-109	3909	3909				
黑 龙 江		-1450	-5801	-5126	113	-788		
上　　海	99142	-1227	1593928	329121	287038	853166	124603	
江　　苏	64093	-1820	1009670	316825	15199	672969	37	4640
浙　　江	30136	-1363	351249	28664	-742	322459	4369	-3502
安　　徽	-1576	-597	20148	-141	5313	16017	-1041	
福　　建	3808	-145	72272	-215		-3206	67700	7992
江　　西		907	30741	-5533		38090	150	-1966
山　　东	-232	1349	181056	81473	-1996	101579		
河　　南	-2119	206	55798	-399	-79	55271		1005
湖　　北	-746	-332	119434	39871		62238		17324
湖　　南	-925	8741	21579	22204	-23	-13898	48	13249
广　　东	310341	31445	1435612	284821	505619	365121	42043	238008
广　　西			36797	15007		-14284	-2719	38792
海　　南	170584	-339	105925	28771	11693	12035		53426
重　　庆	-6529	29128	154131	7991	90661	51714	-391	4156
四　　川	3280	227	377353	211092	44546	122152	-437	
贵　　州			3277	1108	2301	-132		
云　　南	-25739	-37	-15688	-18630		-321	3263	
西　　藏								
陕　　西	-1080	-1428	87823	-9834		99686	-2029	
甘　　肃			610	684		-74		
青　　海			655	655				
宁　　夏			-1756	-266		-1490		
新　　疆		-54						

4-11 各地区按资质等级分的房地产开发企业利润总额

单位：万元

地　区	总　计	一　级	二　级	三　级	四　级	暂　定	其　他
全国总计	**118116199**	**13768764**	**17860147**	**17944650**	**12381665**	**47909105**	**8251867**
北　京	8346447	2820586	659883	364355	2674182	1342067	485374
天　津	3132387	-142422	207197	229341	1718181	929551	190539
河　北	3105718	695722	599454	394521	699042	746579	-29600
山　西	343194	68518	54143	1968	-42280	221904	38941
内蒙古	-347522	-444204	-14565	38774	18827	-643	54288
辽　宁	-8634	-59835	205566	69353	6409	-221118	-9009
吉　林	539210	48359	231781	20538	10278	221759	6495
黑龙江	346938	99815	139046	18117	-4027	70280	23706
上　海	16573692	2062643	2635683	1378112	154	8861014	1636087
江　苏	11597490	874316	2843524	287410	6952	6711840	873448
浙　江	8358699	1414633	566963	1685291	256328	4014897	420587
安　徽	3635543	144589	285890	1111808	100399	1646404	346453
福　建	6004045	601564	705458	1502671	960778	1871956	361619
江　西	2746514	47104	264289	578688	238494	1525839	92101
山　东	4725834	720685	456163	447976	461613	2426556	212840
河　南	4265452	458884	501672	482317	214160	2204106	404313
湖　北	4985997	433622	1598433	542595	108114	2169848	133385
湖　南	1411946	260343	334993	682861	223539	-133246	43457
广　东	23945968	2648364	1637843	5151972	3724645	8617721	2165423
广　西	1772324	58729	326494	139421	78443	1024869	144369
海　南	1933714	197314	-27833	484844	424678	850071	4640
重　庆	1982032	339042	1110804	146781	13104	319127	53175
四　川	3481545	151045	930412	1557708	12163	556904	273314
贵　州	1622481	-12831	1033567	127729	59286	329464	85266
云　南	562678	2895	-59437	3391	110799	376259	128772
西　藏	44547		-2000	20852	-4324	24365	5654
陕　西	1610868	100935	231587	243596	338590	558714	137446
甘　肃	621815	50749	244401	150593	-6147	178599	3621
青　海	102718	25011	2237	-330	749	75739	-687
宁　夏	68009	46903	25804	-2570	-21726	35264	-15666
新　疆	604552	55687	130695	83966	266	352417	-18480

4-12　各地区按登记注册类型分的房地产开发企业主营业务收入

单位：万元

地　区	总　计	内　资					
			国　有	集　体	股份合作	国有联营	集体联营
全国总计	**958969006**	**858356285**	**4740605**	**1617851**	**172667**	**45139**	
北　京	41102646	37296324	219080	31577			
天　津	24512037	22244278	225549	120369		20900	
河　北	24142709	23214615	4407				
山　西	8255094	7938937	38867	1940			
内蒙古	6871148	6856780	2262				
辽　宁	22411088	17100874	22396	1	754		
吉　林	9098044	8711494	1649	2			
黑龙江	9588283	9347997	47900	0			
上　海	62324765	48717481	184024	67264		1554	
江　苏	110616247	95111286	987794	103082	6069		
浙　江	89269890	81296979	180046	10723	15304	22685	
安　徽	33637086	31720882	181878	533	908		
福　建	35988379	31490398	534882	37452			
江　西	22608874	21924617	88749		23628		
山　东	65341142	61694008	388090	235786	43065		
河　南	38948846	37925880	105820	25473	9965		
湖　北	36834680	34766913	174050	86956			
湖　南	27083569	25972128	166436	8507			
广　东	121012648	99922973	265837	845895	22025		
广　西	15729469	14187649	107135	7631	3806		
海　南	16236072	13780798	39498				
重　庆	27473823	23124302	16012		17		
四　川	40387577	37070846	41132	20718	41293		
贵　州	15835092	15252779	29858				
云　南	13496450	13012036	63007	1044	41		
西　藏	521715	521715	7550				
陕　西	19252889	18141422	367772	7733	5792		
甘　肃	7330035	7295162	204993	778			
青　海	1361951	1103977					
宁　夏	3354613	3317092	9406				
新　疆	8342150	8293663	34528	4387			

4-12 续表 1

单位：万元

地 区	内 资						
	国有与集体联营	其他联营	国有独资公司	其他有限责任公司	股份有限公司	私营独资	私营合伙
全国总计	**2809**	**102536**	**37636579**	**505362375**	**33123839**	**276097**	**4884**
北 京			4048632	29911492	1286624		
天 津			1402010	14556695	1196612		
河 北			181858	8824910	289549		
山 西			225702	3493434	184183		
内 蒙 古			403469	3601909	121771	821	
辽 宁			621725	9685947	586682	5295	
吉 林			159010	4974759	804716	480	
黑 龙 江			348820	5049394	487852		
上 海			3349551	30291166	1502928	416	
江 苏			4161018	46791355	3613843		3061
浙 江			2289936	47438646	876693		
安 徽			1491303	17608056	1285354	5190	
福 建			2225557	20075379	986713		
江 西			703941	13332613	851893	30	
山 东			3042538	36126315	2819556	171006	71
河 南			488988	27530254	1549708	52975	120
湖 北			783937	21254251	1710796	2966	1320
湖 南			620022	13950713	1118475		
广 东		170	3056644	60241078	6009447	1109	312
广 西			473513	7146376	824335		
海 南	2809		544535	9829205	954979		
重 庆			1675169	12550179	1166017		
四 川			1472269	23041702	1308368		
贵 州			677666	9750884	349615		
云 南			1401951	7617236	363504	5103	
西 藏		102367	22154	266394	469		
陕 西			959699	10953790	511270	30508	
甘 肃			115741	3761646	121422	179	
青 海			79784	556873	17075		
宁 夏			210607	1102874	16171	20	
新 疆			398833	4046851	207222		

4-12　续表 2　　单位：万元

地　　区	内资			港澳台商投资			
	私营有限责任公司	私营股份有限公司	其他内资企业		合资经营	合作经营	独资
全国总计	**264278056**	**10950605**	**42243**	**72466255**	**25991422**	**3325658**	**39469811**
北　京	1772027	26892		1757600	872593	489009	395999
天　津	4651072	71073		1707827	755047		785239
河　北	13817611	96281		657600	362293		295307
山　西	3944221	50591		298950	269984		14902
内蒙古	2570087	156443	17	13907	165		
辽　宁	5808165	369909		3464607	1567427	10149	1839126
吉　林	2653145	117733		374419	139013		232322
黑龙江	3303785	110244		218033	134321	49069	34208
上　海	12887956	432430	193	9890309	5387585	152197	4036765
江　苏	37855444	1586967	2654	10507384	2871217	123339	7041416
浙　江	30261019	201927		6522497	2145253	16933	4194495
安　徽	10594003	553658		1743682	931966	851	809734
福　建	7235392	395024		3506636	2213333	23647	1248880
江　西	6149335	774429		596178	272658		319861
山　东	17930461	914688	22433	2666078	1224747	55079	1331839
河　南	7377547	784713	318	864920	55254	88855	700714
湖　北	10513208	239430		1421672	576640	3908	829621
湖　南	9452700	647638	7638	835507	195045	30819	447811
广　东	28555338	925118		15235837	3187308	2147012	8753071
广　西	5420249	204605		1100751	407956	61	692734
海　南	2197223	210427	2122	1915547	265694		796622
重　庆	7249210	467698		3614963	983926	73760	2418824
四　川	10669020	476345		1636994	626939	2183	983726
贵　州	4210168	234588		526990	100073	16782	410136
云　南	3347249	212843	59	388521	42409	217	308281
西　藏	122781						
陕　西	5138898	159150	6810	631558	35286	41790	548177
甘　肃	3026236	64167		25635	25635		
青　海	417763	32482		256961	256961		
宁　夏	1733891	244124		36207	36207		
新　疆	3412851	188991		48487	48487		

4-12 续表 3 单位：万元

地 区	港澳台商投资		外商投资					
	股份有限	其 他		合资经营	合作经营	独 资	股份有限	其 他
全国总计	**3214119**	**465245**	**28146467**	**8744504**	**4421898**	**12610749**	**920367**	**1448948**
北 京			2048722	799805	1045021	192554	11342	
天 津	167541		559931	45502	14209	344585	10762	144873
河 北			270494	32834	161	218323	19145	30
山 西	14064		17208	217		16990		
内 蒙 古		13741	462	462				
辽 宁	43507	4398	1845608	814615	294632	561320	175041	
吉 林	3084		12130	12130				
黑 龙 江		435	22254	12331	191	9731		
上 海	313387	375	3716975	916485	756446	1987261	56783	
江 苏	458973	12440	4997577	1961787	243270	2747322	133	45066
浙 江	145291	20525	1450413	315862		1124551	9000	1000
安 徽	1132		172522	9046	527	142083	20865	
福 建	19874	902	991345	82701		494293	350076	64275
江 西		3659	88079	20861		66708	300	210
山 东	394	54018	981055	453687	117087	410281		
河 南	5453	14643	158047	6766	400	145828		5052
湖 北	2240	9264	646095	144854		304655		196586
湖 南	46165	115668	275935	152380		58343	198	65014
广 东	1065185	83259	5853839	1416211	1408865	2239384	176269	613111
广 西			441068	229554		33033	303	178178
海 南	853232		539726	123806	67583	299992		48346
重 庆	14213	124240	734559	139144	268858	237832	1517	87208
四 川	22773	1374	1679737	805179	152705	721853		
贵 州			55323	3379	51943	0		
云 南	37615		95892	3998		3260	88634	
西 藏								
陕 西		6304	479910	233034		246876		
甘 肃			9238	6861		2378		
青 海			1013	1013				
宁 夏			1313			1313		
新 疆								

4-13　各地区按资质等级分的房地产开发企业主营业务收入

单位：万元

地　区	总　计	一　级	二　级	三　级	四　级	暂　定	其　他
全国总计	**958969006**	**55893891**	**154870822**	**161475172**	**110204720**	**414595021**	**61929381**
北　京	41102646	5005212	5995147	3205806	15456534	9734573	1705374
天　津	24512037	1363505	2852906	1419620	12036361	5813855	1025791
河　北	24142709	1982699	3944760	4346008	6475374	7148782	245086
山　西	8255094	594242	1573398	1072811	2828490	2107741	78413
内蒙古	6871148	480428	1058316	959109	3355470	821368	196457
辽　宁	22411088	572945	2398369	4598460	134671	12800490	1906153
吉　林	9098044	875531	2057677	1024369	1014618	3961815	164033
黑龙江	9588283	836496	2525890	4168755	235157	1617956	204029
上　海	62324765	2694351	7653280	4757587	2716	42074925	5141905
江　苏	110616247	5018757	32709368	3756346	68565	58348546	10714667
浙　江	89269890	2733820	7334576	18983680	4806591	45462495	9948727
安　徽	33637086	845680	3367587	7554204	859547	18332702	2677366
福　建	35988379	2202870	3512495	10381177	4641474	14031768	1218595
江　西	22608874	483863	2133339	4151910	2674200	11849401	1316161
山　东	65341142	5019390	7989216	8383564	7687180	32873963	3387829
河　南	38948846	2423420	5771512	5216477	2182732	20657534	2697171
湖　北	36834680	1839392	7457869	4754966	3165570	18320458	1296426
湖　南	27083569	1930153	4879350	10038044	5043949	4660201	531873
广　东	121012648	9445680	7257145	23975128	20873675	49132942	10328078
广　西	15729469	626834	1831462	2539937	929728	8950247	851262
海　南	16236072	352504	705214	2229608	2371114	9469459	1108173
重　庆	27473823	2475658	13274487	2388576	105075	8849451	380576
四　川	40387577	2038203	9565987	20215666	261245	6752911	1553565
贵　州	15835092	28244	5520800	2656026	1621237	5061049	947736
云　南	13496450	593992	2591274	996807	4312846	4821463	180068
西　藏	521715		16059	238643	11610	190685	64718
陕　西	19252889	1304888	4146483	3219197	4912039	3946438	1723844
甘　肃	7330035	616915	1853687	2034029	857478	1878930	88995
青　海	1361951	102289	421180	249346	224077	334460	30600
宁　夏	3354613	692514	1115873	413462	321563	776467	34735
新　疆	8342150	713417	1356120	1545852	733838	3811947	180976

第二部分　城市篇

第五章　35 个大中城市房地产综合情况

5-1　35个大中城市按登记注册类型分的房地产开发企业个数

单位：个

地　区	总　计	内　资					
			国　有	集　体	股份合作	国有联营	集体联营
总　计	**31186**	**28669**	**362**	**82**	**19**	**4**	**1**
北　京	2400	2203	37	15	1		
天　津	1249	1164	35	4		2	
石家庄	401	396					
太　原	671	659	9				
呼和浩特	208	207					
沈　阳	509	420	2				
大　连	745	633	5				
长　春	675	656	2	1			
哈尔滨	818	798	17	1			
上　海	2637	2253	32	13		1	1
南　京	582	516	12				
杭　州	1657	1518	7			1	
宁　波	785	706	2				
合　肥	579	550	4	1	1		
福　州	580	505	18	8			
厦　门	403	312	9				
南　昌	515	471	8				
济　南	646	612	16	1	1		
青　岛	1040	949	8	5	4		
郑　州	1401	1363	13				
武　汉	1156	1075	19	4			
长　沙	808	776	6				
广　州	1306	1004	20	18	1		
深　圳	593	501	3	1			
南　宁	499	467	3				
海　口	408	387	13	1			
重　庆	2316	2191	10		2		
成　都	1521	1416	4	1	6		
贵　阳	757	723	11	1			
昆　明	804	776	6	2	2		
西　安	1001	970	13	2	1		
兰　州	563	549	14	3			
西　宁	193	190					
银　川	320	315	1				
乌鲁木齐	440	438	3				

5-1 续表 1

单位：个

地 区	内 资						
	国有与集体联营	其他联营	国有独资公司	其他有限责任公司	股份有限公司	私营独资	私营合伙
总 计	**2**	**1**	**1062**	**15141**	**759**	**9**	**1**
北 京			65	1620	45		
天 津			78	691	39	1	
石家庄			2	115	2		
太 原			24	154	9		
呼和浩特			5	70	9		
沈 阳			9	223	10		
大 连			11	267	16		
长 春			9	371	31		
哈尔滨			19	395	23		
上 海			154	1129	44	2	
南 京	1		17	262	19		
杭 州			39	868	27	1	
宁 波			31	259	13		
合 肥			21	305	18		
福 州	1		14	256	8		
厦 门			39	174	9		
南 昌			24	294	23		1
济 南			28	364	29		
青 岛			35	452	32	2	
郑 州			14	981	37		
武 汉			49	628	52		
长 沙			36	394	18		
广 州		1	33	570	11		
深 圳			16	224	33		
南 宁			20	190	10		
海 口			11	251	11		
重 庆			85	864	56		
成 都			38	855	51	1	
贵 阳			29	494	9		
昆 明			25	352	29	1	
西 安			39	537	16	1	
兰 州			11	245	11		
西 宁			12	59	4		
银 川			11	79	2		
乌鲁木齐			9	149	3		

5-1　续表 2　　单位：个

地　区	内资			港澳台商投资			
	私营有限责任公司	私营股份有限公司	其他内资企业		合资经营	合作经营	独资
总　计	**10811**	**402**	**13**	**1776**	**622**	**175**	**921**
北　京	409	11		115	36	42	37
天　津	299	12	3	45	21		21
石家庄	273	4		1			1
太　原	450	13		8	4		2
呼和浩特	123						
沈　阳	169	7		56	23	2	31
大　连	322	12		80	31	2	44
长　春	232	10		15	7		7
哈尔滨	320	23		14	7	1	5
上　海	843	33	1	268	101	7	154
南　京	198	7		47	16		30
杭　州	565	10		106	36	1	64
宁　波	392	9		52	23	2	24
合　肥	193	6	1	24	13	1	10
福　州	197	3		58	18	2	36
厦　门	76	5		71	16	5	49
南　昌	115	6		34	15		17
济　南	158	15		26	11	2	13
青　岛	397	13	1	57	27	8	21
郑　州	307	9	2	26	9	2	12
武　汉	307	16		59	23	2	31
长　沙	315	7		25	9	2	11
广　州	341	9		236	49	83	102
深　圳	218	5	1	73	25	1	45
南　宁	239	5		14	5		9
海　口	93	4	3	18	3		13
重　庆	1115	59		96	28	5	58
成　都	449	11		64	18	1	42
贵　阳	168	11		27	17	1	9
昆　明	341	18		25	12	1	11
西　安	351	9	1	19	4	2	11
兰　州	247	18		10	9		1
西　宁	101	14		2	2		
银　川	215	7		3	2		
乌鲁木齐	273	1		2	2		

5-1 续表 3 单位：个

地　　区	港澳台商投资		外商投资					
	股份有限	其　他		合资经营	合作经营	独　资	股份有限	其　他
总　计	**36**	**22**	**741**	**285**	**73**	**330**	**28**	**25**
北　京			82	36	25	19	2	
天　津	3		40	12	3	16	4	5
石 家 庄			4	1		3		
太　原	1	1	4	2		2		
呼和浩特			1			1		
沈　阳			33	16	1	15	1	
大　连	3		32	23		9		
长　春		1	4	4				
哈 尔 滨		1	6	2	1	3		
上　海	4	2	116	34	6	71	5	
南　京	1		19	6	2	11		
杭　州	4	1	33	18	1	11	1	2
宁　波	3		27	9		15		3
合　肥			5	1	1	3		
福　州	1	1	17	5		11	1	
厦　门		1	20	3		13	2	2
南　昌		2	10	6		2	1	1
济　南			8	5		3		
青　岛		1	34	16	8	10		
郑　州	1	2	12	4		7		1
武　汉	3		22	10		9		3
长　沙	1	2	7	5		2		
广　州	2		66	19	12	28	4	3
深　圳	2		19	5	5	7	1	1
南　宁			18	7		8	1	2
海　口	1	1	3	1		1		1
重　庆	2	3	29	10	3	13	2	1
成　都	2	1	41	14	2	24	1	
贵　阳			7	3	2	2		
昆　明	1		3	1	1		1	
西　安	1	1	12	3		8	1	
兰　州			4	2		2		
西　宁			1	1				
银　川		1	2	1		1		
乌鲁木齐								

5-2　35个大中城市按资质等级分的房地产开发企业个数

单位：个

地　区	总　计	一　级	二　级	三　级	四　级	暂　定	其　他
总　计	**31186**	**646**	**3691**	**6599**	**4318**	**12670**	**3262**
北　京	2400	94	142	171	1071	510	412
天　津	1249	20	82	93	768	211	75
石家庄	401	7	22	37	104	221	10
太　原	671	4	67	82	274	221	23
呼和浩特	208	3	20	31	125	24	5
沈　阳	509	5	32	76	1	310	85
大　连	745	10	31	194	8	408	94
长　春	675	7	107	119	102	315	25
哈尔滨	818	9	160	449	14	150	36
上　海	2637	40	220	270	2	1718	387
南　京	582	22	164	83	2	211	100
杭　州	1657	46	107	181	60	833	430
宁　波	785	16	39	370	43	219	98
合　肥	579	17	58	117	20	295	72
福　州	580	15	44	145	66	284	26
厦　门	403	12	34	27	139	77	114
南　昌	515	11	54	92	47	281	30
济　南	646	14	46	113	18	399	56
青　岛	1040	15	55	129	53	684	104
郑　州	1401	30	172	188	24	844	143
武　汉	1156	37	241	228	6	603	41
长　沙	808	13	96	324	156	210	9
广　州	1306	12	93	456	76	519	150
深　圳	593	26	27	128	101	128	183
南　宁	499	11	39	86	42	301	20
海　口	408	2	13	49	55	264	25
重　庆	2316	53	714	571	28	889	61
成　都	1521	24	198	951	37	213	98
贵　阳	757	2	77	141	156	323	58
昆　明	804	18	144	96	249	228	69
西　安	1001	19	141	165	261	225	190
兰　州	563	9	65	218	72	194	5
西　宁	193	2	69	54	25	32	11
银　川	320	10	73	70	59	106	2
乌鲁木齐	440	11	45	95	54	220	15

5-3 35个大中城市按登记注册类型分的房地产开发企业从业人数

单位：人

地　区	总　计	内　资					
			国　有	集　体	股份合作	国有联营	集体联营
总　计	**1005339**	**898297**	**15578**	**1770**	**438**	**97**	**5**
北　京	80069	69892	1525	294	50		
天　津	34820	31664	1272	67		43	
石家庄	15460	13906					
太　原	18648	18153	389				
呼和浩特	5756	5739					
沈　阳	14286	10646	24				
大　连	16833	13733	80				
长　春	20444	19528	137	10			
哈尔滨	17661	16852	488	248			
上　海	63755	47223	616	250		26	5
南　京	20420	17546	389				
杭　州	32357	28803	150			28	
宁　波	15330	13155	45				
合　肥	19520	17833	195	5	8		
福　州	22189	19628	727	152			
厦　门	12855	10453	395				
南　昌	16169	14871	332				
济　南	21551	20308	841	5	14		
青　岛	27642	24484	337	144	75		
郑　州	44661	43395	714				
武　汉	45147	42158	889	43			
长　沙	30313	28361	294				
广　州	47351	35664	333	355	42		
深　圳	30725	25908	29	89			
南　宁	20835	18569	113				
海　口	14935	12466	677	5			
重　庆	104044	96903	346		55		
成　都	50794	44968	116	9	162		
贵　阳	22802	21624	195	7			
昆　明	25967	24253	261	29	10		
西　安	42469	40888	2817	16	22		
兰　州	18422	17971	545	42			
西　宁	7163	7093					
银　川	10291	10148	44				
乌鲁木齐	13655	13511	263				

5-3　续表 1　　单位：人

地　区	内资						
	国有与集体联营	其他联营	国有独资公司	其他有限责任公司	股份有限公司	私营独资	私营合伙
总　计	**55**	**2**	**49115**	**480666**	**37582**	**185**	**20**
北　京			3698	53226	3239		
天　津			2966	17155	1703	30	
石家庄			59	5492	23		
太　原			931	5886	133		
呼和浩特			182	2283	315		
沈　阳			400	6525	401		
大　连			519	6525	354		
长　春			287	13204	787		
哈尔滨			669	8517	511		
上　海			3638	21711	2566	42	
南　京	48		706	9687	596		
杭　州			974	16695	779	2	
宁　波			631	5107	350		
合　肥			951	9536	784		
福　州	7		806	11210	613		
厦　门			2428	5863	160		
南　昌			1173	8851	860		20
济　南			1338	12190	901		
青　岛			1524	11092	1227	91	
郑　州			668	31457	1682		
武　汉			2052	22166	3332		
长　沙			1168	15473	932		
广　州		2	1977	19433	1130		
深　圳			1246	10023	4249		
南　宁			758	8951	379		
海　口			677	7852	281		
重　庆			5491	37336	4503		
成　都			2744	28322	2416		
贵　阳			1023	14680	275		
昆　明			1745	11012	893	9	
西　安			2679	23240	645	11	
兰　州			451	9816	247		
西　宁			888	2479	140		
银　川			709	2736	40		
乌鲁木齐			959	4935	136		

5-3 续表 2

单位：人

地　区	内资			港澳台商投资			
	私营有限责任公司	私营股份有限公司	其他内资企业		合资经营	合作经营	独资
总　计	**300239**	**12150**	**395**	**72251**	**24743**	**6448**	**39217**
北　京	7710	150		5598	1154	2257	2187
天　津	8044	247	137	1982	807		1056
石家庄	8217	115		76			76
太　原	10525	289		268	136		47
呼和浩特	2959						
沈　阳	3190	106		1731	803	83	845
大　连	6019	236		2386	673	4	1672
长　春	4898	205		727	435		278
哈尔滨	6105	314		754	119	51	578
上　海	17570	793	6	11786	5603	600	5484
南　京	5988	132		1798	583		1170
杭　州	10089	86		2695	657	10	1910
宁　波	6876	146		1467	599	49	747
合　肥	6135	214	5	1458	620	33	805
福　州	6025	88		2210	804	14	1346
厦　门	1478	129		1879	582	82	1205
南　昌	3263	372		977	382		560
济　南	4684	335		1169	299	15	855
青　岛	9636	333	25	1906	1036	116	706
郑　州	8752	98	24	1071	120	140	748
武　汉	13343	333		2034	831	36	1135
长　沙	10214	280		1354	447	106	532
广　州	11432	960		7219	1509	2145	3551
深　圳	10187	68	17	3198	1097	45	1994
南　宁	8162	206		1828	262		1566
海　口	2728	195	51	1074	270		562
重　庆	46572	2600		5699	1826	247	3391
成　都	10813	386		3900	1607	52	2156
贵　阳	5221	223		1013	481	38	494
昆　明	9760	534		1399	216	9	1128
西　安	10687	641	130	926	116	316	433
兰　州	6471	399		361	361		
西　宁	3134	452		43	43		
银　川	6184	435		121	121		
乌鲁木齐	7168	50		144	144		

5-3　续表 3　　　　　　　　　　　　　　　　　　　　　　　　　　　单位：人

地　区	港澳台商投资		外商投资					
	股份有限	其　他		合资经营	合作经营	独　资	股份有限	其　他
总　计	**1319**	**524**	**34791**	**10996**	**3682**	**16915**	**1099**	**2099**
北　京			4579	1656	1425	1112	386	
天　津	119		1174	270	89	540	76	199
石家庄			1478	66		1412		
太　原	28	57	227	63		164		
呼和浩特			17			17		
沈　阳			1909	574	328	976	31	
大　连	37		714	486		228		
长　春		14	189	189				
哈尔滨		6	55	17	5	33		
上　海	91	8	4746	1458	414	2724	150	
南　京	45		1076	350	22	704		
杭　州	111	7	859	363	34	416	15	31
宁　波	72		708	187		479		42
合　肥			229	38	10	181		
福　州	8	38	351	147		162	42	
厦　门		10	523	16		387	39	81
南　昌		35	321	241		62	15	3
济　南			74	38		36		
青　岛		48	1252	551	381	320		
郑　州	29	34	195	24		155		16
武　汉	32		955	338		465		152
长　沙	101	168	598	82		516		
广　州	14		4468	1552	390	2349	94	83
深　圳	62		1619	277	224	1084	30	4
南　宁			438	185		171	12	70
海　口	238	4	1395	22		40		1333
重　庆	160	75	1442	368	171	798	20	85
成　都	76	9	1926	764	100	980	82	
贵　阳			165	73	89	3		
昆　明	46		315	307			8	
西　安	50	11	655	202		354	99	
兰　州			90	63		27		
西　宁			27	27				
银　川			22	2		20		
乌鲁木齐								

5-4 35个大中城市按资质等级分的房地产开发企业从业人数

单位：人

地　区	总　计	一　级	二　级	三　级	四　级	暂　定	其　他
总　计	**1005339**	**79921**	**187818**	**195604**	**107843**	**357647**	**76506**
北　京	80069	11194	9950	7365	30378	13606	7576
天　津	34820	1925	3940	2829	18561	5539	2026
石 家 庄	15460	2613	1252	1313	3165	6923	194
太　原	18648	194	3702	2646	6081	5652	373
呼和浩特	5756	232	685	987	3043	740	69
沈　阳	14286	212	2297	2349	5	7573	1850
大　连	16833	660	714	4350	82	8857	2170
长　春	20444	4787	3861	2741	1651	6898	506
哈 尔 滨	17661	704	3923	9393	283	2788	570
上　海	63755	3676	6453	6992	36	37737	8861
南　京	20420	1803	6816	1474	12	7630	2685
杭　州	32357	2688	2739	3403	564	15310	7653
宁　波	15330	963	1069	7330	376	4041	1551
合　肥	19520	1268	2830	3956	405	9116	1945
福　州	22189	2144	2790	6194	1616	8954	491
厦　门	12855	2080	2657	1114	3395	1745	1864
南　昌	16169	519	2314	2759	1287	8574	716
济　南	21551	1201	2489	3424	269	12517	1651
青　岛	27642	1205	2738	3059	1017	17045	2578
郑　州	44661	3110	7778	5960	627	24987	2199
武　汉	45147	2973	12571	6830	408	20280	2085
长　沙	30313	1021	6168	11778	4158	6970	218
广　州	47351	5027	4424	14633	1574	17749	3944
深　圳	30725	4277	1921	7533	4223	5466	7305
南　宁	20835	719	3230	3087	811	12082	906
海　口	14935	291	684	1864	3143	8055	898
重　庆	104044	7411	40943	18025	669	34737	2259
成　都	50794	2283	9915	28075	405	7222	2894
贵　阳	22802	86	7328	3507	2121	8602	1158
昆　明	25967	2097	6816	2086	4854	8564	1550
西　安	42469	6044	9123	6824	8708	6862	4908
兰　州	18422	2198	3999	5660	1126	5353	86
西　宁	7163	140	3664	1646	667	759	287
银　川	10291	1222	3261	1649	1300	2787	72
乌鲁木齐	13655	954	2774	2769	823	5927	408

5-5　35个大中城市房地产开发企业投资规模与完成情况

单位：万元

地　区	计划总投资	自开始建设至本年底累计完成投资	本年完成投资
总　计	**3373691117**	**2474805165**	**548650668**
北　京	277210665	210296315	36925416
天　津	167090742	113781027	22333936
石家庄	47454392	31794592	12122720
太　原	45488511	28086250	4706283
呼和浩特	26167238	19691845	2383997
沈　阳	68822703	52231053	8142371
大　连	66356577	50426609	5666385
长　春	44764529	32687344	5737761
哈尔滨	39088619	26842490	4985896
上　海	283329343	206577826	38565278
南　京	127706833	78002341	21702088
杭　州	132892980	105716995	27342031
宁　波	60936162	46197092	13744702
合　肥	99898811	63147533	15574051
福　州	78998243	78171666	16941798
厦　门	51545890	42826053	8798628
南　昌	51107605	34084552	7906914
济　南	75703272	53330363	12326305
青　岛	66354066	52520413	13305432
郑　州	141501945	89971700	33588413
武　汉	155531509	114308287	26863358
长　沙	103765134	74091481	14934441
广　州	171302528	140047742	27028935
深　圳	105917914	75216108	21308620
南　宁	61287824	41147418	9580867
海　口	36438153	24997694	6032485
重　庆	239103876	192775663	39800837
成　都	145441419	110060766	24926510
贵　阳	70874853	55432942	10240915
昆　明	99117969	72599109	16833325
西　安	143875290	93759552	22348421
兰　州	23528117	16008666	4182571
西　宁	16745567	11765373	3513337
银　川	26729106	21052789	4028246
乌鲁木齐	21612732	15157516	4227395

5-6 35个大中城市按用途分的房地产开发企业完成投资

单位：万元

地　　区	本年完成投资	住　宅	#别　墅、高档公寓	办公楼	商业营业用房	其　他
总　　计	**548650668**	**347231593**	**22154383**	**52169827**	**73612838**	**75636410**
北　　京	36925416	16946697	1571555	7429272	3576544	8972903
天　　津	22333936	15597031	700684	925785	1893933	3917187
石 家 庄	12122720	8676670	131126	1107043	1380814	958193
太　　原	4706283	3292073	55471	242203	407207	764800
呼和浩特	2383997	1798519	25183	64075	361680	159723
沈　　阳	8142371	6204533	303378	271811	1041332	624695
大　　连	5666385	4044520	205590	284432	806839	530594
长　　春	5737761	3766015	153437	408835	936116	626795
哈 尔 滨	4985896	3150814	74983	214059	1014826	606197
上　　海	38565278	21524006	5407503	6421995	5067129	5552148
南　　京	21702088	15695242	653913	1501523	2630800	1874523
杭　　州	27342031	17131281	1091919	2455681	3286295	4468774
宁　　波	13744702	9324741	654212	642260	1298512	2479189
合　　肥	15574051	10954534	277074	1135822	2197407	1286288
福　　州	16941798	11769854	325307	1131738	1986392	2053814
厦　　门	8798628	5503647	584446	832516	687788	1774677
南　　昌	7906914	4863799	165439	660303	1679663	703149
济　　南	12326305	8228444	203041	1058113	1907938	1131810
青　　岛	13305432	9255095	727963	1124854	1857834	1067649
郑　　州	33588413	24186617	339500	1400266	3127118	4874412
武　　汉	26863358	18403091	368039	2545234	2889031	3026002
长　　沙	14934441	8093170	405033	1299532	3012483	2529256
广　　州	27028935	17694861	1605753	3302306	2985026	3046742
深　　圳	21308620	10096471	658522	5358180	3396705	2457264
南　　宁	9580867	6791290	241994	659506	774886	1355185
海　　口	6032485	4125878	190355	259550	814490	832567
重　　庆	39800837	26328813	2247940	1572815	6717965	5181244
成　　都	24926510	13004619	1012564	2157283	5732329	4032279
贵　　阳	10240915	5950551	258692	798452	2004562	1487350
昆　　明	16833325	10589031	691967	1219470	2227306	2797518
西　　安	22348421	15050298	447913	2181232	2887390	2229501
兰　　州	4182571	2647080	8794	426237	649788	459466
西　　宁	3513337	1711652	9155	329174	878019	594492
银　　川	4028246	2402498	124077	271467	749459	604822
乌鲁木齐	4227395	2428158	231861	476803	747232	575202

5-7　35个大中城市房地产开发企业实际到位资金情况

单位：万元

地　区	本年实际到位资金合计	上年末结余资金	本年实际到位资金	国内贷款	#银行贷款	#非银行金融机构贷款
总　计	**1112924059**	**308263132**	**804660927**	**159115617**	**129066225**	**30049392**
北　京	107488305	37605537	69882768	19470753	14859547	4611206
天　津	62112729	18446157	43666572	11860296	7601940	4258356
石家庄	16444102	3204862	13239240	1318656	1142143	176513
太　原	11287764	2545631	8742133	1281247	1160379	120868
呼和浩特	3598970	819932	2779038	105982	46527	59455
沈　阳	16078494	4838188	11240306	1117551	900101	217450
大　连	14757471	4245208	10512263	1537988	1111163	426825
长　春	10526550	3475567	7050983	645781	512364	133417
哈尔滨	10321692	1734550	8587142	545504	470904	74600
上　海	80997653	27151130	53846523	13937825	12138591	1799234
南　京	48347260	14023968	34323292	8323161	6600542	1722619
杭　州	63307483	18093441	45214042	8642615	6495185	2147430
宁　波	26630012	6520354	20109658	3452631	3013825	438806
合　肥	32272116	8398448	23873668	5068807	3501296	1567511
福　州	28454928	6685883	21769045	3172315	2821594	350721
厦　门	16294363	5044861	11249502	1477706	1340706	137000
南　昌	16060270	3965027	12095243	2845130	2338866	506264
济　南	24303466	5914742	18388724	2205829	1693833	511996
青　岛	31087496	8359922	22727574	4973191	4621648	351543
郑　州	45866953	13047414	32819539	5666031	4926436	739595
武　汉	52967696	11957470	41010226	6975783	5675359	1300424
长　沙	28978124	7578141	21399983	3839625	3098869	740756
广　州	57038743	19171290	37867453	7659251	7291504	367747
深　圳	49720056	17424135	32295921	11969344	10930188	1039156
南　宁	18488998	4256086	14232912	2259083	1745446	513637
海　口	10768335	1915888	8852447	1505237	1164334	340903
重　庆	75021329	17461621	57559708	9172113	7240570	1931543
成　都	56750436	12607207	44143229	6827582	5660047	1167535
贵　阳	12909949	3391431	9518518	690426	525256	165170
昆　明	21097718	4415624	16682094	4128144	3362806	765338
西　安	38016738	8636832	29379906	3051923	2323185	728738
兰　州	8376243	1922099	6454144	1574690	1249390	325300
西　宁	4616180	982297	3633883	690088	603879	86209
银　川	5583493	1199674	4383819	600006	543759	56247
乌鲁木齐	6351944	1222515	5129429	523323	354043	169280

5-7 续表

单位：万元

地区	利用外资	自筹资金	定金及预收款	个人按揭贷款	其他到位资金	本年各项应付款合计	#工程款
总计	**869407**	**244429441**	**254209668**	**107200679**	**38836115**	**150683450**	**74716557**
北京	184797	17321217	24087103	6549820	2269078	5185745	2164652
天津	197	7838605	15693045	3564384	4710045	9970932	3082364
石家庄	500	9732141	1012025	495271	680647	2500891	577723
太原		2216616	2771422	2083519	389329	1418033	712972
呼和浩特		1840215	438155	216447	178239	606434	267811
沈阳	21000	2687199	5228172	1777386	408998	4754133	2073544
大连	6100	2844706	3930774	1673859	518836	3902636	2019102
长春		2266279	2379108	1311006	448809	1144024	491481
哈尔滨		3694241	2848317	1417562	81518	1036043	618691
上海	52241	15491973	16475785	4333300	3555399	8555622	4910369
南京		7741574	11319334	6014363	924860	5500085	2529948
杭州	98167	9523157	19873369	6024161	1052573	4501272	2403306
宁波	100	5359319	6759074	4424012	114522	2407427	1643180
合肥		8530218	5417224	4046618	810801	5355243	2641393
福州	2881	7533433	6323246	3194298	1542872	1562593	719417
厦门	164550	5464365	1880019	1600250	662612	715896	491822
南昌		2785839	3164956	2380318	919000	2347597	1121617
济南		6710149	6439245	1950560	1082941	3524369	1937594
青岛	16654	6127893	8843716	2291176	474944	4591698	2545200
郑州	9855	16775473	6168256	3902285	297639	7330760	3414058
武汉	11024	13861497	13106008	4735363	2320551	7764728	3113005
长沙		5319552	7118731	3953576	1168499	4720407	2305885
广州	90548	11916528	13244396	4025690	931040	7056622	3580909
深圳	79130	7906686	7678650	3409119	1252992	6100869	2825745
南宁		3853044	4045982	3280234	794569	3640061	1727098
海口		2273295	3374206	765000	934709	2028383	971577
重庆	93154	14828109	18673087	10633355	4159890	14684574	7699651
成都	5500	15049395	15370509	5726065	1164178	6428545	3539100
贵阳		2330840	3371975	2303033	822244	3033464	1918485
昆明	32775	6554439	2882844	2042053	1041839	6061464	3245799
西安	234	11931568	8093413	4249126	2053642	6445836	3357367
兰州		1845144	2000317	865827	168166	2118929	1703959
西宁		1660968	791824	460554	30449	1044422	642517
银川		1161519	1491820	620171	510303	1306717	889939
乌鲁木齐		1452245	1913561	880918	359382	1336996	829277

5-8　35个大中城市按用途分的房地产开发企业房屋施工面积

单位：平方米

地　区	房屋施工面　积	住　宅	#别　墅、高档公寓	办公楼	商业营业用房	其　他
总　计	**2999903558**	**1872294358**	**92601882**	**244949015**	**385166328**	**497493857**
北　京	124127376	53908905	4294692	24284022	12463394	33471055
天　津	87958217	59110301	2590280	6938326	9949258	11960332
石 家 庄	42427168	30588182	1054515	3443502	5473019	2922465
太　原	55650644	39038287	879880	3543652	5359376	7709329
呼和浩特	41705918	27294672	583117	1686447	8577352	4147447
沈　阳	69670840	49200948	1180172	2252925	11835335	6381632
大　连	44778924	33190566	2011690	1394548	6003052	4190758
长　春	66873050	43954232	2746782	4479197	10108914	8330707
哈 尔 滨	44821460	29946778	1318216	1778716	7147379	5948587
上　海	153622465	80137991	17488839	22820750	20161554	30502170
南　京	81630425	53950202	2683850	6286310	8572383	12821530
杭　州	115273666	59441452	3002230	14738084	14883719	26210411
宁　波	68331184	37580750	2793929	4833060	8688489	17228885
合　肥	82835620	48546174	998626	7071457	15006397	12211592
福　州	79475928	50705792	916127	5637560	9052172	14080404
厦　门	42876995	20178136	1069128	8101271	3645968	10951620
南　昌	59488109	42024294	1242495	4238354	7059718	6165743
济　南	80149374	53367353	1635368	7529089	8414552	10838380
青　岛	95326911	62555502	4232529	6468190	10857967	15445252
郑　州	163948304	112312641	1754701	10645817	16130578	24859268
武　汉	119129752	84198495	2141951	9106527	11358770	14465960
长　沙	98140875	61803266	2711438	6766661	13208815	16362133
广　州	106584887	63994729	3401799	11216734	12591059	18782365
深　圳	56760735	29646725	2590392	9115445	8184535	9814030
南　宁	71716166	47042207	765150	4912945	6208243	13552771
海　口	33366107	20836161	1326965	1817022	4695088	6017836
重　庆	259609900	167479200	8557487	9077009	39880766	43172925
成　都	193966471	112615720	7901514	11921064	28190312	41239375
贵　阳	57907740	35781658	1284505	4800352	7980062	9345668
昆　明	100901994	62627102	2583926	7008281	12450991	18815620
西　安	154088180	108467671	2106503	10518796	18491392	16610321
兰　州	41401985	27204715	273472	2178539	5593197	6425534
西　宁	22352678	12408295	159833	1553943	4827334	3563106
银　川	41441905	25612446	1055617	2982876	6402443	6444140
乌鲁木齐	41561605	25542810	1264164	3801544	5712745	6504506

5-9 35个大中城市按用途分的房地产开发企业房屋新开工面积

单位：平方米

地　区	房屋新开工面　积	住　宅	#别　墅、高档公寓	办公楼	商业营业用房	其　他
总　计	**626504834**	**409789366**	**18288472**	**39390990**	**70024514**	**107299964**
北　京	23615082	11596428	606490	3646134	1562978	6809542
天　津	23346172	18227181	655930	674852	1666776	2777363
石家庄	15244350	12398762	173818	291197	1539663	1014728
太　原	10116668	6890712	214663	436814	1081371	1707771
呼和浩特	3649828	2721307	35358	87319	640387	200815
沈　阳	13348988	10797312	368907	312204	1251666	987806
大　连	5121984	3959090	105938	120910	549769	492215
长　春	9478283	6450392	76013	277872	1431437	1318582
哈尔滨	11942690	9099889	258588	154214	1368050	1320537
上　海	26180016	14029119	2517015	3688385	2976812	5485700
南　京	20263688	12835885	543452	2070854	2158083	3198866
杭　州	21765173	12438161	690773	2480051	2344134	4502827
宁　波	17726304	11076415	671893	695548	1326099	4628242
合　肥	20415647	13517599	152876	1529588	2193578	3174882
福　州	12124383	8317318	160220	755753	741465	2309847
厦　门	6054079	3338665	134538	833911	266063	1615440
南　昌	16391440	11889313	381304	779333	2062030	1660764
济　南	17260773	12051428	159208	1146248	1401394	2661703
青　岛	20307758	14239378	690814	946419	2238831	2883130
郑　州	54496061	38547113	592487	2767681	5128375	8052892
武　汉	30200964	22035404	746960	2296315	2793517	3075728
长　沙	21130928	12924687	351633	1068104	2952700	4185437
广　州	18538816	11189516	553493	1634407	2073311	3641582
深　圳	9708304	4224310	165321	2612771	1369685	1501538
南　宁	14862092	10217209	126700	268762	1183622	3192499
海　口	5698080	3930787	415918	127574	774723	864996
重　庆	56800420	37596264	3097217	948633	7681012	10574511
成　都	42392909	23737555	2000184	2559791	6812921	9282642
贵　阳	8949270	5554393	238385	503150	1384307	1507420
昆　明	15987252	9871572	546239	821605	1790921	3503154
西　安	24903297	17918697	298569	1208884	2264702	3511014
兰　州	7557428	4038280	16853	459384	1423564	1636200
西　宁	5515709	2686527	80000	440825	1385241	1003116
银　川	6141326	4043598	68253	179032	906635	1012061
乌鲁木齐	9268672	5399100	392462	566466	1298692	2004414

5-10　35个大中城市按用途分的房地产开发企业房屋竣工面积

单位：平方米

地　区	房屋竣工面　积	住　宅	#别　墅、高档公寓	办公楼	商业营业用房	其　他
总　计	**379136862**	**245178027**	**12300299**	**26484874**	**45342048**	**62131913**
北　京	14666675	6040373	356393	3211821	1669402	3745079
天　津	20234119	14332373	649609	1386449	2092113	2423184
石家庄	3760505	3196435	235263	117580	351332	95158
太　原	3936789	2491264	110327	558753	423119	463653
呼和浩特	3798340	2401372		206430	796908	393630
沈　阳	8230337	6882617	243795	178168	670757	498795
大　连	2940970	2365580	200247	16256	331631	227503
长　春	9056609	5927715	691021	571264	1462517	1095113
哈尔滨	6782379	4746753	267501	161346	929965	944315
上　海	33875601	18627361	3481319	4448278	3877286	6922676
南　京	10774909	8058499	338324	186481	924158	1605771
杭　州	20856109	11708060	365076	2418442	2168074	4561533
宁　波	10326180	6220865	333652	448906	1102722	2553687
合　肥	11793364	7798847	112598	925512	1355696	1713309
福　州	11557373	7651698	43629	199789	950116	2755770
厦　门	4263565	2287761	38643	594521	246822	1134461
南　昌	5589681	3894055	317635	369190	756684	569752
济　南	6312932	4911043	168146	499987	488400	413502
青　岛	14865344	9686038	490323	900522	2270972	2007812
郑　州	15370564	10255579	222796	1191981	1619973	2303031
武　汉	7762977	5978214	227164	350768	820904	613091
长　沙	11598661	8050644	330069	464430	1247446	1836141
广　州	13206648	8318292	247286	641929	1337204	2909223
深　圳	2850595	1837888		344101	319643	348963
南　宁	5782234	4404749	98520	250844	265853	860788
海　口	5481034	3169352	195279	450891	1142499	718292
重　庆	50557325	33163669	1140167	1420062	7244003	8729591
成　都	18574728	10751015	674636	1238070	2631303	3954340
贵　阳	3136308	2019173	61098	175745	440631	500759
昆　明	6803295	3945175	60797	470680	841940	1545500
西　安	15717316	12314281	47365	752506	1833236	817293
兰　州	1929820	1351846	2057	108546	238913	230515
西　宁	3428242	1779725	685	490693	523039	634785
银　川	8596370	5268879	465648	609005	1508953	1209533
乌鲁木齐	4718964	3340837	83231	124928	457834	795365

5-11 35个大中城市按用途分的房地产开发企业房屋竣工价值

单位：万元

地区	房屋竣工价值	住宅	#别墅、高档公寓	办公楼	商业营业用房	其他
总计	**141145911**	**87548417**	**6554238**	**13599304**	**19873882**	**20124308**
北京	6003518	2214253	236447	1409830	920141	1459294
天津	7413427	4735668	268576	889496	954979	833284
石家庄	1050179	886980	88248	41596	89508	32095
太原	1459451	947383	122159	259918	129885	122265
呼和浩特	1264441	791780		58366	324705	89590
沈阳	3109821	2553237	115089	177022	232810	146752
大连	1451184	1116674	107015	12763	231049	90698
长春	2042266	1360525	182346	122044	324216	235481
哈尔滨	1806672	1272969	125774	47171	265604	220928
上海	20543056	10204210	2518412	3360233	3219565	3759048
南京	3969197	2882060	168994	83454	507712	495971
杭州	8841612	5119365	275378	1271252	922950	1528045
宁波	4392200	2864724	201374	188196	561677	777603
合肥	3330576	2269980	47053	265096	387380	408120
福州	3513090	2285429	5860	59254	313729	854678
厦门	1554701	577288	8487	512085	93531	371797
南昌	1541329	1053264	93780	95797	286051	106217
济南	1615213	1280865	34057	131380	111464	91504
青岛	3975018	2470770	130645	296843	674042	533363
郑州	4214222	2855735	92306	276115	462823	619549
武汉	3713039	2881435	156395	275445	398913	157246
长沙	4151001	3042800	119791	170333	505386	432482
广州	4875745	3058222	72886	267392	572603	977528
深圳	2784565	1707245		435077	397460	244783
南宁	1785774	1326250	94432	136775	105051	217698
海口	2447110	1372116	126260	264006	559997	250991
重庆	17210136	11022389	507722	919475	3042769	2225503
成都	6265374	3612310	361811	496161	1143372	1013531
贵阳	885946	443454	22890	76658	181309	184525
昆明	2698201	1540982	28357	249201	321238	586780
西安	5468675	4270895	13960	245606	750230	201944
兰州	836873	569898	822	70967	97558	98450
西宁	1134972	517005	205	162830	210149	244988
银川	2504362	1529264	191425	209227	438572	327299
乌鲁木齐	1292965	910993	35282	62240	135454	184278

5-12　35个大中城市按用途分的房地产开发企业住宅竣工套数

单位：套

地　区	住　宅	#90平方米及以下住宅	#144平方米以上住宅	#别　墅、高档公寓
总　计	**2482935**	**1351604**	**170102**	**78440**
北　京	62796	47004	5918	1183
天　津	149400	78675	7955	3340
石家庄	31074	18800	3584	1352
太　原	20995	11139	4689	201
呼和浩特	29345	17222	3222	
沈　阳	82088	57715	1699	4249
大　连	24554	18835	1785	801
长　春	63634	36718	6478	6440
哈尔滨	51375	33624	3262	1057
上　海	180347	93144	16988	22154
南　京	85049	50550	6285	1247
杭　州	107385	64532	8659	1268
宁　波	50824	12469	5892	1664
合　肥	75265	31592	2169	197
福　州	72469	30259	6227	76
厦　门	22058	7309	1937	181
南　昌	36499	14061	3476	2500
济　南	45775	15410	2980	1968
青　岛	95188	48170	4602	2200
郑　州	98894	45693	9214	2751
武　汉	57816	27782	1829	1281
长　沙	73190	26242	5766	1954
广　州	76342	30697	7369	1455
深　圳	17574	13660	1537	
南　宁	53944	37526	2193	231
海　口	29607	11114	3942	1632
重　庆	385456	262638	9127	6047
成　都	111655	61717	6675	4396
贵　阳	16701	3458	1591	232
昆　明	34120	18428	5274	287
西　安	130646	82316	8258	104
兰　州	13833	6689	653	12
西　宁	18280	6962	672	4
银　川	46502	16711	5937	5693
乌鲁木齐	32255	12743	2258	283

5-13 35个大中城市按资质等级分的房地产开发企业住宅竣工套数

单位：套

地　　区	总　计	一　级	二　级	三　级	四　级	暂　定	其　他
总　　计	**2482935**	**146983**	**500507**	**474531**	**257193**	**977266**	**126455**
北　　京	62796	3993	8193	4128	31732	12455	2295
天　　津	149400	2442	9863	8815	94638	25637	8005
石 家 庄	31074	3580	571	405	9265	17072	181
太　　原	20995		9373	900	5917	3480	1325
呼和浩特	29345	3772	3270	1335	18455	2144	369
沈　　阳	82088		7588	20583	139	42748	11030
大　　连	24554	135		9900		13161	1358
长　　春	63634	702	13341	19187	8632	20362	1410
哈 尔 滨	51375	2980	9482	19737	648	18103	425
上　　海	180347	4977	19074	23712		127598	4986
南　　京	85049	15851	27355	8776		19644	13423
杭　　州	107385	2984	922	8785	891	82926	10877
宁　　波	50824	220	5603	30055	775	10502	3669
合　　肥	75265	2266	10551	13790	3262	37378	8018
福　　州	72469	6283	12076	35647	194	16803	1466
厦　　门	22058	5697	4267	1900	7614	2580	
南　　昌	36499	2204	4071	8130	3062	17550	1482
济　　南	45775	1197	3441	4211	1457	34042	1427
青　　岛	95188	2738	12511	9826	1094	57468	11551
郑　　州	98894	7540	18184	12604	152	58734	1680
武　　汉	57816	4254	15621	5439		32502	
长　　沙	73190	5910	16114	29588	13215	8363	
广　　州	76342	4217	6104	24473	5042	26314	10192
深　　圳	17574	1075	3259	4609	5209	3073	349
南　　宁	53944	13615	2249	17169	1089	19136	686
海　　口	29607		4180	5231	736	17002	2458
重　　庆	385456	25825	138755	41813	760	175463	2840
成　　都	111655	4758	22569	57273	507	20551	5997
贵　　阳	16701		8046	5292		3363	
昆　　明	34120	2896	14666		5060	11498	
西　　安	130646	1813	49581	21401	28175	11859	17817
兰　　州	13833		6126	5654	224	1829	
西　　宁	18280	1531	9692	3695	2277	1085	
银　　川	46502	8910	17446	1895	5943	12308	
乌鲁木齐	32255	2618	6363	8573	1029	12533	1139

5-14 35个大中城市按资质等级分的房地产开发企业别墅、高档公寓竣工套数

单位：套

地　区	总　计	一　级	二　级	三　级	四　级	暂　定	其　他
总　计	**78440**	**5963**	**9602**	**15120**	**5088**	**39130**	**3537**
北　京	1183				833	350	
天　津	3340			727	680	1762	171
石家庄	1352				1126	226	
太　原	201				201		
呼和浩特							
沈　阳	4249			2401		1848	
大　连	801	135				556	110
长　春	6440		2061	23	392	3964	
哈尔滨	1057			650		407	
上　海	22154		1615	3057		16338	1144
南　京	1247		169	806		272	
杭　州	1268		163	111		719	275
宁　波	1664			944	117	393	210
合　肥	197		122	63		12	
福　州	76			74		2	
厦　门	181		11		170		
南　昌	2500		114	138	26	2040	182
济　南	1968			244		1724	
青　岛	2200		114			1696	390
郑　州	2751	2317				434	
武　汉	1281			145		1136	
长　沙	1954			527	446	981	
广　州	1455	20		1234		1	200
深　圳							
南　宁	231		159			72	
海　口	1632		1070		138	424	
重　庆	6047	280	2596	1078		2007	86
成　都	4396	355	564	2473	341		663
贵　阳	232			194		38	
昆　明	287		81			206	
西　安	104				4		100
兰　州	12			12			
西　宁	4				4		
银　川	5693	2856	696	219	560	1362	
乌鲁木齐	283		67		50	160	6

5-15 35个大中城市按用途分的房地产开发企业商品房销售面积

单位：平方米

地区	商品房销售面积	住宅	#别墅、高档公寓	办公楼	商业营业用房	其他
总计	**556764797**	**455391696**	**19484640**	**31484579**	**39949672**	**29938850**
北京	8699521	6087804	888025	1083430	746275	782012
天津	14821233	13428690	750912	432824	774212	185507
石家庄	10273362	8169360	284284	749618	1121179	233205
太原	7864129	7221024	259495	303812	209361	129932
呼和浩特	3165095	2499733	45047	196191	360004	109167
沈阳	13002363	11912477	419383	111413	711720	266753
大连	8398366	7581734	173577	150530	412923	253179
长春	11471891	9518339	312292	499669	1065817	388066
哈尔滨	12695403	10891620	238598	400473	973070	430240
上海	16916016	13416197	2120445	1241048	793270	1465501
南京	14296091	12089774	253328	769230	1065973	371114
杭州	20541135	15201684	690352	2848386	1650313	840752
宁波	15436443	12837186	573275	648808	762353	1188096
合肥	12833996	9604586	183426	1156012	1380051	693347
福州	16854646	12768001	391141	1195529	1122624	1768492
厦门	5278806	2372751	199710	1241167	349864	1315024
南昌	16104283	12897947	285516	1077993	1636994	491349
济南	12162717	9747214	322101	503128	808458	1103917
青岛	19007365	16338365	852305	978839	1302083	388078
郑州	30978112	27353749	380141	1377538	1776580	470245
武汉	35326055	30857750	337769	1565683	1881792	1020830
长沙	22607893	18238103	771567	1141220	2147149	1081421
广州	17577529	13674778	737743	1769636	930879	1202236
深圳	6710330	5209653	412382	985556	272238	242883
南宁	15441267	13076791	178700	581041	470527	1312908
海口	5495948	4873748	398862	132711	298661	190828
重庆	67110048	54526452	3256395	1684711	6343738	4555147
成都	39259098	29764694	1817554	2352636	3425592	3716176
贵阳	10686715	8689791	267267	862050	877310	257564
昆明	18272477	13877657	588724	979599	1401250	2013971
西安	24593495	21059390	563656	1451883	1290522	791700
兰州	6979254	6093968	93435	270434	425435	189417
西宁	3882192	3051076	4132	266074	482445	82597
银川	5952162	5199868	227307	158620	359730	233944
乌鲁木齐	6069361	5259742	205794	317087	319280	173252

5-16　35个大中城市按用途分的房地产开发企业商品房销售额

单位：万元

地　区	商品房销售额	住　宅	#别　墅、高档公寓	办公楼	商业营业用房	其　他
总　计	**628512404**	**503129662**	**40730046**	**49849468**	**56697841**	**18835433**
北　京	27960252	20770062	4433551	3742111	2714196	733883
天　津	22723026	20329254	1347991	793217	1338666	261889
石家庄	10448477	7955134	267784	952004	1290860	250479
太　原	7090914	6374185	303094	308164	307214	101351
呼和浩特	2060524	1415232	35337	153748	446635	44909
沈　阳	10483048	9463567	503392	112294	792316	114871
大　连	8662907	7596144	276798	242097	566228	258438
长　春	8050094	6482610	338684	395388	969274	202822
哈尔滨	10586626	8561787	310212	481518	1220609	322712
上　海	40266714	33360924	11534913	3940736	2082287	882767
南　京	22377430	18447292	507191	1513912	2016550	399676
杭　州	41809859	32266274	1440740	5120719	3441946	980920
宁　波	20567739	18157835	939656	557560	1090833	761511
合　肥	13797483	10989490	285197	1068643	1484332	255018
福　州	18635494	13466619	636786	2269116	1643618	1256141
厦　门	11929785	6656181	697185	3034031	926847	1312726
南　昌	13731626	10455643	334575	999192	1968387	308404
济　南	11729126	9466257	423602	496415	1189135	577319
青　岛	19992012	16422765	1232043	1399596	1944320	225331
郑　州	26738201	22766931	544517	1701838	1934743	334689
武　汉	41486478	35342871	682610	2427769	2857536	858302
长　沙	17387333	13289202	728108	1172228	2443288	482615
广　州	30995202	24183602	1103081	3455568	2137307	1218725
深　圳	32166479	25330423	2874695	4667996	1333627	834433
南　宁	12007743	10069617	268501	614198	729573	594355
海　口	6588568	5699430	677828	235021	503368	150749
重　庆	45578543	36015634	3617028	1621252	6296559	1645098
成　都	34283667	25583304	2225855	2348505	4835303	1516555
贵　阳	7768388	5693247	394433	620463	1347992	106686
昆　明	14635906	11375890	501529	809489	1381543	1068984
西　安	20937306	17197156	749012	1562763	1715574	461813
兰　州	5328129	4349530	99254	401113	475924	101562
西　宁	2578509	1797097	5426	215253	533973	32186
银　川	3081587	2543917	153993	130369	317593	89708
乌鲁木齐	4047229	3254556	255445	285182	419685	87806

5-17 35个大中城市按用途分的房地产开发企业商品房平均销售价格

单位：元/平方米

地区	商品房平均销售价格	住宅	#别墅、高档公寓	办公楼	商业营业用房	其他
总计	**11289**	**11048**	**20904**	**15833**	**14192**	**6291**
北京	32140	34117	49926	34539	36370	9385
天津	15331	15139	17951	18327	17291	14117
石家庄	10170	9738	9420	12700	11513	10741
太原	9017	8827	11680	10143	14674	7800
呼和浩特	6510	5662	7844	7837	12406	4114
沈阳	8062	7944	12003	10079	11132	4306
大连	10315	10019	15947	16083	13713	10208
长春	7017	6811	10845	7913	9094	5226
哈尔滨	8339	7861	13001	12024	12544	7501
上海	23804	24866	54399	31753	26249	6024
南京	15653	15259	20021	19681	18917	10770
杭州	20354	21225	20870	17978	20856	11667
宁波	13324	14145	16391	8594	14309	6410
合肥	10751	11442	15548	9244	10756	3678
福州	11057	10547	16280	18980	14641	7103
厦门	22599	28053	34910	24445	26492	9983
南昌	8527	8106	11718	9269	12024	6277
济南	9644	9712	13151	9867	14709	5230
青岛	10518	10052	14455	14299	14932	5806
郑州	8631	8323	14324	12354	10890	7117
武汉	11744	11453	20209	15506	15185	8408
长沙	7691	7287	9437	10272	11379	4463
广州	17633	17685	14952	19527	22960	10137
深圳	47936	48622	69710	47364	48988	34355
南宁	7776	7700	15025	10571	15505	4527
海口	11988	11694	16994	17709	16854	7900
重庆	6792	6605	11107	9623	9926	3612
成都	8733	8595	12246	9982	14115	4081
贵阳	7269	6552	14758	7198	15365	4142
昆明	8010	8197	8519	8263	9859	5308
西安	8513	8166	13288	10764	13294	5833
兰州	7634	7137	10623	14832	11187	5362
西宁	6642	5890	13132	8090	11068	3897
银川	5177	4892	6775	8219	8829	3835
乌鲁木齐	6668	6188	12413	8994	13145	5068

5-18 35个大中城市按用途分的房地产开发企业房屋出租面积

单位：平方米

地区	房屋出租面积	住宅	#别墅、高档公寓	办公楼	商业营业用房	其他
总计	**27171337**	**1817533**	**684534**	**9589164**	**11045483**	**4719157**
北京	3502890	145788	86547	1291363	1338976	726763
天津	121218	17233	5013	74785		29200
石家庄	700			200	500	
太原	105019			5207	95643	4169
呼和浩特						
沈阳	149548	128364	16705	13817	7367	
大连						
长春	289834			22168	267666	
哈尔滨	13085				3416	9669
上海	16462998	1101527	554336	6924206	5420918	3016347
南京	18547	4369			11954	2224
杭州	629540	53774		230716	252175	92875
宁波	205909			126341	41188	38380
合肥	121250	69934			949	50367
福州	85774				85774	
厦门	178162			16013	102996	59153
南昌	43451				43451	
济南	66089			6194	59895	
青岛	376183	3940		33574	249631	89038
郑州	32515	32515				
武汉	241226	2600			177904	60722
长沙	190698	4434		19177	89014	78073
广州	579765	112219	21933	37860	312621	117065
深圳	1026599	38465		366040	361485	260609
南宁	16945				16945	
海口	354667	7803		46905	289181	10778
重庆	552939	7757		204061	322112	19009
成都	397559	120		54180	334927	8332
贵阳	107140			7118	88266	11756
昆明	58592				58592	
西安	571221			39865	524795	6561
兰州	52431			11538	40893	
西宁	507				507	
银川	380582	86691		34425	243961	15505
乌鲁木齐	237754			23411	201781	12562

5-19 35个大中城市按用途分的房地产开发企业商品房待售面积

单位：平方米

地区	待售面积	住宅	#别墅、高档公寓	办公楼	商业营业用房	其他
总计	**205203992**	**87253836**	**11019772**	**22026674**	**47042107**	**48881375**
北京	20801765	8038471	2328652	3360302	4285678	5117314
天津	6172580	2647066	393974	1158584	1532252	834678
石家庄	1156933	866064	58645	126404	121960	42505
太原	1358583	896005	34964	101509	334524	26545
呼和浩特	1761219	886964	102048	229458	480221	164576
沈阳	5856645	4290658	274060	93801	1224656	247530
大连	7970354	5784241	286665	282423	1200142	703548
长春	7186129	3507561	181343	770246	2006138	902184
哈尔滨	11474107	6687309	229323	313870	2378428	2094500
上海	20260476	6356756	2036502	3277906	4104633	6521181
南京	3221768	2086781	234361	236594	422077	476316
杭州	7352957	2633033	326217	1785648	1766629	1167647
宁波	6466322	2762262	412100	966284	1569997	1167779
合肥	2045534	383659	107641	363710	482997	815168
福州	4614886	1277554	136183	82080	755477	2499775
厦门	3073684	625740	92287	580684	700094	1167166
南昌	2443089	1371107	118041	356474	568604	146904
济南	1398451	740636	169599	119605	291187	247023
青岛	4699872	2101467	213980	707266	1551341	339798
郑州	4569526	2941629	108172	574794	788019	265084
武汉	2390680	991668	149268	407998	676221	314793
长沙	7506430	2944142	465059	680387	2184423	1697478
广州	7744163	3228869	381512	552747	1523076	2439471
深圳	2613028	1472034	184749	288299	727420	125275
南宁	3073228	1468069	44817	115718	727013	762428
海口	1867547	797544	157930	35577	442294	592132
重庆	20516911	5780790	427435	1302101	5619557	7814463
成都	11033748	2099215	422127	815730	2590490	5528313
贵阳	2285902	1375564	67739	320756	368452	221130
昆明	6046292	2740416	481642	580369	1209022	1516485
西安	3623004	1675789	11037	212702	1121782	612731
兰州	1744488	996778	16924	150488	441775	155447
西宁	727523	377642		128074	194095	27712
银川	6558970	2941262	245604	643656	1972987	1001065
乌鲁木齐	3587198	1479091	119172	304430	678446	1125231

5-20 35个大中城市房地产开发企业主要财务指标

单位：万元

地 区	资产总计	负债合计	所有者权益合计	主营业务收入
总 计	**4417341951**	**3427270559**	**990071392**	**504032312**
北 京	590601980	471779530	118822450	41102646
天 津	282087449	217254690	64832759	24512037
石家庄	22904083	20393164	2510920	2689013
太 原	56391576	48116743	8274832	4466751
呼和浩特	19490779	16561456	2929323	1387104
沈 阳	54052238	42804633	11247605	8305043
大 连	67743336	50980846	16762490	7471025
长 春	37291242	30768544	6522698	5816196
哈尔滨	64877854	46558236	18319618	6233236
上 海	552085262	378370263	173715000	62324765
南 京	132974230	105434474	27539757	23825232
杭 州	192417022	148309773	44107250	36087384
宁 波	78558321	61108129	17450192	13104206
合 肥	80352478	63362355	16990122	11426558
福 州	107201711	85956061	21245650	11163028
厦 门	82113331	56156341	25956990	7555614
南 昌	64794053	48652874	16141179	8915874
济 南	85586496	68738188	16848309	11218828
青 岛	102797103	83199425	19597679	14998661
郑 州	153036827	130471853	22564974	13981820
武 汉	186246064	145777399	40468664	22165705
长 沙	72049529	61252779	10796750	11686154
广 州	260945406	203094426	57850980	23040693
深 圳	201712502	153375477	48337025	25700656
南 宁	48477876	40559195	7918681	6704802
海 口	37054466	28047638	9006829	4239576
重 庆	242211403	180548973	61662431	27473823
成 都	165151675	131865607	33286068	22640245
贵 阳	64727841	48722017	16005824	8172072
昆 明	126690639	102878600	23812039	8326428
西 安	89424325	77103819	12320506	14728992
兰 州	31156636	26377420	4779216	4277463
西 宁	12313300	10341113	1972187	1088074
银 川	22187144	18904001	3283143	2431097
乌鲁木齐	29635774	23444520	6191255	4771513

5-20 续表 1

单位：万元

地区	土地转让收入	商品房销售收入	自持物业收入	房屋出租收入	其他收入
总计	**5880873**	**464364318**	**16124373**	**13546222**	**17662748**
北京	1286226	31892700	3172562	2977270	4751158
天津	615142	22660877	452731	234587	783288
石家庄	7455	2660608	7764	7076	13186
太原	62714	4210414	61756	58608	131867
呼和浩特	204	1355490	29283	24283	2126
沈阳	5458	8190399	81997	76765	27189
大连	52157	7179346	101433	66170	138088
长春	239	5623665	61528	54121	130764
哈尔滨	1884	5992138	40413	36695	198800
上海	1443706	54090649	5255551	4722077	1534859
南京	519680	22731069	290392	140865	284091
杭州	9098	34937038	381272	355783	759976
宁波	23652	12247958	125262	115751	707333
合肥	7212	10952590	273102	69751	193653
福州	3414	10829221	51456	47420	278937
厦门	56756	7090629	206892	196814	201336
南昌	26248	8611694	97304	96058	180627
济南	1501	10803498	110866	109982	302963
青岛	15807	14466727	109047	101581	407080
郑州	74477	12364126	264124	188280	1279093
武汉	12060	20921681	511092	254468	720873
长沙	40602	10985161	253327	71420	407064
广州	55578	21267889	1107965	994099	609261
深圳	7977	24074093	1209581	1140869	409006
南宁	132126	6365818	127990	119397	78868
海口	2616	4104229	57757	57745	74974
重庆	665520	25535087	492923	379302	780293
成都	28175	21545390	365154	224074	701526
贵阳	45790	7507513	93471	85362	525297
昆明	657083	6764945	245398	228789	659002
西安	860	14270782	231396	83106	225954
兰州	2252	4182745	78090	75561	14377
西宁	2	1002262	46626	28949	39184
银川	16077	2335911	52715	48980	26395
乌鲁木齐	1124	4609975	76154	74166	84260

5-20　续表 2　　单位：万元

地　区	主营业务成本	主营业务税金及附加	其他业务利润	销售费用
总　计	**340216117**	**33870341**	**1116099**	**17540513**
北　京	26956376	3447107	350297	1316088
天　津	18464917	1508681	85342	790538
石家庄	1585468	134116	5013	178857
太　原	3229781	232187	-5400	216299
呼和浩特	1060871	105712	-3424	49361
沈　阳	6636329	382017	2605	336314
大　连	6376196	287434	10235	247826
长　春	4432164	304725	489	227053
哈尔滨	4620088	410854	11013	199043
上　海	39224436	5271886	78486	1688308
南　京	15469907	1356746	41334	516048
杭　州	26890703	1910396	31864	1073662
宁　波	9226639	475075	14533	460259
合　肥	7541461	676060	18305	341713
福　州	6662318	769721	-11000	388318
厦　门	4024554	888215	31438	224345
南　昌	5764592	366785	8368	355173
济　南	8352620	658995	9638	335232
青　岛	10670208	932875	33001	485391
郑　州	9749732	775219	17416	660518
武　汉	14038256	1360933	55239	616499
长　沙	8728346	681337	576	634645
广　州	13631544	2074519	104753	1023684
深　圳	12071173	3627047	17873	726420
南　宁	4504012	371882	25506	337176
海　口	2726530	261625	23024	311606
重　庆	19935327	1166820	35947	1307357
成　都	15887824	1355751	37709	1036871
贵　阳	5411185	566953	10432	229630
昆　明	5925761	343745	27407	294962
西　安	11307927	574736	7240	517499
兰　州	3047797	164378	2129	105730
西　宁	743927	67855	7680	47328
银　川	1892386	103837	14427	91518
乌鲁木齐	3424762	254118	16605	169245

5-20 续表 3 单位：万元

地区	管理费用	财务费用	营业利润	营业外收入
总计	**20241923**	**17159072**	**81327775**	**3660850**
北京	2828971	2615544	8460132	275730
天津	813616	1009185	2546650	720209
石家庄	160119	58470	358052	10295
太原	206671	262487	508663	35558
呼和浩特	75155	25836	19761	31296
沈阳	279391	79666	549774	16065
大连	326486	449104	-94845	55185
长春	289176	207356	514025	16863
哈尔滨	296312	228490	314751	29229
上海	2514155	2270621	16538433	324182
南京	522361	337017	4707717	81487
杭州	888995	506462	4896517	121535
宁波	383092	278855	1179553	115736
合肥	316491	227033	2277314	140257
福州	365932	328151	1491952	61851
厦门	300438	318905	2636853	29596
南昌	266060	113256	1381053	36428
济南	353733	365508	910002	46042
青岛	628659	393155	1487457	132215
郑州	762335	600145	1470041	39676
武汉	664721	597721	4061692	54525
长沙	382591	221550	542196	55583
广州	1262433	1165826	4846305	161725
深圳	1127117	1118686	8567473	68838
南宁	247414	120847	1265714	23229
海口	226202	159066	692815	25034
重庆	1123324	999270	1671946	516067
成都	827732	696068	2733992	103236
贵阳	279598	139248	1282241	101453
昆明	427205	719856	640572	72815
西安	471660	215909	1543824	32829
兰州	181853	99848	550085	27551
西宁	64804	20953	119949	9913
银川	158104	93706	71103	55812
乌鲁木齐	219020	115272	584012	32808

5-20　续表 4　　　　　单位：万元

地　　区	营业外支出	利润总额	所得税费用	应付职工薪酬
总　　计	**3481961**	**81558548**	**18482394**	**13978982**
北　　京	387518	8346447	1720198	2055705
天　　津	190117	3132387	793756	721347
石 家 庄	14578	353769	78351	91579
太　　原	61485	482736	182579	175788
呼和浩特	8733	42323	17013	46139
沈　　阳	39890	525949	185237	180806
大　　连	61285	-100945	123664	174507
长　　春	42017	488872	135361	128786
哈 尔 滨	67028	273433	108976	121927
上　　海	288923	16573692	3632944	1465089
南　　京	43279	4745926	1062158	368621
杭　　州	162292	4855767	902669	646500
宁　　波	36235	1259055	303347	241770
合　　肥	79617	2337955	510775	209351
福　　州	82282	1471521	317625	283660
厦　　门	69153	2597296	338924	213917
南　　昌	33457	1384025	307723	159573
济　　南	81545	875949	312071	267856
青　　岛	109473	1510199	386212	355923
郑　　州	110405	1399313	462156	444546
武　　汉	113904	4002313	806589	527714
长　　沙	46121	551658	247746	309709
广　　州	260593	4747515	1164993	945243
深　　圳	390259	8246340	1877312	649861
南　　宁	39152	1249791	291214	214805
海　　口	44504	673345	177192	139435
重　　庆	205930	1982032	449469	883835
成　　都	140717	2696510	610145	654013
贵　　阳	57592	1326102	275397	183777
昆　　明	57984	655287	157829	296642
西　　安	47240	1529412	191821	429164
兰　　州	27395	550241	130503	131941
西　　宁	11449	118413	32814	46645
银　　川	36763	90151	49705	90491
乌鲁木齐	33051	583769	137928	122321

附　　录

主要统计指标解释

主要统计指标解释

一、房地产开发企业财务指标

1.资产总计：指企业过去的交易或者事项形成的、由企业拥有或者控制的、预期会给企业带来经济利益的资源。资产一般按流动性分为流动资产和非流动资产。其中流动资产可分为货币资金、交易性金融资产、应收票据、应收账款、预付款项、其他应收款、存货等；非流动资产可分为长期股权投资、固定资产、无形资产及其他非流动资产等。根据会计“资产负债表”中“资产总计”项目的期末余额数填报。

2.负债合计：指企业过去的交易或者事项形成的，预期会导致经济利益流出企业的现时义务。负债一般按偿还期长短分为流动负债和非流动负债。根据会计“资产负债表”中“负债合计”项目的期末余额数填报。

3.所有者权益合计：指企业资产扣除负债后由所有者享有的剩余权益。公司的所有者权益又称股东权益。包括实收资本、资本公积、盈余公积、未分配利润等。根据会计“资产负债表”中“所有者权益合计”项目的期末余额数填报。

4.主营业务收入：指企业确认的销售商品、提供劳务等主营业务的收入。根据会计“主营业务收入”科目的本年各月贷方余额（结转前）之和填报。如未设置该科目，以“营业收入”代替填报。

（1）土地转让收入：指房地产开发企业按国家规定在报告期转让已经开发的土地和未经开发的土地所得到的收入。根据会计“利润表”和相关核算资料计算填报。

（2）商品房销售收入：指房地产开发企业在报告期售出商品房的收入，一次收款的，一次性全部计入销售收入，按合同规定分期收款的，可按合同规定的时间分次计入收入。根据会计“利润表”和相关核算资料计算填报。

（3）自持物业收入：指房地产开发企业在报告期内，对自持房屋以出租、作为服务业活动场所等不改变财产所有权方式进行经营所得到的收入。根据会计“利润表”和相关核算资料计算填报。

（4）房屋出租收入：指房地产开发企业在报告期内，在不改变现有财产所有权关系的条件下，将企业的全部或部分房屋出租给其他单位或个人使用所得到的租金收入。根据会计“利润表”和相关核算资料计算填报。

（5）其他（主营业务）收入：指房地产开发企业在报告期内从事除以上收入外的其他业务活动所得到的收入，包括配套设施销售收入、代建工程结算收入等。根据会计“利润表”和相关核算资料计算填报。

5.主营业务成本：指企业经营主要业务和其他业务所发生的成本总额。根据会计“主营业务成本”科目的期末借方余额（结转前）填报。如未设置该科目，以“营业成本”代替填报。

6.销售费用：指企业在销售商品和材料、提供劳务的过程中发生的各种费用，包括保险费、包装费、展览费和广告费、商品维修费、预计产品质量保证损失、运输费、装卸费等以及为销售本企业商品而专设的销售机构（含销售网点、售后服务网点等）的职工薪酬、业务费、折旧费等经营费用。建筑业企业销售费用指企业从事施工生产活动过程中发生的各项费用，包括应由企业负担的运输费、装卸费、包装费、保险费、维修费、展览费、差旅费、广告费和其他经费。房地产企业销售费用指企业在从事主要经营业务过程中所发生的各项销售费用，包括转让、销售、结算和出租开发产品等。执行《企业会计准则》或《小企业会计准则》的企业,根据会计“利润表”中“销售费用”项目的本年累计数填报。执行其他企业会计制度的企业，根据会计“利润表”中“营业费用（或经营费用）”项目的本年累计数填报。

7.主营业务税金及附加：指企业经营主要业务应负担的消费税、城市维护建设税、资源税、教育费附加及房产税、土地使用税、车船使用税、印花税等相关税费。根据会计“主营业务税金及附加”科目的本年各月借方余额（结转前）之和填报。如未设置该科目，以“税金及附加”代替填报。

8.管理费用：指企业为组织和管理企业生产经营所发生的费用，包括企业在筹建期间内发生的开办费、董事会和行政管理部门在企业经营管理中发生的，或者应当由企业统一负担的公司经费等。根据会计“利润表”中“管理费用”项目的本年累计数填报。

9.财务费用：指企业为筹集生产经营所需资金等而发生的筹资费用，包括企业生产经营期间发生的利息支出（减利息收入）、汇兑损失（减汇兑收益）以及相关的手续费等。根据会计“利润表”中“财务费用”项目的本年累计数填报。

10.营业利润：指企业从事生产经营活动所取得的利润。执行《企业会计准则》或《小企业会计准则》的企业，营业利润为营业收入减去营业成本、税金及附加、销售费用、管理费用、财务费用、资产减值损失，再加上公允价值变动收益、投资收益和其他收益后的金额，根据会计“利润表”中“营业利润”项目的本年累计数填报；执行其他企业会计制度的企业，营业利润为营业收入减去营业成本、税金及附加、销售费用、管理费用、财务费用，再加上投资收益后的金额，根据会计“损益表”中“营业利润”项目、“投资收益”项目的本年累计数之和填报。

11.营业外收入：指企业发生的与经营业务无直接关系的各项收入，包括非流动资产处置利得、非货币性资产交换利得、债务重组利得、政府补助、盘盈利得、捐赠利得等。执行《企业会计准则》或《小企业会计准则》的企业，根据会计“利润表”中“营业外收入”项目的本年累计数填报；执行其他企业会计制度的企业， 根据会计“损益表”中“营业外收入”项目、“补贴收入”项目的本年累计数之和填报。

12.营业外支出：指企业发生的与经营业务无直接关系的各项支出，包括非流动资产处置损失、非货币性资产交换损失、债务重组损失、公益性捐赠支出、非常损失、盘亏损失等。根据会计“利润表”中“营业外支出”项目的本年累计数填报。

13.利润总额：指企业在一定会计期间的经营成果，是生产经营过程中各种收入扣除各种耗费后的盈余，反映企业在报告期内实现的盈亏总额。根据会计“利润表”中“利润总额”项目的本期金额数填报。利润总额为营业利润加上营业外收入，减去营业外支出后的金额，根据会计“利润表”中“利润总额”项目的本年累计数填报。

14. 所得税费用：所得税费用由两部分组成：当期所得税和递延所得税。当期所得税是指企业按照税法规定计算确定的针对当期发生的交易和事项，应交纳给税务部门的所得税金额，即应交所得税。递延所得税是指按照所得税准则规定应予确认的递延所得税资产和递延所得税负债应有的金额相对于原已确认金额之间的差异。执行《企业会计准则》或《小企业会计准则》的企业，根据会计“利润表”中“所得税费用”项目的本年累计数填报；执行其他企业会计制度的企业，根据会计“损益表”中“所得税”项目的本年累计数填报。

二、房地产开发投资指标

1.计划总投资：指房地产开发企业在建的建设工程按照总体设计（或按设计概算或预算）规定的内容全部建成计划需要的总投资。

2.自开始建设累计完成投资：指房地产开发企业在建的房屋建设工程或正在开发的土地开发工程从开始建设到本期止累计完成的全部投资。其计算范围原则上应与“计划总投资”指标包括的工程内容相一致。

报告期以前已建成投产或停、缓建工程完成的投资以及拆除、报废工程的投资，仍应包括在内。但转出的“在建工程”累计投资应予以扣除，转入的“在建工程”以前年度完成的投资应当包括。

3.完成投资：指各种登记注册类型的房地产开发法人单位统一开发的住宅、厂房、仓库、饭店、宾馆、度假村、写字楼、办公楼等房屋建筑物，配套的服务设施，土地开发工程（如道路、给水、排水、供电、供热、通讯、平整场地等基础设施工程）和土地购置的投资；不包括单纯的土地开发和交易活动。

4.建筑工程：指各种房屋、建筑物的建造工程，又称建筑工作量。这部分投资额必须兴工动料，通过施工活动才能实现。依据会计报表“房屋开发成本”科目下的“建筑安装工程费”填报；未设置该科目的，根据“房屋开发成本”下的相关明细分析计算填报。也可以根据工程建设、施工、监理等共同认定的工程结算单或进度单、工程付款等相关凭证填报。

5.安装工程：指各种设备、装置的安装工程，又称安装工作量。依据会计报表“房屋开发成本”科目下的“建筑安装工程费”填报；未设置该科目的，根据“房屋开发成本”下的相关明细分析计算填报。也可以根据工程建设、施工、监理等共同认定的工程结算单或进度单、工程付款等相关凭证填报。

6.设备工器具购置：指报告期内购置或自制的，达到固定资产标准的设备、工具、器具的价值。需要安装的设备应在设备安装到位后依据会计报表“房屋开发成本”科目下的“设备款”填报，未设置该科目的根据“房屋开发成本”下的相关明细分析计算填报；也可以根据相关凭证填报。不需要安装的设备应在设备运抵现场并验收合格后依据会计报表“房屋开发成本”科目下的“设备款”填报，未设置该科目的根据“房屋开发成本”下的相关明细分析计算填报；也可以根据相关凭证填报。

（1）设备：指各种动力设备、传导设备、运输设备等。分为需要安装的设备和不需要安装的设备两种。

需要安装的设备：是指必须将其整体或几个部位装配起来，安装在基础上或建筑物支架上才能使用的设备。如发电机、蒸汽锅炉、变压器、塔、换热器、各种泵等。

不需要安装的设备：指不必固定在一定位置或支架上就可以使用的各种设备，如叉车、汽车、机车等。

（2）工具、器具：是指具有独立用途的各种生产用具、工作工具和仪器。如维修用的切削工具、铆焊工具等，以及达到固定资产标准的包装容器等。

7.其他费用：指在固定资产建造和购置过程中发生的，除建筑安装工程和设备、工器具购置投资完成额以外的费用，不指经营中财务上的其他费用。包括土地出让金、大市政费、四源费（煤、热、自来水、污水）、不可预见费、旧房屋购置，基本畜禽支出，林木支出，退耕退牧还林还草、土壤改良、城市绿化，办公生活用家具、器具购置，建设单位管理费，土地征用、购置及迁移补偿费，政府收费，勘察设计费，研究实验费，可行性研究费，临时设施费，施工机械转移费，设备检验费，负荷联合试车费，土地占用、使用费，建设期应付利息，企业债券发行费，合同公证费及工程质量监测费，国外借款手续费及承诺费，汇兑损益，坏账损失，固定资产亏损及损失等。依据会计报表“房屋开发成本”科目下的 “土地出让金”、“开发间接费”等填报；未设置该科目的，根据“房屋开发成本”下的相关明细分析计算填报。如果无法依据会计报表，根据相关支付凭证填报。

8.土地购置费：指房地产开发企业通过各种方式取得土地使用权而支付的费用。土地购置费包括：（1）通过划拨方式取得的土地使用权所支付的土地补偿费、附着物和青苗补偿费、安置补偿费及土地征收管理费等；（2）通过“招、拍、挂”等出让方式取得土地使用权所支付的资金。以划拨方式取得土地所支付的资金在房地产项目竣工后计入新增固定资产，以出让方式取得土地所有权所支付的出让金不计入新增固定资产。土地购置费按实际发生额填报，分期付款的应分期计入。项目分期开发的，只计入与本期项目有关的土地购置费。前期支付的土地购置费，项目纳入统计后计入。

9.投资额按工程用途分组：

（1）住宅：指专供居住的房屋，包括别墅、公寓、职工家属宿舍和集体宿舍（包括职工单身宿舍和学生宿舍）等。但不包括住宅楼中作为人防用、不住人的地下室等。

①90 平方米及以下住房：指在房地产开发企业投资建设的商品住宅中，套型建筑面积不超过 90 平方米（包括 90 平方米）的住房。套型建筑面积是指单套住房的建筑面积，由套内建筑面积和分摊的共有建筑面积组成。现房应以商品房销售合同中实际测绘的建筑面积为统计标准，期房根据商品房预售合同中规划设计面积进行统计，待住宅竣工交付使用后，应根据实际测绘面积进行相应调整。

②144 平方米以上住房：指在房地产开发企业投资建设的商品住宅中，套型建筑面积超过 144 平方米（不包括 144 平方米）的住房。现房应以商品房销售合同中实际测绘的建筑面积为统计标准，期房根据商品房预售合同中规划设计面积进行统计，待住宅竣工交付使用后，应根据实际测绘面积进行相应调整。

③别墅、高档公寓：指建筑造价和销售价格明显高于一般商品住宅的商品住宅。别墅一般指地处郊区，独立成栋的商品住宅；高档公寓一般指地处市内高档社区，高层或多层的商品住宅。别墅、高档公寓的确定标准：一是经有房地产投资计划审批权的主管部门审批建设的别墅、高档公寓开发项目；二是销售价格高于当地同等地段商品住宅平均销售价格一倍以上的别墅、公寓开发项目。该指标可以分析房地产投资结构，反映高收入家庭商品住宅的供求平衡情况。

（2）办公楼：指企业、事业、机关、团体、学校、医院等单位使用的各类办公用房（又称写字楼）。

（3）商业营业用房：指商业、粮食、供销、饮食服务业等部门对外营业的用房，如度假村、饭店、商店、门市部、粮店、书店、供销店、饮食店、菜店、加油站、日杂等房屋。

（4）其他：凡不属于上述各项用途的房屋建筑物，如中小学教学用房、托儿所、幼儿园、图书馆、体育馆等。

10.本年新增固定资产：指在报告期已经完成建造和开发过程并交付使用的房屋和土地开发面积的价值。指房地产开发公司进行开发经营活动的最终成果，即为社会提供的固定资产，而且是在报告期内新增加的。不是反映房地产开发企业本身固定资产的增加。

11.待开发土地面积：指经有关部门批准，通过各种方式获得土地使用权，但尚未开工建设的土地面积。

12.本年土地购置面积：指在本年内通过各种方式获得土地使用权的土地面积。

13.本年土地成交价款：指进行土地使用权交易活动的最终金额。在土地一级市场，是指土地最后的划拨款、“招拍挂”价格和出让价；在土地二级市场是指土地转让、出租、抵押等最后确定的合同价格。土地成交价款与土地购置面积同口径，可以计算土地的平均购置价格。

14.资金来源

（1）本年实际到位资金合计：指房地产开发企业在本年内收到的可用于房地产开发的各种资金来源数之和，包括上年末结余资金、本年度内拨入、借入或以各种方式筹集的资金。

（2）上年末结余资金：指上年资金来源中没有形成投资额而结余的资金。包括尚未用到工程中的材料价值、未开始安装的需要安装设备价值及结存的现金和银行存款、新开工项目以前年度支付的土地款等。可根据有关财务数字填报。上年末结余资金不能出现负数，即不能把上年应付工程、材料款作为上年末结余资金的负数来处理。

（3）**本年实际到位资金**：指房地产开发企业实际拨入的，用于房地产开发的各种货币资金。包括国内贷款、利用外资、自筹资金、定金及预收款、个人按揭贷款和其他资金。

①**国内贷款**：指报告期内房地产开发企业向银行及非银行金融机构借入的，用于房地产开发的各种国内借款，包括银行利用自有资金及吸收存款发放的贷款、上级拨入的国内贷款、国家专项贷款，地方财政专项资金安排的贷款、国内储备贷款、周转贷款等。

银行贷款：指报告期内房地产开发企业向各商业银行、政策性银行借入的，用于房地产开发的各项贷款。

非银行金融机构贷款：指向除上述银行之外从事金融业务的机构借入的，用于房地产开发的各项贷款。非银行金融机构包括城市信用社、农村信用社、保险公司、金融信托投资公司、证券公司、财务公司、金融租赁公司、融资公司（中心）等。

②**利用外资**：指报告期内收到的，用于房地产开发的境外（包括外国及港澳台地区）资金（包括设备、材料、技术在内）。包括对外借款（外国政府贷款、国际金融组织贷款、出口信贷、外国银行商业贷款、对外发行债券和股票）、外商直接投资、外商其他投资（包括补偿贸易、加工装配由外商提供的设备价款、国际租赁，外商投资收益的再投资资金）。不包括我国自有外汇资金（包括国家外汇、地方外汇、留成外汇、调剂外汇和中国银行自有资金发行的外汇贷款等）。各类外资按报告期的外汇牌价（中间价）折成人民币计算。

③**自筹资金**：指房地产开发企业筹集的，用于房地产开发的资金。

④**定金及预收款**：定金是为使甲乙双方按约定签订正式经济合同，实现房屋交易，根据有关规定由购房者或单位在报告期交纳的押金。预收款是甲乙双方签订购销房屋合同后，在报告期由购房者或单位交付的首付款及各种手续费（包括其中的外汇）。

⑤**个人按揭贷款**：是指按照中国人民银行（《个人住房贷款管理办法》，银发[1998]190号）中规定，贷款人（商业银行）向借款人发放的采用分期偿还方式用于购买自用普通住房的贷款。具体指具有完全民事行为能力的自然人，购买商品房时以其购买的产权住房（或银行认可的其他担保方式）为抵押，作为偿还贷款的保证而向银行申请的住房商业性贷款。从1999年2月开始，个人住房贷款可扩大到借款人自用的各类型住房贷款（《关于开展个人消费信贷的指导意见》，银发[1999]73号）。

⑥**其他到位资金**：指在报告期收到的除以上各种资金之外其他用于房地产开发的资金。包括国家预算内资金、债券、社会集资、个人资金、无偿捐赠的资金及用征地迁移补偿费、移民费等进行房地产开发的资金。

15.本年各项应付款合计：指在房地产开发过程中应付未付的投资款。包括应付工程款、应付器材款、应付工资、应付有偿调入器材及工程款、其他应付款、应交税金、应交基建收入、应交投资包干结余、应交能源交通建设基金、应交预算调节基金及其他应交款。各项应付款填报本报告期实际增加数（或发生数），不是填报开始建设以来的累计数。

三、房地产开发企业施工和销售指标

1.房屋施工面积：指报告期内施工的全部房屋建筑面积。包括本期新开工的房屋建筑面积、上期跨入本期继续施工的房屋建筑面积、上期停缓建在本期恢复施工的房屋建筑面积、本期竣工的房屋建筑面积以及本期施工后又停缓建的房屋建筑面积。多层建筑应填各层建筑面积之和。

2.房屋新开工面积：指报告期内新开工建设的房屋建筑面积，以单位工程为核算对象，即整栋房屋的全部建筑面积，不能分割计算。不包括在上期开工跨入报告期继续施工的房屋建筑面积和上期停缓建而在本期恢复施工的房屋建筑面积。房屋的开工应以房屋正式开始破土刨槽（地基处理或打永久桩）的日期为准。

3.房屋竣工面积：指报告期内房屋建筑按照设计要求已全部完工，达到住人和使用条件，经验收鉴定合格或达到竣工验收标准，可正式移交使用的各栋房屋建筑面积的总和。

4.不可销售面积：指报告期房地产公司竣工的用于拆迁还建的房屋面积；接受委托、定向开发建设，并收取一定的管理费所建设的统建代建房屋竣工面积；竣工的学校、幼儿园、派出所、居委会、商店等公益设施建筑面积。

5.住宅竣工套数：指报告期内按照设计要求已全部完工，经验收合格，达到住人或使用条件的正式交给开发公司的成套住宅数量（以设计图纸为准）。

6.房屋竣工价值：指报告期内按规定已经上报竣工的房屋本身的建造价值。一般按房屋设计和预算规定的内容计算。包括竣工房屋本身的基础、结构、屋面、装修以及水、电、卫等附属工程的建筑价值，也包括作为房屋建筑组成部分而列入房屋建筑工程预算内的设备（如电梯、通风设备等）的购置和安装费用；不包括厂房内的工艺设备、工艺管线的购置和安装，工艺设备基础的建造；室外的水、暖、电、卫、道路工程、挡土墙等环境工程的费用，办公和生活用家具的购置等费用；购置土地的费用；迁移补偿费和场地平整的费用及城市建设配套投资。

房屋竣工价值不仅包括该竣工房屋在报告期内完成的价值，也包括跨年施工的房屋在本期以前完成的价值。未竣工而转让给其他单位的房屋建筑工程，出让单位不计算竣工价值，待接受单位继续施工并符合竣工条件后，由接受单位计算其竣工价值，包括出让单位在出让前所完成的价值。房屋竣工价值一般按结算价格（或中标价）计算。

7.房屋出租面积：指在报告期期末房屋开发单位出租的商品房屋的全部面积。

8.商品房销售面积：指报告期内出售商品房屋的合同总面积（即双方签署的正式买卖合同中所确定的建筑面积）。由现房销售面积和期房销售面积两部分组成。

（1）现房销售面积：指在报告期内正式签订买卖合同、已经竣工达到入住条件的商品房屋建筑面积。包括以一次性付款方式和分期付款方式销售的现房建筑面积。

（2）期房销售面积：指在报告期内正式签订买卖合同、正在建设尚未竣工交付使用的商品房屋建筑面积。包括以一次性付款方式和分期付款方式销售的商品房屋建筑面积。期房销售建筑面积竣工后不再结转为现房销售建筑面积。

9.商品房销售额：指报告期内出售商品房屋的合同总价款（即双方签署的正式买卖合同中所确定的合同总价）。该指标与商品房销售面积同口径，由现房销售额和期房销售额两部分组成。

（1）现房销售额：指报告期内销售的已竣工商品房屋的合同总价款。包括现房销售前期预收的定金、预收款、首付款及全部按揭贷款的本金等款项。该指标与现房销售面积同口径。

（2）期房销售额：指报告期内销售的正在建设尚未竣工的商品房屋的合同总价款。包括预售房屋前期预收的定金、预收款、首付款及全部按揭贷款的本金等项。该指标与期房销售面积同口径。

10.商品住宅销售套数：指报告期内出售商品房屋合同中总的成套住宅数量（即双方签署的正式买卖合同中所确定的成套住宅数量）。由现房销售套数和期房销售套数两部分组成。

（1）现房销售套数：指报告期内销售的已竣工商品房屋合同中总的成套住宅数量。

（2）**期房销售套数**：指报告期内销售的正在建设尚未竣工的商品房屋合同中总的成套住宅数量。

11.**待售面积**：指报告期末已竣工的可供销售或出租的商品房屋建筑面积中，尚未销售或出租的商品房屋建筑面积，包括以前年度竣工和本期竣工的房屋面积，但不包括报告期已竣工的拆迁还建、统建代建、公共配套建筑、房地产公司自用及周转房等不可销售或出租的房屋面积。按照商品房待售时间的长短可以划分为待售一年以下、待售一到到三年（含一年）和待售三年以上（含三年）。

四、主要分组指标

1.**登记注册类型**：企业法人的登记注册类型，依据在工商行政管理机关登记注册的类型填写。

机关、事业单位和社会团体及其他组织的登记注册类型，依据主要经费来源和管理方式，根据实际情况，比照《关于划分企业登记注册类型的规定》确定。工商行政管理部门对企业（单位）登记注册的类型分为以下几种：

（1）**国有企业**：指企业全部资产归国家所有，并按《中华人民共和国企业法人登记管理条例》规定登记注册的非公司制的经济组织。不包括有限责任公司中的国有独资公司。

（2）**集体企业**：指企业资产归集体所有，并按《中华人民共和国企业法人登记管理条例》规定登记注册的经济组织。

（3）**股份合作企业**：指以合作制为基础，由企业职工共同出资入股，吸收一定比例的社会资产投资组建，实行自主经营，自负盈亏，共同劳动，民主管理，按劳分配与按股分红相结合的一种集体经济组织。

（4）**联营企业**：指两个及两个以上相同或不同所有制性质的企业法人或事业单位法人，按自愿、平等、互利的原则，共同投资组成的经济组织。联营企业包括国有联营企业、集体联营企业、国有与集体联营企业和其他联营企业。

国有联营企业：指所有联营单位均为国有。

集体联营企业：指所有联营单位均为集体。

国有与集体联营企业：指联营单位既有国有也有集体。

其他联营企业：指上述三种联营企业之外的其他联营形式的企业。

（5）**有限责任公司**：指根据《中华人民共和国公司登记管理条例》规定登记注册，由两个以上，五十个以下的股东共同出资，每个股东以其所认缴的出资额对公司承担有限责任，公司以其全部资产对其债务承担责任的经济组织。有限责任公司包括国有独资公司以及其他有限责任公司。

国有独资公司：指国家授权的投资机构或者国家授权的部门单独投资设立的有限责任公司。

其他有限责任公司：指国有独资公司以外的其他有限责任公司。

（6）**股份有限公司**：指根据《中华人民共和国公司登记管理条例》规定登记注册，其全部注册资本由等额股份构成并通过发行股票筹集资本，股东以其认购的股份对公司承担有限责任，公司以其全部资产对其债务承担责任的经济组织。

（7）**私营企业**：指由自然人投资设立或由自然人控股，以雇佣劳动为基础的营利性经济组织。包括按照《公司法》、《合伙企业法》、《私营企业暂行条例》以及《个人独资企业法》规定登记注册的私营独资企业、私营有限责任公司、私营股份有限公司、私营合伙企业和个人独资企业。

私营独资企业：指按《私营企业暂行条例》的规定，由一名自然人投资经营，以雇佣劳动为基础，投资者对企业债务承担无限责任的企业。

私营合伙企业：指按《合伙企业法》或《私营企业暂行条例》的规定，由两个以上自然人按照协议共同投资、共同经营、共负盈亏，以雇佣劳动为基础，对债务承担无限责任的企业。

私营有限责任公司：指按《公司法》、《私营企业暂行条例》的规定，由两个以上自然人投资或由单个自然人控股的有限责任公司。

私营股份有限公司：指按《公司法》的规定，由五个以上自然人投资，或由单个自然人控股的股份有限公司。

个人独资企业：指按《个人独资企业法》、《个人独资企业登记管理办法》的规定，由一个自然人投资，财产为投资人个人所有，投资人以其个人财产对企业债务承担无限责任的经营实体。个人独资企业填表时归入私营独资企业。

（8）其他内资企业：指上述第（1）条至第（7）条之外的其他内资经济组织。

（9）与港澳台商合资经营企业：指港澳台地区投资者与内地的企业依照《中华人民共和国中外合资经营企业法》及有关法律的规定，按合同规定的比例投资设立，分享利润和分担风险的企业。

（10）与港澳台商合作经营企业：指港澳台地区投资者与内地企业依照《中华人民共和国中外合作经营企业法》及有关法律的规定，依照合作合同的约定进行投资或提供条件设立，分配利润、分担风险和亏损的企业。

（11）港澳台商独资经营企业：指依照《中华人民共和国外资企业法》及有关法律的规定，在内地由港澳台地区投资者全额投资设立的企业。

（12）港澳台商投资股份有限公司：指根据国家有关规定，经商务部（原外经贸部）批准设立，并且其中港、澳、台商的股本占公司注册资本的比例达25%以上的股份有限公司。凡其中港、澳、台商的股本占公司注册资本的比例小于25%的，属于内资中的股份有限公司。

（13）其他港、澳、台商投资企业：指在中国境内参照《外国企业或个人在中国境内设立合伙企业管理办法》和《外商投资合伙企业登记管理规定》，依法设立的港、澳、台商投资合伙企业。

（14）中外合资经营企业：指外国企业或外国人与中国内地企业依照《中华人民共和国中外合资经营企业法》及有关法律的规定，按合同规定的比例投资设立，分享利润和分担风险的企业。

（15）中外合作经营企业：指外国企业或外国人与中国内地企业依照《中华人民共和国中外合作经营企业法》及有关法律的规定，依照合作合同的约定进行投资或提供条件设立，分配利润、分担风险和亏损的企业。

（16）外资企业：指依照《中华人民共和国外资企业法》及有关法律的规定，在中国内地由外国投资者全额投资设立的企业。

（17）外商投资股份有限公司：指根据国家有关规定，经商务部（原外经贸部）批准设立，并且其中外资的股本占公司注册资本的比例达25%以上的股份有限公司。凡其中外资股本占公司注册资本的比例小于25%的，属于内资中的股份有限公司。

（18）其他外商投资企业：指在中国境内依照《外国企业或个人在中国境内设立合伙企业管理办法》和《外商投资合伙企业登记管理规定》，依法设立的外商投资合伙企业。

2. 企业控股情况：根据企业实收资本中某种经济成分的出资人的实际投资情况，或出资人对企业资产的实际控制、支配程度进行分类。具体分为国有控股、集体控股、私人控股、港澳台商控股、外商控股和其他六类。

（1）**国有控股**：包括：

①在企业的全部实收资本中，国有经济成分的出资人拥有的实收资本（股本）所占企业全部实收资本（股本）的比例大于 50%的国有绝对控股。

②在企业的全部实收资本中，国有经济成分的出资人拥有的实收资本（股本）所占比例虽未大于 50%，但相对大于其他任何一方经济成分的出资人所占比例的国有相对控股；或者虽不大于其他经济成分，但根据协议规定拥有企业实际控制权的国有协议控股。

③投资双方各占 50%，且未明确由谁绝对控股的企业，若其中一方为国有经济成分的，一律按国有控股处理。

（2）**集体控股**：包括：

①在企业的全部实收资本中，集体经济成分的出资人拥有的实收资本（股本）所占企业全部实收资本（股本）的比例大于 50%的集体绝对控股。

②在企业的全部实收资本中，集体经济成分的出资人拥有的实收资本（股本）所占比例虽未大于 50%，但相对大于其他任何一方经济成分的出资人所占比例的集体相对控股；或者虽不大于其他经济成分，但根据协议规定拥有企业实际控制权的集体协议控股。

（3）**私人控股**：包括：

①在企业的全部实收资本中，私人经济成分的出资人拥有的实收资本（股本）所占企业全部实收资本（股本）的比例大于 50%的私人绝对控股。

②在企业的全部实收资本中，私人经济成分的出资人拥有的实收资本（股本）所占比例虽未大于 50%，但相对大于其他任何一方经济成分的出资人所占比例的私人相对控股；或者虽不大于其他经济成分，但根据协议规定拥有企业实际控制权的私人协议控股。

（4）**港澳台商控股**：包括：

①在企业的全部实收资本中，港澳台商经济成分的出资人拥有的实收资本（股本）所占企业全部实收资本（股本）的比例大于 50%的港澳台商绝对控股。

②在企业的全部实收资本中，港澳台商经济成分的出资人拥有的实收资本（股本）所占比例虽未大于50%，但相对大于其他任何一方经济成分的出资人所占比例的港澳台商相对控股；或者虽不大于其他经济成分，但根据协议规定拥有企业实际控制权的港澳台商协议控股。

（5）**外商控股**：包括：

①在企业的全部实收资本中，外商经济成分的出资人拥有的实收资本（股本）所占企业全部实收资本（股本）的比例大于 50%的外商绝对控股。

②在企业的全部实收资本中，外商经济成分的出资人拥有的实收资本（股本）所占比例虽未大于 50%，但相对大于其他任何一方经济成分的出资人所占比例的外商相对控股；或者虽不大于其他经济成分，但根据协议规定拥有企业实际控制权的外商协议控股。

（6）**其他**：除上述五类以外的企业控股情况。

3.隶属关系：指本单位隶属于哪一级行政管理单位。分为：中央、省、市、县级及以下和其他。

中央与地方双重领导的单位，以领导为主的一方来划分中央属或地方属。

县级以上各级中国共产党委员会及其所属各工作部门、县级以上各级人民代表大会机关、县级以上各级人民政府及其所属各工作部门、县级以上各级政治协商会议机关等机关的隶属关系填写本级，如：省政府的隶属关系填“省”。县、乡镇、街道一级的机关以及居委会、村委会的隶属关系填写县级及以下。

隶属于“中央”的单位兴办的集体企业，隶属关系填“其他”；省属以下的企业（单位）办的企业（单位），其隶属关系与企业（单位）本身的隶属关系一致。

无主管部门的单位、本省（自治区、直辖市）在外省（自治区、直辖市）的办事机构所开办的第三产业等单位填“其他”。